한글 고문서를 통해 본

조선 사람들의 삶

삶

한글 고문서를 통해 본

조선 사람들의 삶

이상규 편

경진출판

2011년 문화체육관광부에서 한글날 기념으로 『한글 고문서를 통해 본 조선 사람들의 삶』이라는 자료집 기획을 맡아 자료 해설 및 이미지 자료를 제공하고 또 해설을 쓴 적이 있다.

정부 간행물인 관계로 일반에 보급되지 못한 것이 늘 아쉬워 책자 형식으로 변형하고 한 편의 자료를 더 추가하여 새롭게 『한글 고문서를 통해 본 조선 사람들의 삶』이라는 이름으로 꾸며 보았다.

세종대왕이 한글을 창제한 이후 문화적 우위에 있던 한자와 한문이 지배층들의 소통 문자가 되어 있었기 때문에 한글은 제 자리를 찾는 데 꽤 시간이 걸린 셈이다. 그러나 이미 16세기 무렵 지방의 사대부가들은 한글을 거의 익히고 있었으며 임란을 경유하면서 내방을 근거로 하여 중인층으로 그 사용이 확대되었다. 조선 후기 영·정조 시대에는 왕가에서도 공공연하게 한글을 사용하였으며 대국민 포고문이나 유시나 윤어에는 한글이 제한적이나마 공공 문자로 사용되었다.

그러다가 대한제국에 이르러 문자의 혁명이 일어났으니 한글을 공식 국가 문자로 인정하게 되었다. 말과 글의 일치는 민주화로 향하는 지름길이라고 할 수 있다. 그 후 1968년 박정희 대통령의 한글 전용화 선언 이후 80년대에 들어서서 주요 신문사에서도 한글 전용으로 전환함으로써 한글의 시대가 도래한 것이다.

문자로서 그리고 언어로서 외국어 학습의 중요성은 소홀히 할 수 없다. 그러나 자국의 문자인 한글을 두고 한자를 다시 부활하자는 논의는 시대를 거꾸로 가는 시대착오적인 인식의 소산이라고 할 수 있다.

이러한 시대적 분위기를 반영하듯 각종 박물관에는 한문 자료는 소중하게 다루고 있으나 한글 자료는 아직 구석에 처박아 놓고 있으며 제대로 판독하고 내용의 가치를 읽어 낼 전문 인력조차 전무한 상황이다.

한글이 세계적인 자랑거리라 말하면서 정작 한글 자료에 대한 깊이 있는 연구는 불모의 상황이나 다행스럽게도 정부에서는 '한글박물관'을 곧 완성하여 한글 유산을 본격적으로 수집·보존하고 그 연구를 계획적으로 추진할 것이다.

한글 자료는 우리나라 사람들의 삶의 일부를 기록으로 남긴 것이기 때문에 이를 낱낱이 발굴하고 또 정밀하게 판독해 냄으로서 지난 우리들의 선조들의 삶을 읽어 낼 수 있는 것이다. 이미 필자는 『한글 고문서연구』(도서출판 경진, 2012 대한민국학술원 우수도서)를 간행한 바가 있다. 그 자료 가운데 격조가 높은 자료를 뽑아 한글 문서가 어떤 종류가 있으며 그 문서 양식이라든지, 사용 목적과 효과가 어떤지 살펴볼 수 있도록 꾸며 보았다.

최근 케이팝이 한류의 물결을 타고 전 세계로 퍼져 나가고 있다. 케이팝을 즐기기 위해 한글을 학습하려는 세계인들이 얼마나 많은지 제대로 이해할 필요가 있다. 언어문화를 통한 새로운 문화 변경이 확산되는 오늘날 우리 스스로가 한글에 대한 올바른 이해와 자긍심을 가져야 할 것이다.

끝으로 어려운 출판 환경에서도 한글에 대한 남다른 애정을 가진 도서출판 경진의 성원으로 이 책이 출판될 수 있어 감사하게 생각한다.

2014.10.09
이상규

목차

2부 사인문서

한글 고문서의 이해

일러두기

1. 이 자료집은 한글 고문서 자료를 포괄적으로 소개하는 데 목적을 두었다.

2. 한글 고문서 원본은 원문에 따라 행간을 구분하여 판독하였고 의미 단락에 따라
   띄어쓰기를 하였다. [擡](대두법), [隔](격간법), [移](이행법) 등의 문서 양식을 배려하
   였다.

3. 원문의 판독이 불가능한 경우에는 '□'로, 개칠한 부분은 '■'로, 보충하여 삽입한
   경우에는 ' °'로 표시하였다.

4. 현대어는 최대한 직역하는 것을 원칙으로 하였고 문맥을 보충하는 경우에는 [ ]에,
   어휘의 뜻풀이는 ( )에 넣었다.

5. 도판의 사진은 직접 촬영 혹은 마이크로필름, 스캔의 방법을 이용하였으며 아울러
   자료집 발간일 현재 소장자 미상의 문서가 있음을 본문에 밝혔다.

한글 고문서를 통해 본 조선 사람들의 삶

1부 관부문서

1
유서·전유

선조 26년(1593) 선조가 백성에게 발급한 한글 유서

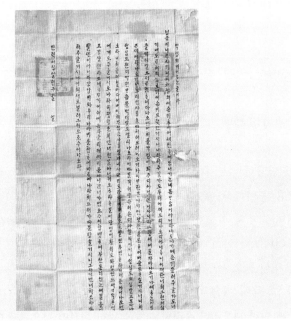

A Yuseo document written in Korean letters, bestowed from King Seonjo to his subjects in 21st year of the Manryeok era.

권이도 소장, 80×40cm

선조 26년(1593) 9월에 백성에게 선조 임금이 발급한 한글 유서(諭書)이다. 문서 명칭이 「선조국문교서」로 알려졌으나 어보에 "유서지보(諭書之寶)"라고 새겨져 있어 「선조 26년(1593) 선조가 백성에게 발급한 한글 유서」라고 해야 할 것이다.

백성들이 왜군의 포로가 되었다가 왜진에 협조하는 자가 늘어나자,

그들이 되돌아오기를 회유하는 내용이다. 임금이 일반 백성에게 직접 하달한 한글 유서로 크기는 40×80cm이다. 장지에 순한글로 10행 429자로 작성되었으며, 어보가 세 군데 찍혀 있다.

김종택 교수가 권탁(1544~1593) 장군의 후손가에서 이 자료를 발굴하여 학계에 소개하였고, 현재 부산시립박물관에 대여·전시되어 있다. 선조대에 이르러 일반 백성들 간에 한글이 널리 소통되었음을 확인할 수 있는 자료이다.

원문 원문 ⇩

빅셩의게 니른는 글이라

[攎]님금이 니른샤딕 너희 처엄의 예손딕 후리여셔 인호여 돈니기는 녜 본 ᄆᆞ음이 아니라 나오다가 예손딕 들려 주글가도 너

기며 도른혀 의심호딕 예손딕 드럿던 거시니 나라히 주길가도 두려 이제 드리나오딕 아니 ㅎ니 이제란 너희 그런 의심

을 먹디 말오 서르 권호여 다 나오면 너희를 각별이 죄 주디 아닐 뿐니 아니라 그 듕에 예를 자바 나오거나 예 ㅎ는 이를

즈세 아라 나오거나 후리인 사름을 만히 더브러 나오거나 아ᄆᆞ란 공이 이시면 냥쳔 믈론호여 벼슬도 호일 거시니 너희

싱심도 젼의 먹던 ᄆᆞ음믈 먹디 말오 쎨리 나오라 이 쓰들 각쳐 쟝슈의손딕 다 알외여시니 싱심도 의심 말고 모다 나

오라 너희 둥의 혈마 다 어버이 쳐즈 업순 사름일다 네 사던 딕 도라 와 녜대로 도로 살면 우연호랴 이제 곧 아니 나오면

예게도 주글 거시오 나라히 평뎡훈 휘면 너횐들 아니 뉘오츠랴 ㅎ믈며 당병이 황히도와 평안도애 ㄱ득호엿

고 경샹 젼라도애 ㄱ득기 이셔 예 곧 과글리 제 싸히 곧 아니 건너가면 요스

이 합병ᄒ여 부산 동뇌 읻는 예들흘 다

틸쑨이 아니라 강남 비와 우리 나라 비를 합ᄒ여 바ᄅ 예나라희 드러가 다

분탕흘 거시니 그 저기면 너희조차 쁘러

주글 거시니 너희 서ᄅ 닐러 그 젼으로 수이 나오라

만력 이십 일련 구월 일

백성에게 이르는 글이라.

임금이 이르시되 너희 처음에 왜적에게 쫓겨서 [이로] 인하여 (왜적에게) 끌려다니는 것은 너희 본마음이 아니라 [왜적의 주둔처에서 도망쳐] 나오다가 왜적에게 들켜 죽을까도 여기며, 도리어 의심하되 왜적에게 들었던 것이니 [조선] 나라에서 죽일까도 두려워 이제 [왜진에] 들어가 나오지 아니 하니 이제는 너희들 그런 의심을 먹지 말고 서로 권하여 다 나오면 너희를 각별히 죄를 주지 않을 뿐 아니라 그 가운데 왜적을 잡아 나오거나 왜적이 하는 일을 자세히 알아서 나오거나 포로가 된 사람을 많이 더불어 나오거나 아무런 공이라도 있으면 양민과 천민은 물론하여 벼슬도 시킬 것이니 너희들 생심도 전에 먹던 마음을 먹지 말고 빨리 나오라. 이 뜻을 각처 장수들에게 다 알려 놓았으니 생심도 의심 말고 모두 나오라. 너희 중에 설마 다 어버이와 처자식 없는 사람이 있겠는가? 너희들 살던 데 돌아와 옛날대로 도로 살면 얼마나 좋겠는가? 이제 곧 아니 나오면 왜에게도 죽을 것이고 나라가 평정한 후면 너흰들 아니 뉘우치겠는가? 하물며 당병이 황해도와 평안도에 가득하였고 경상 전라도에 가득히 있어 왜적들이 곧 빨리 제 땅에 아니 건너가면 근간에 [명나라 군사와] 합병하여 부산 동래에 있는 왜적들을 다 칠 뿐 아니라 강남배(명나라 지원 해군)와 우리나라 배를 합하여 바로 왜나라에

들어가 다 토벌할 것이니 그때면 너희들조차 휩쓸려 죽을 것이니 너희 서로
일러서 그 전에 빨리 나오라.

만력 21(1593)년 9월 일

김종택,「선조대왕의 전교」,『국어교육논지』 3집, 1975.
이병근,「선조 국문 유서의 국어학적 의의」,『관악어문연구』 21, 1996.

숙종 6년(1680) 명성대비가 송시열에게 발급한 전유

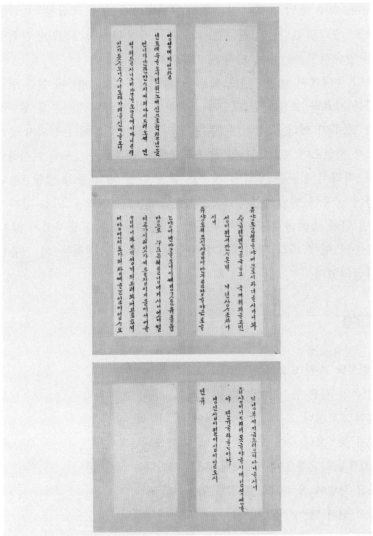

A Jeonyu letter written in Gyeongshin-year, from Queen Dowager Myeongseong to Song Shi-yeol

국립청주박물관 보관, 33×19cm(절첩)

숙종 6년(1680) 12월 22일에 숙종의 어머니인 명성대비(明聖大妃, 1642~1687)가 우암 송시열(1607~1689)에게 출사를 권고하는 전유(傳諭)다. 청주 우암 종택(송영달)에서 보관하다가 현재 국립청주박물관으로 수탁되었다. 이 자료는 국립청주박물관에서 2007년 간행한 『우암송시열』에 실린 모사본 자료이다.

우암 종택에서 보관하던 모사본과 『송서습유(宋書拾遺)』에 실린 한글 판본 자료와 고 김일근 교수가 소장하고 있던 필사 모사본을 포함하여 3종류가 있다. 조선시대에는 군왕의 어필이 민간에 유통되지 못하도록 하였으며 또한 민간의 필적을 궁중에 남겨두는 것도 금기시하였다. 따라서 진본은 우암이 제주로 귀양 갔을 때 효종의 밀찰 3통과 함께 궁중에 반납하였다고 한다. 우암이 예송 문제로 귀양 갔다가 7년 만에 풀려난 뒤 영중추부사로 소명을 받았으나 출사하지 않자, 숙종의 명에 따라 명성대비가 우암에게 출사를 권하는 이 전유를 발급하였다.

원문   원문 ⬇

[擡]선됴 례우 ㅎ오시던 원노 대신으로 뉵칠 년을
먼니 가 간관 만ᄉ지여의 다시 드러오셔 [隔]연
셕의 드르시니 그 비감ㅎ오믈 어이 다 니ᄅ리
잇가 듯ᄌ오니 수이 도라가려 ㅎ신다 ㅎ오니
[擡]쥬샹도 ᄀ졀ㅎ야 머므르시과뎌 ㅎ시거니와
즉금 텬변이 공극ㅎ고 [隔]국개 위의ㅎ고 민
싱이 원긔 만ᄉ온ᄃᆡ [隔]니뎐 샹ᄉ조차 나
시니
[擡]쥬샹도 져므신 사름이 만긔를 당ㅎ야 근로ㅎ
ᄂᆞᆫ 양이 민망ㅎ오니 이 ᄊᆡ 경 ᄀᆞ튼 유종등

망으로 [隔] 누됴 은혜룰 닙어 겨시니 엇디 썰

티고 가시리잇가 셔울집이 겨을이 서어ㅎ

옵거니와 브듸 셩늬의 드러와 머므로쇼셔

미망인이 됴가의 참예ㅎ는 일이 업소오

듸 녕부시 지금 드러오디 아니ㅎ시니

[擅]쥬샹이 기드리디 못ㅎ야 ㅎ시매 김셕연ㅎ

야 [隔]뎐유ㅎ라 ㅎ느이다

경신 십이월 이십이일 오시

뎐유

경은 선조(先朝)에서 예우하던 원로대신으로서, 6~7년간 멀리 귀양 갔다
가 천신만고 끝에 다시 들어와 연석(筵席)에 드나드시니 그 비감함을 어이
다 말하겠습니까? 듣자오니, 곧 돌아가려 하신다고 하오니 주상도 마음이
간절하여 머무르시게 하고자 하거니와, 지금 천재지변이 매우 심하고 나라
가 불안정하며 백성들의 원망이 많은데 내전(인경왕후)의 상사(喪事)까지
났으니 주상도 젊은 사람이 큰 일을 당하여 애쓰는 양이 민망하요니, 이때
경 같이 큰 유학자가 두터운 명망으로 여러 임금의 은혜를 입고 계시는데
어찌 떨치고 가시려 합니까? 서울 집이 겨울에 마땅치 않더라도 부디 성내
(城內)에 들어와 머무르소서. 미망인이 조정에 참여하는 일은 없사오나 영부
사(領府事)가 지금 들어오지 않으시니, 주상이 기다리지 못하시므로 김석연
(金錫衍)에게 유서(諭書)를 전하라고 하나이다.

경신년 12월 22일 오시

김일근, 『언간의 연구』, 건국대학교출판부, 1998.

2
고유·고시·전령

1895년 순사가 각촌 대소민에게 발급한 고유

A Goyu written in Eulmi-year, to address the people of towns and villages everywhere
국민대학교 박물관, 25×173cm

이 자료는 국민대학교 박물관 소장 고문서로 여산 송씨가에서 수장해 오던 것을 기증받아 『설촌가수집고문서집』으로 발간한 자료집에 수록된 고유(告諭)이다. 각도 순사(巡使)가 1895년 3월 20일에 각촌의 대소민에게 하달한 문서이나 어느 지역의 순사도가 하달한 문서인지는 밝혀지지 않았다. 한문으로 작성된 황제의 조칙을 지방관이 다시 한글로 번등(翻謄)한 자료이다.

조정에 일본의 앞잡이 노릇을 하는 대신을 비롯하여 향민에게 수탈을 일삼는 지방관에 대한 반발로 전국 13개 도에서 일어난 민란과 창의를 회유하기 위해 순종 황제가 내린 조칙에 의거하여 각 지방관들이 관할 지역민에게 내린 고유이다. 당시의 유사한 성격의 문서로 「1890년 함창 군수가 발급한 고시」, 「1890년 남원 구례 남원부 순사도의 전령」, 「1892년 전라 순창 팔등면 고유」, 「1901년 전라도 흥양군수 박지양이 군민에게 내린 조칙」 등이 남아 있다.

향민들이 공역에 참여하고 공납을 의무화하는 동시에 창의군이나 민란에 가담하지 않도록 백성된 도리와 수칙을 담아 하달한 고유이다.

통연히 다 가르쳐 씌우는 일은 하날이 놉고
싸이 낫차우미 사람이 그 샤이 예 나 우은 임금이
되시고 아릭는 빅셩이 되여 빅셩은 임금끠 의
지흐고 임금은 빅셩의게 화케 흐시는 지라 몸에
비흐면 심복원 슈족이요 나무에 비흐면 근져의
지엽이라 근져 견고흐면 지엽이 셩흐고 심복이
화평흐면 슈족이 편안흔지라 간희비도의 작특
흠을 싱각컨딘 옛셔 난류의 업는 비라 하날이 명
하사 거울을 닉리시미 스름의 법이 다시 발근지라 우
으로 특별이 위로흐시니 알익로 다 은혜를 입은 지라
슌영문의 조조흔 신칙은 비파쥴을 고쳐 골으시고
본 셩쥬의 권권흔 생각은 위틱흔 글웃슬 평흐게 흐
시니 우리 빅셩된 자는 맛당이 [隔]조령을 응흐여 슴가 이
직분을 지켜 발암쌀키를 풀가치 흐고 일 좃기를
물가치 흐면 엇지 조고만흔 츙셩이 아니리오 이 고
을 빅셩으로 말흐래면 나도 쏘흔 이 고을 빅셩이
라 향원이라 일은 후에 용녈흐미 붓그려워 일
심으로 도면흐기 시각이 가을이라 일만일홍 농
째예 엇지 그 졍사예 참예흐리오마는 다솟날 경조
째에 오히려 일옴이 이시니 거친 글 두어 쥴노 각면
에 펴 보이노니 빅셩의 간상은 마음에 아는지라
동셔에 품을 파되 잔민이 눈썹 펼 날이 업고 조
셕에 질솜흐되 궁가에 호구흐기 어렵도다 그러나 빅

셩되여 공역흠이 덧덧흔 직분이라 흔 필부
의 살기도 항상 이음이 어렵거든 왼 나라의
쓰임이 엇지 한량이 이시리오 이제 공납을 지
촉ᄒ여 츌질을 ᄒ여시니 이러케 씌운 후에
혹 젼쥰례로 보아 급긔 필납을 아니ᄒ여 경
샤의 촉관과 순영의 엄칙이 잇시면 히싁 니
의져 죄ᄂᆞᆫ 임의 언논이 업고 히약졍의 불근
은 ᄯ오ᄒᆞᆫ 칙망이 잇스려니와 각촌 빅셩의 완
거ᄒᄂᆞᆫ 쟈ᄂᆞᆫ 젹으면 관가에 보ᄒ고 만ᄒ면
영문에 보ᄒ여 조곰도 용딕를 아니 홀 거시
니 이러케 다 아라 후회에 이름이 업게 홀 일
이라

현 대 어

현대어 ⇩

통연히 다 가르쳐 일깨우는 일은 하늘이 높고 땅이 낮음에 사람이 그 사이에 나서 위는 임금이 되시고 아래는 백성이 되어 백성은 임금께 의지하고 임금은 백성을 화합하게 하는지라. 몸에 비유하면 마음과 배의 손발이요, 나무에 비유하면 나무뿌리의 가지와 잎이라. 뿌리가 견고하면 가지와 잎이 무성하고 마음과 배가 화평하면 수족이 편안한지라. 지나간 해의 웅대한 계획의 특별한 지음을 생각하건대 질서나 법도에 어긋나는 짓을 함부로 하는 무리가 옛날에도 없는 바이라. 하늘이 명령하여 거울을 내리시니 사람의 법이 다시 밝은지라. 위로 특별히 위로하시니 아래로 다 은혜를 입은지라. 순영문의 하나하나 신책은 비파줄을 고쳐 고르게 하고 본 성주가 참된 마음으로 정성스럽게 간직한 생각은 위태로운 잘못을 평정하게 하시니 우리 백성된 자는 마땅히 조정의 명령을 응하여 삼가 이 직분을 지켜 바람을 따르는 것을 풀같이 하고 일 쫓기를 물같이 하면 어찌 조그마한 충성이 아니리오.

이 고을 백성으로 말하라면 나도 또한 이 고을 백성이라. 향소의 일을 맡아보던 사람이라. 이런 후에 사람이 변변하지 못하고 졸렬함이 부끄러워 한마음으로 책임이나 맡은 일에서 벗어나려고 애를 쓰기에 시각이 가을이라. 일만 일홍 농사 때에 어찌 그 정사에 참여하리오만 다섯 날 경조 때에 오히려 이름이 있으니 거친 글 두어 줄로 각 면에 펴 보이노니 백성의 어려운 모양은 마음으로 아는지라. 동서에 품을 팔되 잔민이 눈썹 펼 날이 없고 조석에 길쌈하되 가난한 집에 호구하기 어렵도다. 그러나 백성이 되어 공역하는 일이 떳떳한 직분이라. 한 필부가 살아가기도 항상 이음이 어렵거든 온 나라의 쓰임이 어찌 그 끝이 있으리오. 이제 공납을 재촉하여 거두기 시작하였으니 이렇게 깨운 후에 혹 지난 기준 예로 보아 급히 필납을 아니 하여 경사의 상급 관청이 하급 관청에 보내 재촉하는 내용의 관문과 순영의 엄한 규칙이 있으면 그 직무를 맡은 사람이 와서 죄는 임의로 [판단하는] 언론이 없고 해약정(미상)의 부지런하지 아니함은 또한 책망이 있으려니와 각촌 백성에서 완강하게 거절하는 자는 [수가] 적으면 관가에 보고하고 많으면 영문에 보고하여 조금도 용서를 아니 할 것이니 이렇게 다 알아서 후회함이 없게 할 일이라.

임치균·이상규, 『한글 고문서 연구』, 도서출판 경진, 2011.

고종 27년(1890) 전라도 남원부 순사도가 발급한 전령

A Jeonryeong notification issued in Gyeongin-year, by the magistrate of the Nam'weon-bu area(Jeolla-do province) ("Jeonryeong" a notification document issued by a governmental office, to senior officials, local Myeon clerks(面任) and civilians, everyone under its jurisdiction)

구례 삭령 최씨 댁, 20.8×55.5cm

이 자료는 전라도 구례 삭령 최씨 댁(최강현)에 소장된 전령으로 한국학중앙연구원에서 간행한 『고문서집성』 75에 실려 있다. 고종 27년(1890)년 남원부에서 발급한 전령으로 수급처는 연산 훈장급 각리 대소인이다.

이 자료는 왕이 발급한 칙령을 토대로 중앙관서에서 하급 관청에 보낸 조칙에 근거하여 도관찰사나 순사도가 부, 군, 현에 하달한 감결(甘結) 문서를 한글로 번등한 것이다. 감결에 담긴 황제의 유지를 남원 부사가 향리나 동수에게 전달한 전령이다.

대한제국의 몰락을 눈앞에 둔 1890년 전국 곳곳에서 의병이 일어나자, 이를 회유하기 위해 지방 관서에서는 고유, 고시, 회유문을 비롯하여 이러한 전령을 발급하였다. 조정에서는 의병을 '도둑 무리'로 보았으며, 이들의 소요를 '화란(禍亂)'으로 규정하였다. "관아가 백성을 학정한 데는 율법이 있고 백성이 관아를 범침하면 죽고 사는 것을 돌아보지 아니하는 죄를 짓는 것이니 이제로부터 비로소 법을 엄하게 하여 널리 주어진 직임을 못하고 백성이 범법하면 나라에서 용서하지 아니 하실 테니"라고 한 데서 의병란을 회유하고 민생을 안정시키기 위해 발급한 전령임을 알 수 있다.

착관 수압

뎐령

슌사도 감결 닉의
왕이 이려터시 갈라스듸 나라의
빅셩이 잇시며 스름의 스지 잇는 것
갓트니 사지 편안ㅎ면 스름이 평
안ㅎ고 빅셩이 넉넉ㅎ면 나라이
편안흔듸 근릭예 빅셩의 곤상
이 흔속□락병 쑨 아니라 모발가
지 여윗스니 빅셩이 장츳 업실
테니 나라이 무워실 의지하라
요 위령은 호언ㅎ고 침모능날
헌듸 화□□을 당ㅎ여 빅셩이 실업
ㅎ여 쇼취도당ㅎ여 빅셩이 실업ㅎ
여 직물을 양탈흔 고로 장사가 남
긔지 못ㅎ고 여리가 쇼동되니 이계 다
도신슈지가 탐포ㅎ야 빅셩의 궁
고을 싱각지 못ㅎ시라 다 나라의 허
물이라 이계 이황즁리라도 홍감
지 일단 빅셩의 일이라 종스의
스례을 빅셩의계 취즈흔 즈 일

절 겸졍ᄒ여시나 빅셩의 근심으로
편안이 쳐ᄒ지 못ᄒᆫ 지라 이련 고로
빅셩이 쥬고를 젼듸지 못ᄒ여 셔
로 모야 관장을 모욕ᄒ니 이리가이 이연
ᄒ지라 관장이 빅셩을 학졍ᄒᆫ듸 율
이 잇고 빅셩이 관장을 범침ᄒ면 망사지
죄를 지으니 이졔로 비로쇼 법을 엄ᄒ
계 ᄒ야 광지이 직업 못ᄒ고 빅셩이 범
법ᄒ면 나라의서 용셔치 아니 하실 테
니 팔도 고신슈의 빅셩 등은 나
라의 젼교를 봉힝ᄒ야 후회
마라 ᄒ신
유지 ᄂᆡ ᄉ연 실심 봉힝ᄒ란 감
결이신이라

착관 수압

전령

순사도 감결에 왕이 이렇듯이 가라사대 나라의 백성이 있으며 사람에게
사지(四肢)가 있는 것과 같으니 사지가 편안하면 사람이 평안하고 백성이
넉넉하면 나라가 편안한데 근래에 백성의 어려운 상황이 한속□락병뿐 아니
라 모발까지 잘려 나가니 백성이 장차 없을 테니 나라가 무엇을 의지하리오.
위령(威令)은 친절하고 듣기 좋고 침모능날한데 화(란)를 당하여 백성이 실
업(失業)하여 구할 바를 하소연하거나 불순한 집단을 이루어 백성이 실업하

24   한글 고문서를 통해 본 조선 사람들의 삶

여 재물을 약탈하는 고로 장사가 [이문을] 남기지 못하고 여염(閭閻)이 시끄럽게 법석거리고 떠들어대니 이것이 다 도둑무리의 신하들이 재물을 수탈하여 백성은 더할 나위 없는 괴로움을 생각지 못한 것이라. 다 나라의 허물이라. 이제 애황중이라도 흥감(興感)하는 것은 일단 백성의 일이라. 나라의 사례를 백성에게 취한 자를 일절 꿋꿋하고 바르게 하였으나 백성의 근심으로 편안히 있지 못한지라. 이런 때문에 백성이 사는 고통을 견디지 못하여 서로 모여 관리의 우두머리를 모욕하니 일이 가히 슬픈 듯한지라. 관장이 백성을 학정한 데는 율법이 있고 백성이 관장을 범침하면 죽고 사는 것을 돌아보지 아니 하는 죄를 짓는 것이니 이제로부터 비로소 법을 엄하게 하여 널리 주어진 직임을 못하고 백성이 범법하면 나라에서 용서하지 아니 하실 테니 팔도의 믿고 받아들이는 백성 등은 나라의 전교를 봉행하여 후회 말라고 하신 임금이 신하에게 내리던 글의 뜻에 담긴 사연을 진심으로 받들어 행하라는 감결(甘結)이다.

⇧⇧⇧⇧⇧

이상규, 『한글 고문서 연구』, 도서출판 경진, 2011.

1907년 경상도 함창 군수가 발급한 고시

A Goshi order issued in 1st year of the Yunghi era, by the Hamchang prefect(Gyeongsang-do province)

개인 소장, 31.1×81.9cm

대한제국 시기인 1907년 9월 18일 순종 황제가 선유사를 경유하여 하급한 국한문 혼용의 조칙(詔勅)을, 경상도 함창 군수가 10월 30일 '순한글'로 번역한 '고시'로 일반 백성에게 하달하였고 초주지(草注紙)에 필사하였다.

지방 목민관이 지방의 유풍과 여러 가지 폐단을 개혁하기 위해 독자적으로 발급한 문서로는 1892년 전라도 순창 군수가 발급한 35개 조항의 '고유'가 있다. 이 고시는 갑오개혁 이후 제반 문서가 새로 정비되는 과정에서 고문서의 양식적인 특징을 유지한 근대문서로서, 근대 관부문서의 양식적 변화 과정을 이해하는 데 중요한 자료이다. 이 고시의 바탕이 된 순종이 발급한 조칙에서는 문서 수급자를 "십삼도대소민인(十三道大小民人)"이라 하였으나 경상도 함창군 군수는 관할 지역의 대소민은 물론이고 특히 농민과 보부상이 중심이 된 의병란의 확산을 예상하여 수급 대상자의 폭을 넓혀 '水上(떠돌이, 유랑인)'까지 포함시켰다. 순종 황제 즉위(1907)년 9월 18일(양력)에 "13도의

높고 낮은 백성들에게" 발급한 조칙의 한문본과 한글본은『조선왕조
실록』순종 1권에 실려 있다.

告示 面長 及 各洞 一般民人 水上
卽到付 宣諭使 訓令內을 奉准ᄒ야
詔勅을 飜謄 告示ᄒ거온 咸頂知悉에 無至違越向事
隆熙 元年 九月 三十日

郡守 (관인1) (관장2)
詔勅

皇帝 若曰 朕이 寡昧로써 洪基를 丕承ᄒ바 才疏力薄ᄒ야 我
太皇帝 付託의 重ᄒ심믈 負홀가 恐ᄒ야 夙夜憂懼ᄒ야 暇息을 不遑
ᄒ노니 夫治國ᄒᄂ 道난 오즉 因時制宜홈에 在ᄒ故로 朕이 卽位以來로
大朝處分을 奉承ᄒ야 舊瘼을 痛革ᄒ고 新制를 亟布ᄒ니 斷斷ᄒ 一念
이 寔히 益國使民에 不外而己라 更張홀 際에 事多掣見홈으로써 愚民에
誤解을 致ᄒ야 浮言을 胥動ᄒ고 潢池에 弄兵ᄒ야 在在騷擾ᄒ니 禍가 無
辜에 延ᄒ고 害가 隣商에 及ᄒ난지라 其流離奔竄의 苦와 號呼顚連의 狀
이 不忍想起홀 者가 有ᄒ니 厥故를 靜思ᄒ면 朕이 臨御가 日淺ᄒ야 德澤이
民에 加치 못ᄒ고 情志가 未浮ᄒ야 寃苦가 上에 達치 못홈에 由홈이니 咎實在朕
이라 汝百姓의게 何誅리요 玆에 命ᄒ야 使臣을 分遣ᄒ야 各道에 宣諭케ᄒ노
니 惟
爾萬民은 朕意를 洞悉ᄒ야 其迷見을 祛ᄒ야 兵을 釋ᄒ고 家에 歸ᄒ야 王法에 觸
치 勿ᄒ고 父母와 妻子로 더부러 太平에 福을 共享홀지어다 見今 禾
黍가 被野ᄒ야 收穫이 在前이거을 捿屑靡定ᄒ면 其勢가 鋒鏑에 罹

치 안이혼 즉 凍餒에 患을

免치 못호니 言念及 此에 엇지 惻然如傷의 情이 無호리요 玆에 心腹과 腎腸을 敷호

야 萬民에게 誕告호노니 朕言은 不再라 想宜知悉호라

황제 이랏타시 가라사되 짐이 젹고 어더움으로써 홍기을 □비승혼 바 지조

가 셕글고 힘이 열버 우리

틱황졔 부탁에 즁호시믈 져바릴가 져어호야 날과 밤으로 두려워 호야

여가호야 쉬기예 겨렬치 못호노니 딕기 치국호난 도난 쎠을 인호야 맛당홈

을 말가시난되 잇난

고로 짐이 위에 나가쩌옴으로 딕조처분을 봉승호야 옛테를 통혁호고 시법을 극

히 펴니 단단일염이 나라을 유익호고 빅셩의 편당호기 호난되 밧갓호지 아

닐 다름이

라 경즁을 당호야 일이 쳡보난 기만은 고로 어르서근 빅셩이 글이 아라 쯧말

을 움지기고 황지에 농병호야 지지쇼요호니 화가 무고에 연호고 희가 인싱에

밋난지라 그 유리분찬에 괴러온 것과 부르고 업더지난 형숭이 츠마 싱각에

이지

못할 지 잇이니 그 연고를 싱각호면 짐의 임어혼날이 엿터 덕틱이 빅셩의게

밋지

못호고 경과 쯧이 미덥지 못호야 원통호고 괴로움이 우에 사뭇치지 못홈이

라 허물

이 짐의게 잇난지라 빅셩이 무삼 죄뇨 사신을 명호야 보닉니 만민은 짐에

쯧졀 통

실호야 그 병기을 놋코 집에 도라가셔 왕법의 쵹치 말고 부모 쳐즈로 더부러

틱평

의 복을 누를 지어다 지금 곡셕이 들에 편만호야 츄슈가 지젼 호거을 서쎨호야

졍치 못호면 칼과 츙에 걸이지 안이혼 즉 얼고 굼은 환를 면치 못호리니

엇지

측은혼 정이 없시리요 심복과 신중을 폐야 만민으게 탄고ᄒᆞ노니 짐은 말을
두 분ᄒᆞ지 마니 ᄒᆞ리라 맛당이 지실ᄒᆞ여라

고시 읍면장과 각 마을 일반 백성, 떠돌이
즉각 시행하라. 선유사 훈령안을 받들어서 조칙을 번역하여 베껴서 고시함.
모름지기 다 알아서 위반하거나 벗어나지 말 것.

융희 1(1907)년 9월 30일

군수 (관인1) (관장2)

조칙(詔勅)

황제(皇帝) 약왈(若曰) 짐(朕)이 과매(寡昧)로써 홍기(洪基)를 비승(丕承)한
바 재소역박(才疎力薄)하여 아(我) 태황제(太皇帝) 부탁(付託)의 중(重)하심
을 부(負)할까 공(恐)하여 숙야우구(夙夜憂懼)하여 하식(暇息)을 불황(不遑)
하노니 부치국(夫治國)하는 도(道)는 오직 인시제의(因時制宜)함에 재(在)한
고(故)로 짐(朕)이 즉위 이래(卽位以來)로 대조처분(大朝處分)을 봉승(奉承)하
여 구막(舊瘼)을 통혁(痛革)하고 신제(新制)를 극포(亟布)하니 단단(斷斷)한
일념(一念)이 식(寔)히 익국사민(益國使民)에 불외이기(不外而已)라 경장(更
張)ᄒᆞᆯ 제(際)에 사다창견(事多刱見)함으로써 우민(愚民)의 오해(誤解)를 치
(致)하여 부언(浮言)을 서동(胥動)하고 황지(潢池)에 농병(弄兵)하여 재재소
요(在在騷擾)하니 화(禍)가 무고(無辜)에 연(延)하고 해(害)가 인상(隣商)에 급
(及)하는 지라 기류이분찬(其流離奔竄)의 고(苦)와 호호전연(號呼顚連)의 장
(狀)이 불인상기(不忍想起)할 자(者)가 유(有)하니 궐고(厥故)를 정사(靜思)하

면 짐(朕)이 임어(臨御)가 일천(日淺)하여 덕택(德澤)이 민(民)에 가(加)치 못하고 정지(情志)가 미부(未浮)하여 원고(寃苦)가 상(上)에 달(達)치 못 함에 유(由)함이니 구실재짐(咎實在朕)이라. 여백성(汝百姓)에게 하주(何誅)리요. 자(玆)에 명(命)하여 사신(使臣)을 분위(分違)하여 각도(各道)에 선유(宣諭)케 하노니 유이만민(惟爾萬民)은 짐의(朕意)를 통실(洞悉)하여 기미견(其迷見)을 거(祛)하여 병(兵)을 석(釋)하고 가(家)에 귀(歸)하여 왕법(王法)에 촉(觸)치 물(勿)하고 부모(父母)와 처자(處子)로 더불어 태평(太平)의 복(福)을 공형(共亨)할 지어다. 견금(見今) 화서(禾黍)가 피야(被野)하여 수확(收穫)이 재전(在前)이거늘 서설미정(捿屑靡定)하면 기세(其勢)가 봉호(鋒鎬)에 리(罹)치 아니한즉 동뇌(凍餒)에 환(患)을 면(免)치 못하니 언념급(言念及) 차(此)에 어찌 측연여상(惻然如傷)의 정(情)이 무(無)하리요. 자(玆)에 심복(心腹)과 신장(腎腸)을 부(敷)하여 만민(萬民)에게 탄고(誕告)하노니 짐언(朕言)은 부재(不再)라 상의지실(想宜知悉)하라.

황제 이렇듯이 말씀하시되, "짐은 어리석고 [사물 이치에] 아둔한 사람으로서 큰 위업을 이어받았으나 재주가 적고 힘이 적어서 태황제의 중대한 부탁을 저버리게 될까 두려워 밤낮으로 근심하고 두려워하면서 쉴 겨를이 없다. 대개 치국하는 도리는 때에 따라 알맞게 마름하는 데 있기 때문에 짐이 즉위 이후로 대조[고종]의 처분[갑오개혁 등 구제 개혁]을 받들어 구체제를 철저히 개혁하고 새로운 법을 급히 선포하였다. 한결같은 일념은 나라를 유익하게 하고 백성들을 편안케 하려는 데서 벗어나 있지 않을 뿐이라. 갑오경장할 때에 첩보가 늦어진 것 때문에 어리석은 백성들이 그렇게 알고 뜬소문을 서로 퍼뜨리며, [강원도 태백] 황지에서 반란군을 일으켜 곳곳에서 소요하니 그 화가 죄 없는 사람에게 연이어 있고 피해는 인근 사람과 상인에게까지 미치고 있다. 그들이 떠돌아 도주해 다니는 괴로움과 부르짖고 허덕이는 형상은 차마 상상에 이르지 못할 점이 있다. 그렇게 된 까닭을 가만히 생각해 보면 짐이 황제의 자리에 오른 지 얼마 안 되어 덕택이 백성들에게 미치지 못하고 [짐의] 정과 뜻이 미덥지 못해서 [백성들의] 원통함과 괴로운 사정이 위에 통달하지 못한 까닭이니, 그 허물은 짐에게 있다. 너희들 백성이 무슨 죄가 있겠는가? 이제 사신을 각도에 나누어 파견하여 선유하니 너희들 만민은 짐의 뜻을 잘 알아 병기를 놓고 집에 돌아가서 왕법에 저촉되지 말고 부모처자와 함께 태평스런 복을 함께 누릴지어다. 지금 벼와 기장이 들에 가득 차 추수할 시기가 눈앞에 있으니 소홀히 하여 안정하지 않으면 그 형세가 칼과 창에 걸려 [죽지] 않으면 얼어 굶주리는 환란을 면치 못할 것이니 어찌 측은한 정이 없겠는가? 이에 짐의 속마음을 펼쳐서 만민에게 널리 알리는 바이다. 짐은 다시 말하지 않겠으니 마땅히 잘 알아들으리라고 생각한다."

이상규, 「순종 원년 함창 군수가 발급한 한글 고시」, 『어문논총』 51호, 2009.

3
완문

고종 19년(1882)
충청도 홍성 장방청에서 발급한 계방수호 완문

A Wanmun document for contract protection created in Im'o-year, by the Jangbang-cheong office of the Hongseong area(Chungcheong-do province) ("Wanmun": a document issued by the authorities, to Hyanggyo schools, Seoweon academies, Fraternities(Gyeolsa/結社) or similar organizations, villages(村) and civilians)

국사편찬위원회, 19.8×23cm

이 자료는 충남 홍성의 개인이 소장하고 있던 완문 6책, 절목 2책, 좌목 2책, 비변사 등급, 경인보 패책, 일기 3책 등의 자료 가운데 하나로 국사편찬위원회에서 마이크로필름으로 제작하였다(MF 01520). 본 완문은 성책된 것으로 표지에 "성호동쥬젼 완문", "임오 십일월 십오일"로 기록되어 있다. 원래 총 6면으로 성책된 자료인데 한 장으로 펼쳐서 재편집하였다. 발급자는 지방의 하급기관인 장방청(長房廳)이고 수급자는 충청도 홍성군 성호동 일반 백성이다.

완문은 낱장으로 발급한 것도 있으나 주로 성책으로 제작하여 발급하였다. 중앙 관부에서 발급한 완문은 주로 성책으로 고급 한지에 30~40cm 정도의 크기로 장첩되어 있다. 문서 양식 면에서 표준화된 완문은 없다. 조선 후기에 많이 유통된 고문서임에도 불구하고 『유서

필지』 등에 문서의 양식에 대한 규정이 없다는 것은 문서의 내용이나 분량이 다양하고 임의적일 수 있었다는 증거가 된다.

한문으로 작성된 완문은 많이 남아 있으나 한글로 작성한 완문은 현재 이 자료가 유일하다.

본문 1면에는 9행(16~18자), 2면에는 본문 6행이 이어져 있으며 발급 날짜와 발급자인 장방청 본장방의 직방형 인장(5개 처)과 함께 수결이 있다. 이어서 장방청 소속 관원인 이방, 공원, 일변, 이변의 착명과 수결이 있으며, 제3면에는 12명의 착명과 수결이 있다. 전량(錢兩)을 나타내는 숫자 이외에는 모두 한글로 작성되어 있다.

「임오(1882)년 장방청 발급 계방수호 완문」은 관부의 공문서로서 한 글의 계층적 확산을 입증하는 매우 중요한 자료가 된다.

원문   원문 ⇩

임오 십일월 십오일

셩호 동쥬 젼 완문

위 완문 셩급사라 귀동과 비쳥이 ᄌ링 상
부지의로 지ᄂ옵다가 지어작연 뉴월 신구
관 교쳬을 당ᄒ와 쳥즁 소용이 시급ᄒ와 셩
호동 즁의 八十五兩을 구쳥ᄒ여 경쥬인 져채
을 요필ᄒ옵고 ᄯ 二十兩은 각 동 간의 노슈 부
조ᄒ옵고 ᄯ 二十兩은 장방 슈리힐 ᄶ예 조급ᄒ
오며 미연 츈간의 二十兩 츄간의 十五兩식 ᄒ옵
넌 ᄯᆺ슨 셩호 졉인 즁 무론 슈모ᄒ고 범과의
취착이 되어도 본쳥 졀예와 ᄎᄉ예와 잡비 등

절은 일절 그론읍실 쥴로 다시 셩완문이
급ᄒ온이 여차자후에 연구시심하올지라도 니 차입
의로 영구 즁힝하오며 만약 부쥰차의ᄒ고 혹 졀예
등졀로 갈동지패어든 우 젼은 일일 환급ᄒ올
쥴로 셩급일ᄉ라

임오 십일월 십오일 本長房

이방 최긔만 (수결)
공원 죠완실 (수결)
일변 김보문 (수결)
이변 권만득 (수결)
김빅연 (수결)
이돌몽 (수결)
최명셔 (수결)
김슌션 (수결)
임학실 (수결)
니쥰문 (수결)
김희안 (수결)
안원셕 (수결)
쟝판손 (수결)
강니츈 (수결)
뉴부귀 (수결)
셔지홍 (수결)

임오(1882)년 11월 15일

성호 동주 전 완문

위 완문 성급하는 일이라. 귀동(貴洞)과 비청(備廳)이 지금까지 서로 돕는 의로 지내다가 지난해 유월에 이르러 신구 관리가 교체되는 때를 당하여 청중(廳中)에 [전량을] 쓸 일이 시급하여 성호동 중에 85냥을 구청(求請)하여 경주인이 저축한 사실을 장부에 기재하는 일을 완료하였고 또 20냥은 각 동간에 노인장(老首)에게 부조하고, 또 20냥은 장방(長房)을 수리할 때에 조급(助給)했으며, 매년 봄 무렵에 20냥, 가을 무렵에 15냥씩 거출하는 뜻은 성호동 접인(接人)들은 물론 누구라도 법에 어긋나는 일을 하여 취착(就捉)이 되어도 본청 전례(典禮)와 차사(差使)의 예와 잡비 등절은 일절 거론 없을 것으로 다시 완문을 만드는 일이 급하오니 차후에 해가 지나서 시심할지라도 이 입의(立議)로 영구히 준행(遵行)하오며 만약 장부(帳簿)에 따라 의논하고 혹 전례 등의 절차의 문제로 갈등의 폐단이 생기면 상기 전(錢)은 일일이 환급할 것으로 성급하는 일이라.

임오(1882)년 11월 15일 본장방

이방 최기만 (수결)
공원 조완실 (수결)
일변 김보문 (수결)
이변 권만득 (수결)
김백연 (수결)
이돌몽 (수결)

최명서 (수결)

김순선 (수결)

임학실 (수결)

이준문 (수결)

김희안 (수결)

안원석 (수결)

장판손 (수결)

강내춘 (수결)

유부귀 (수결)

서재홍 (수결)

4
상언

영조 2년(1726)
충청도 부여현에 사는 이이명의 처 김씨 부인이 올린 상언

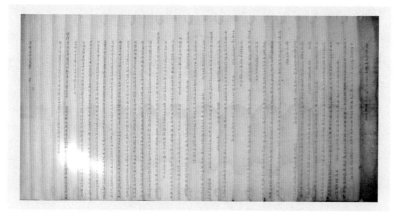

A Sangeon appeal filed in 5th year of the Ongjeong era, by the late Yeongbu-sa official Yi Yi-myeong's wife named Kim, who was living in the Buyeo-hyeon area(Chungcheong-do province)

개인 소장, 79×153.5cm

이 자료는 임형택 교수가 발굴하여 학계에 소개한 「충청도 부여현에 사는 고 영부사 이이명(李頤命, 1658~1722)의 처 광산 김씨 상언」이다. 개인 소장의 자료로 고소설 구운몽을 쓴 김만중(1637~1692)의 딸이며 이이명의 부인인 김씨가 영조에게 올린 한글 상언이다. 김씨의 남편 이이명은 노론의 4대신으로 추앙을 받았으나 신임옥사 때 4흉으로 지목된 인물이다. 1,400자에 달하는 이 상언은 영조 3(1726)년 임금에게 올린 것으로 신임옥사 때 연좌제로 연루된 손자 이봉상과 시동생 이익명의 구명을 호소한 내용이다.

경종의 왕세자 책봉 과정에서 노론의 주도 세력인 김창집, 이이명, 이건명, 조태채의 왕세제 책봉 주장이 관철되어 경종 1(1721)년 왕의 동생인 연잉군(영조)이 왕세제로 책봉되었다. 노론은 경종의 병약을 이유로 왕세제의 대리청정을 주장하였고 경종은 이를 승인하였으나 소론의 조태구, 유봉휘 등이 노론의 부당성을 상소하여 대리청정은 취소되었다. 소론은 이 문제를 경종에 대한 노론의 불충으로 몰아서 그들을 탄핵하였다. 이후 벌어진 목호룡의 고변 사건으로 왕세제의 대리청정을 주장한 노론의 4대신인 이이명, 김창집, 이건명, 조태채가 차례로 사형을 당하는 신임옥사가 일어났다. 즉위 4년 만에 경종이 병사하고 그 뒤를 이어 영조가 즉위하였다. 『조선왕조실록』영조 6권, 5월 9일 조에 고 영부사 이이명의 처 김씨가 상언을 제출했다는 기록이 있다.

원 문

원문 ⬇

튱쳥도 부여현 거 고 녕부ㅅ 신 니이명 쳐 김시

우 샹언의단은 녀의신이 부지 ㅅ이예 용납디 못홀 죄를 지ᇹ고 쳔고의 업ㅅ온 [擘]이 은을 닙ㅅ와 모딘 목숨이 일괴육을 위ᄒ와 쇠여디디 못ᄒᇦ고 이제ᄼᆨ디 세샹의 머무와 일

야 [隔]셩은만 츅슈ᄒᇦ더니 쳔만 몽믜밧긔의 손 봉샹을 듸계 [隔]극튤노 쳐단ᄒ

야디라 ᄒᇦ고 또 의부 뎨 익명을 봉샹의 망명홀 쌔예 디ᄒ얏다 ᄒᇦ고 듕죄를 주어디라

ᄒᇦᄂ 긔별을 듯ᄌᆸ고 녀의 신이 고듸 죽어 몬져 모ᄅᆯ려 ᄒᇦ다가 다시 싱각ᄒ오니 이 궁텬

극디ᄒ 원혹을 [隔]어딘 하ᄂᆯ 아래 져허 ᄌᆞ조ᄒ야 폭빅ᄒ디 못ᄒ고 그만ᄒ야

진ᄒᆞ오면

당초 [隔]특병으로 사로오신 [隔]셩은을 져ᄇᆞ리올 분 아니오라 ᄯᅩ 녀의신이 혼자 닙ᄉᆞ

올 죄를 무고ᄒᆞᆫ 익명을 횡니ᄒᆞ게 되어ᄉᆞ오니 실노 디하의 도라가 의부를 보올 ᄂᆞᆺ치 업ᄉᆞ와

앗가 튱쳥도 부여 ᄯᅡ호로셔 촌촌젼진ᄒᆞ야 감히 [隔]신엄 아래 ᄒᆞᆫ번 이호ᄒᆞ고 죽기를 쳥ᄒᆞ오니 오직

[擡]셩명은 블샹히 너겨 슬피오쇼셔 처엄 봉샹이 죽게 되온 ᄶᅢ 녀의신이 ᄆᆞ음의 ᄒᆞ오ᄃᆡ 의부의 가셰 딕딕

로 튱졍을 극진ᄒᆞ다가 이졔는 문회 멸망ᄒᆞ여신들 하ᄂᆞᆯ이 현마 이 ᄒᆞᆫ 혈쇽을 ᄆᆞ자 슫허

삼ᄃᆡ 일시예 의지 업ᄉᆞᆫ 원귀되랴 시브와 져를 망명ᄒᆞ게 ᄒᆞ여ᄉᆞᆸ더니 그 후 뎍소 ᄯᅡ회셔 빅셩들

의 뎐ᄒᆞᄂᆞᆫ 말을 둣ᄌᆞ오니

[擡]경종대왕 겨오셔 본도 보ᄉᆞ장 [隔]계 못ᄒᆞ온 젼의 [隔]뎐지를 여러 날 ᄂᆞ리오시디 아니ᄒᆞ오시다가 인

ᄒᆞ야 그만 ᄒᆞ오시다 ᄒᆞ오니 이ᄂᆞᆫ

[擡]경묘의 호싱ᄒᆞ시ᄂᆞᆫ [隔]은녁이 하ᄂᆞᆯ ᄀᆞᆺᄌᆞ오시고 을ᄉᆞ년의 니르러

[擡]셩샹이 군하의 말ᄉᆞᆷ을 기ᄃᆞ리디 아니ᄒᆞ오셔 의뷔 ᄆᆞᄎᆞᆷ내 졀ᄉᆞ ᄒᆞᆫ가 너기오셔 방손을 녹용ᄉᆞ디 ᄒᆞ오시고

밋 녀의신이 봉샹을 ᄃᆞ리ᄋᆞᆸ고 [隔]궐하의 와 딕 [隔]명ᄒᆞ오니

[擡]셩샹이 져를 블러 위로ᄒᆞ오시믈 가인부ᄌᆞ나 다ᄅᆞ디 아니케 ᄒᆞ오시고 녀의신을 딕 [隔]명말라ᄉᆞᆫ디 ᄒᆞ

오시니 이ᄂᆞᆫ 고금의 업ᄉᆞ온 [隔]은악이라 셰셰싱싱에 몸을 ᄆᆞᄋᆞ고 ᄲᅦ 굴리되야도 죡히 갑디 못

ᄒᆞ올 거시니 오ᄂᆞᆯ날 와 ᄒᆞᆫ 번 죽기를 어이 감히 ᄉᆞ양ᄒᆞ오리잇가마ᄂᆞᆫ 다만

[擡]셩샹의 이러툿 ᄒᆞ오신 [隔]셩덕이 ᄒᆞᆫ갓 과가를 블샹히 너기시미 아니라

진실노 의뷔 평일의

나라 위ᄒ야 진췌ᄒᆞ옵던 졍셩을 [隔]구버 싱각ᄒᆞ오셔 십년 샹약의 우국망가

라 ᄒᆞ오시고 관일

지통이 잇다 ᄒᆞ오셔 일로 브듸 혼 혈속이나 슫티 마라 셜워ᄒᆞ여 주리ᄂᆞᆫ 귀신

이 되디 아니콰져

ᄒᆞ오시ᄂᆞᆫ가 ᄒᆞᄂᆞ이다 이러ᄒᆞ온 거슬 시졀 사ᄅᆞᆷ들이 ᄆᆞ자 죽여 업시ᄒᆞ랴 ᄒᆞ

오니 이ᄂᆞᆫ

[竈]셩샹의 호싱ᄒᆞ시ᄂᆞᆫ 덕이 도로혀 저희 ᄉᆞᄉᆞ 원슈 갑ᄂᆞᆫ 거시 될가 셜워ᄒᆞᄂᆞ

이 다 ᄯᅩ 의부 뎨 익명은 임인

년 뉴월 초이일 튱쳥도 홍산 ᄯᅡ호로셔 젼나도 광쥐 덕소로바로 가옵고 녀의

신만 혼자 봉샹을 ᄃᆞ

리옵고 부여 ᄯᅡ히 잇ᄉᆞᆸ더니 뉴월 스므 이튼날의 부 묘하의 보내여ᄉᆞᆸ다가

간 두어 날 후의 ᄌᆞ 긔지

의 연좌 긔별 듯줍고 녀의 신이 ᄀᆞ만이 봉샹의 잇ᄂᆞᆫ 듸로 통ᄒᆞ야 그리로셔

나가게 ᄒᆞ야ᄉᆞ오니이다 녀의

신의 ᄒᆞ온일이오며 셜ᄉᆞ 의논ᄒᆞ랴 ᄒᆞ와도 익명의 귀향 가온 ᄯᅡ히 샹게 ᄉᆞ오

빅ᄂᆞ오니 혼 집안 사ᄅᆞᆷ이

라도 모ᄅᆞ게 ᄒᆞ고져 ᄒᆞ옵거든 어이 오뉴 일뎡의셔 왕복ᄒᆞ야 사ᄅᆞᆷ의 이목을

번거케 ᄒᆞ오릿가 ᄯᅩ 그 ᄶᅢ

익명이 독혼 니질을 어더 인ᄉᆞᄅᆞᆯ 모ᄅᆞ오니 이ᄂᆞᆫ 압거ᄒᆞ던 나졸이 아ᄂᆞᆫ 일이

오니 비록 혼 집의 잇ᄉᆞ와

도 병이 인ᄉᆞᄅᆞᆯ 모ᄅᆞ온 후ᄂᆞᆫ 이런 일을 의논을 못 ᄒᆞ오려든 ᄒᆞ믈며 먼니셔

엇디 아오리잇가 이ᄂᆞᆫ 녀의 신

이 손조 쥬댱ᄒᆞ온 일이오니 실노 의부 뎨 익명의게 간셥혼 배 죠곰도 업ᄉᆞᆸᄂᆞ

니이다 이ᄂᆞᆫ 시졀 사ᄅᆞᆷ들이

녀의 신을 죽여ᄂᆞᆫ 블관ᄒᆞ오매 익명을 ᄆᆞ자 죽여 노쇼업시 젹족ᄒᆞ게 ᄒᆞ려ᄒᆞ

고 브듸 익명의게로 억늑

ᄒᆞ야 모라보내오니 이 아니 지원극통ᄒᆞ오니잇가 녀의 신이 만 번 죽기ᄅᆞᆯ
ᄉᆞ양티 아니ᄒᆞ옵고 부월의
업듸기ᄅᆞᆯ 쳥ᄒᆞ오니 ᄇᆞ라옵ᄂᆞ니
[撞]텬디 부모ᄂᆞᆫ 특별히 원혹ᄒᆞᆫ 졍ᄉᆞᄅᆞᆯ [隔]슬피오셔 마치 녀의 신만 버히오
시고 봉샹의 명을 빌리오셔
의부의 혈ᄉᆞᄅᆞᆯ 닛고 의부 뎌 익명을 난횡니ᄒᆞᄂᆞᆫ 화ᄅᆞᆯ 면케ᄒᆞ오쇼셔

옹졍 오년 십월 일

충청도 부여현에 사는 고 영부사 신 이이명 처 김씨

이 상언은 이 몸이 하늘과 땅 사이에 용납하지 못할 죄를 짓고 천고에
없는 성상의 은혜를 입어 모진 목숨이 일괴육(곧 손자)을 위하여 죽지 못하
고 이제까지 세상에 머물러 밤낮 성은만 축수하옵더니 천만 몽매밖에 손자
봉상을 대개 극한 율법으로 처단할 것이라 하옵고 또 시동생 익명을 봉상이
망명할 때에 알고 있었다 하고 중죄를 줄 것이라 하는 기별을 듣고 이 몸이
바로 죽어 먼저 다 잊어버리려 하다가 다시 생각하오니 이 끝없는 원혹을
'어진 하늘' 아래 두려워 주저하여 화를 내어 말하지 못하고 그만하고 지내면
당초 특명으로 살려 주신 성은을 저버릴 뿐 아니오라 또 이 몸이 혼자 입을
죄를 무고한 [시동생] 익명이 재앙을 당하게 되었사오니 실로 지하에 돌아가
지아비를 뵐 낯이 없어 얼마 전 충청도 부여 땅에서 깊고 깊은 곳으로 들어가
감히 [성상의] 근엄함 아래 한번 슬프게 울부짖으며 죽기를 청하오니 오직
성스러운 성상께서는 [저희를] 불쌍히 여겨 살피오소서.
처음 봉상이 죽게 되었을 때 이 몸이 마음에 [결심]하되 지아비의 가세(家
世) 대대로 [성상에게] 충정을 극진히 하다가 이제는 문호(집안)가 멸망한들

하늘이 설마 이 한 혈속(血屬)을 마저 끊어 삼대가 일시에 의지[할 데] 없는 원귀가 되랴 싶어 봉상을 망명하게 하였더니 그 후 적소(謫所) 땅에서 백성들의 전하는 말을 들으니 경종대왕께서 본도에 보사장계를 못 하온 전에 전지를 여러 날 내리시지 아니 하시다가 인하여 그만 하셨다 하니 이는 명종대왕의 백성을 사랑하시는 은혜와 덕이 하늘과 같고 을사(1725)년에 이르러 성상이 군하의 말씀을 기다리지 아니 하셔서서 지아비의 자손이 끊어졌는가 여겨서 방계 자손을 불러 기용하시기까지 하셨습니다. 이 몸이 봉상을 데리고 궐하에 와 성상의 명을 기다리니 성상이 저를 불러 위로하심을 가인(家人) 부자(夫子)나[한 집안의 아비와 아들과 같이] 다르지 않게 하시고 이 몸에게 대명하지 말라고까지 말씀하시니 이는 고금에 없는 임금의 흡족한 은혜라. 여러 세상에 몸을 망가뜨려 뼈 가루가 되어도 족히 갚지 못할 것이니 오늘에 와서 한번 죽기를 어이 감히 사양하오리까마는 다만 성상이 이렇듯 하신 성덕이 한갓 고과(孤寡)를 불쌍히 여기심이 아니라 진실로 이 몸의 지아비가 평일에 나라 위하여 몸이 여위도록 마음과 힘을 다하여 애쓴 정성을 굽어 생각하셔서 "십 년 동안 서로의 약속을 지켜 나라를 위해 일하다 집안이 망했다"고 하오시고 "하늘을 감동시키는 지극한 충성이 있다"고 하시어 이로 인해 "부디 한 혈속이나 끊지 마라"며 서러워하며 주리는 귀신(봉제사가 단절됨)이 되지 아니 하게 하시는가 하나이다. 이러한 것을 시절 사람들이 [익명과 봉상까지] 마저 죽여 없이 하려고 하니 이는 성상의 호생(護生)하시는 은덕이 도로 저희 사사로운 원수를 갚는 것이 될까 서러워하나이다. 또 시동생 익명은 임인(1722)년 6월 초2일 충청도 홍산 땅에서 전라도 광주 적소로 바로 가셨고 저만 혼자 봉상을 데리고 부여 땅에 [남아] 있더니 6월 22일에 부 묘하(墓下)에 [시묘살이를 하도록] 보냈다가 떠나간 두어 날 후 이기지의 연좌 기별을 듣고 이 몸이 가만히 봉상이 있는 데로 통하여 거기에서 [피신을] 나가게 하였습니다. [봉상이 피신을 하게 한 일은] 이 몸이 한 일이며 설사 [이익명과] 의논하려고 하여도 익명이 귀양을 간 땅이 거리가 사오백 리나 되니 한 집안 사람이라도 모르게 하고자 했으면 어이 5~6일

만의 일정에서 왕복하여 사람의 이목을 번거롭게 하겠습니까? 또 그때 익명이 독한 이질 병을 얻어 인사를 모르오니 이는 [죄인을] 압거하던 나졸이 아는 일이오니 비록 한집에 있어도 병이 [심하여] 인사를 모르는 [상황에서] 이런 일을 의논을 못 할 것인바 하물며 멀리서 [이익명이] 어찌 [봉상을 피신시킨 일을] 알 수 있겠습니까? 이는 이 몸이 손수 주장하온 일이오니 실로 시동생 익명이 간섭한 바가 조금도 없사옵니다. 이는 시절 사람들(소론의 무리)이 이 몸을 죽이는 것은 관여하지 않으나(상관없으나) 익명을 마저 죽여 노소 없이 일족을 멸망시키려 하고, 부디 익명에게 억지로 뒤집어씌워 몰아붙이니 이 아니 지원극통 하겠습니까?

이 몸이 만 번 죽기를 사양치 아니 하옵고 형틀에 엎드리기를 청하고 바랍니다. 천지부모는 특별히 원혹한 사정을 헤아려서 마치 이 몸만 [목을] 베고 봉상의 명(命)을 빌려 지아비의 혈사(血嗣)를 잇고 시동생 익명을 횡리(橫罹)하는 화를 면케 하오소서.

옹정 5(1726)년 10월 일

임형택, 「김씨 부인의 국문 상언」, 『민족국문학사연구』 25호, 민족문학사연구소, 2004.

5
소지·원정·발괄·언단·청원서

효종 7년(1656)
해월헌 황여일의 숙부인 완산 이씨가 올린 소지

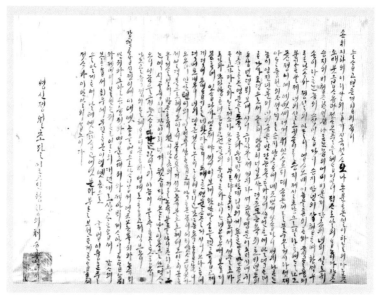

A Soji suit filed in Byeongshin-year, by Haeweolheon Hwang Yeo-il's wife(who was
from the Wansan Yi House) ("Soji": a lawsuit[訴狀], an appeal, a petition submitted to
the authorities)

한국국학진흥원, 50×70cm

1980년 7월 24일 「문학과언어연구회」 학술 자료 답사팀이 경북 울진
군 기성면에서 한글로 성안된 유서(遺書)와 소지(所志) 각각 1매를 사
동 433번지 황의석(黃義錫) 댁에서 발굴하였다. 이 유서와 소지는 조선
조 효종 때 해월헌 황여일(黃汝一, 1556~1622)의 재취 숙부인 완산 이씨
가 대종의 계후자(繼後者) 문제로 야기된 적서 간의 종사 갈등 문제를

해결하기 위해 작성한 소지이다. 현재 안동 한국국학진흥원에 위탁 관리되고 있다. "병신 정월 초파일"이라는 간기와 함께 완산 이씨 부인의 인장이 찍혀 있으며, 친필 내간체로 작성되었다. 관부에서 발급한 제사가 없는 백문기인 점으로 보아 효종 7(1656)년 관부에 입안하기 위해 작성한 초문기로 추정된다.

법제사의 관점에서 당시의 가승 제도를 연구하는 데 매우 중요한 자료이다. 현재까지 발굴된 한글 소지 가운데 가장 오래된 것으로, 특히 경상과 강원 접촉방언의 구어와 이두어가 반영되어 있다.

이 소지는 비교적 짧은 서간체 형식이지만 17세기 무렵 한글 고문서 양식의 변형 과정을 기술하는 데 유효한 자료로 판단된다. 또한 훈민 정음이 창제된 지 200여 년이 지난 시점에서 강원도 평해(현 경상북도 울진군 소속)라는 변방에서 살던 숙부인 이씨가 비교적 정제된 한글 글쓰기를 할 수 있었다는 사실은 한글의 확산 과정을 확인할 수 있는 매우 중요한 근거가 된다. 16세기 말에서 17세기 초에 걸쳐 「순천 김씨 한글 언간」과 「현풍 곽씨 부인 한글 언간」 등 한글 자료가 다량 으로 남아 있는 점으로 미루어 보아 17세기 이후에는 사민으로부터 중인과 양인, 그리고 노비 층에 이르기까지 한글이 폭넓게 확산되었 음을 확인할 수 있다.

원 문   원문 ⇩

늘습고 병든 겨집의 몸이

[壹]존위지하의 이리 알외옵기 지극 젓스오나 통분흐온 일이 하늘의 다둘ᄌ 오매 붓그럽스옴과 젓스온 줄을 혜옵디 아녀 딕즈로 알외옵노이다 당즈 승지의 비첩 ᄌ 황셕위라 흐는 놈의 어미 비 분개 당초의 녜의 실로 귀 손시라 흐는 놈의 소싱이옵다니 승지 만년의 작첩흐여 황셕우 를 낫ᄉ와 정실의 아둘이 업스오매 이놈을 죵이 흐와 ᄌ식들 둥의

분깃ᄒᆞ올 제 녀의 실로 귀손이를 승지 제 실로 냥으로 달라 ᄒᆞ여늘 나도
모즈 졍니예 에엿쎄 녀겨 쥐잇ᄉᆞ오ᄃᆡ 대죵은 저를 몬 주올 거시라 셋재
아들 등현의 즈 셕녀를 승지 양ᄌᆞᄒᆞ여 네도 벗겨잇습다니 셔위라 ᄒᆞᄂᆞᆫ
놈이 임진년 분의 녀의 몸을 만단 능욕ᄒᆞ와 지어 샹언ᄒᆞ여 탈덕ᄒᆞ려
ᄒᆞ다가 됴뎡으로서 도ᄅᆞ혀 과심히 너기오샤 덕죠모 능욕죄로 빙녕도의
도 삼년 뎡비 보내시니 그리시올 제 셔위라서 조샹 명문이 노비시여 귀
샤츌ᄒᆞ온 명문을 도죽ᄒᆞ와 우던 빅셩 반대립의계 됴 ᄒᆞᆫ 믈 받줍고
풀고 가다ᄒᆞ와늘 져 도라오온 후의 무른랴 ᄒᆞ오ᄃᆡ 노혀오며셔 셔울로 바
로가와 쏘 파양ᄒᆞ려 ᄒᆞ옵고 전문의 투탁ᄒᆞ와 아니 ᄂᆞ려 오옵매 보옵디
몬ᄒᆞ여 잇습다가 엇그제야 제 어미 보려 왓단 말슴을 뎐뎐 듯줍고 제
게 덕어 보내옵기를 네 왓다 ᄒᆞ니 도매ᄒᆞᆫ 명문 ᄎᆞ즐 거시니 오라 ᄒᆞ여
덕어 보내오니 녀의 덕근 것을 올이올이ᄒᆞ여 ᄇᆞ리고 갓갓 능욕ᄒᆞ옵고 아니
오오니 인간 텬디의 일언 무상ᄒᆞ옵고 패악ᄒᆞ온 놈이 어ᄃᆡ 잇사오니잇가
제 얼덕분으로 혜여도 일이 몬ᄒᆞ올 거시오 노쥬분으로 혜여도 일이 몬ᄒᆞ
올 거슬 일이 방ᄌᆞᄒᆞ오니 원시 당초의 저를 노쥬분을 아니 ᄎᆞ리오니 그
ᄂᆞᆫ 역시 골육이라 잔잉히 녀겨 뒷습다가 오늘날 이 욕을 쏘 먹ᄉᆞ
오니 이 놈을 그저 둣습다가ᄂᆞᆫ 타일의 이놈이 블측ᄒᆞ올 둣ᄒᆞ오니
나도 골육졍의를 혜옵디 몬ᄒᆞ와 법대로 ᄒᆞ옵고져 식브오니
[擡]강명ᄒᆞ옵신 졍티예 이톄옛 놈을 법으로 다스리옵셔 덕죠모 능욕죄와
노쥬비
반죄와 모탈 승등죄와 명문 도매죄와 제아븨 제ᄉᆞ 아니ᄒᆞ옵ᄂᆞᆫ 죄
와 제 어미 블연ᄂᆞᆫ 죄를 일일히 대뎐대로 샹고ᄒᆞ옵셔 [隔]감ᄉᆞ씌
보ᄒᆞ옵셔 히우예 무던ᄒᆞ온 이톄옛놈으로 [隔]국법이 듕ᄒᆞᆫ 줄
을 알게 ᄒᆞ여 날톄옛 늙습고 에엿분 과부를 보젼ᄒᆞ게 ᄒᆞ옵쇼셔
젓ᄉᆞ와 이만 알외옵노이다

병신 졍월 초팔일 고민 황 참의 쳐 슉부인 니시(인장)

늙고 병든 여인의 몸이

존위지하에 이렇게 아뢰옵기 지극히 두려우나 통분한 일이 하늘에 닿았음으로 부끄러움과 두려운 줄을 헤아리지 못하여 대신 사람을 시켜서 아룁니다. 맏아들 승지의 비첩(婢妾)의 자식 황석우라 하는 놈의 어미인 노비 분개는 당초에 이 여인의 소유로 귀손이라 하는 놈의 소생입니다. 승지 만년에 첩으로 삼아 황석우를 낳아 정실에 아들이 없음에 이놈을 종문(宗門)에서 의론하여 자식들 중에 분깃(분재, 分衿)할 적에 이 여인의 소유인 귀손이를 승지가 자기 몫으로 달라고 하거늘 나도 모자 정리에 어여삐 여겨 주었으되 대종의 자리는 저놈(귀손이)을 못 줄 것이라 하였습니다. 셋째 아들 중헌의 자식 석래를 승지에게 양자하여 예조에 적(籍)을 올렸더니 석우라 하는 놈이 임진년 무렵에 이 내 몸을 만단 능욕하였습니다. 심지어 상언하여 탈적하려 하다가 조정으로부터 도리어 괘씸히 여겨 적조모 능욕죄로 백령도에 삼 년 정배를 보냈습니다. 그러할 적에 석우라는 놈은 조상 명문상에 노비여서 관에서 사출한[발급된 문서를 베낀] 명문을 훔쳐서 어리석은 이웃인 반대립에게 조 한 말을 받고 팔고 갔다 하거늘 저(석우)가 돌아온 후에 다시 물리려고 하니 노여워하면서 서울로 바로 가서 또 파양(破讓)하려 하고 전 문중에 투탁하며 아니 내려오므로 보지 못하고 있다가 엊그제야 제 어미 보러왔다는 말을 전해 듣고 저(석우)에게 [편지를] 적어서 보내기를 "너가 왔다하니 훔쳐서 팔아먹은 명문을 찾을 것이니 오라"고 하여 적어 보냈습니다. 내가 적은 것을 갈기갈기 찢어 버리고 갖가지 능욕하고 아니 오니 인간 천지에 이런 무상하고 패악한 놈이 어디에 있겠습니까? 저가 서얼의 신분으로 헤아려도 이렇게 못할 것이오. 노비와 주인의 신분 관계로 헤아려도 못할 것을 이렇게 방자하니 원시 당초에 저에게 노비와 주인의 신분 위치를 아니 차리니(처신하니) 그래도 그는 역시 골육이라 잔인하다 여겨서 [내버려] 두었다가 오늘날 이 욕을 또 먹으니 이놈을 그저 두었다가는 다른 날에 이놈이 불측한 짓을 또 저지를 듯하니 나도 골육정의를 헤아리지 못하여 법대로 ·처리하고 싶습니다.

강명하신 정사의 처리로 이까짓 놈을 법으로 다스리시어 적조모 능욕죄와 노주 배반죄와 모탈 승융죄(謀奪乘隆罪)와 명문 도매죄(盜賣罪)와 제 아비 제사 아니 지내는 죄와 제 어미를 내버린 죄를 일일이 대전(經國大典)대로 상고해서 감사께서 보고하고서 해후에 무진한 이까짓 놈을 국법이 중한 줄을 알게 하여 나같이 늙고 불쌍한 과부를 보전하게 해 주시옵소서. 두려워 이만 아룁니다.

병신(1656)년 1월 8일 과부가 된 백성인 황 참의 처 숙부인 이씨 (인장)

숙종 15년(1689) 한성 남부동에 사는 조지원의 처 정씨가 예조에 올린 언문단자

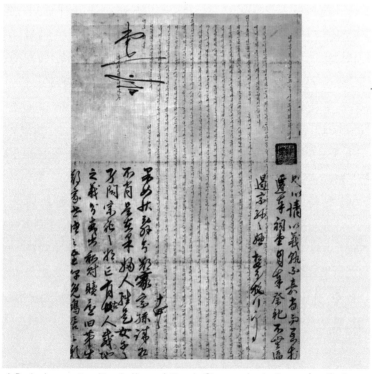

A Danja document, written in Korean letters in Gisa-year by Jo Ji-weon's wife Jeong of the capital city's Nambu-dong area, to be submitted to the Ministry of Rituals(Yejo)

개인 소장, 68.5×54cm

이 자료는 이병기(1948) 님이 『근조내간선』에 활자본으로 소개한 자료로 숙종 15(1689)년 7월에 한성 남부동에 사는 고학생(考學生) 풍양 조씨 조지원(趙持元)의 처 초계 정씨가 친정집 사당을 지킬 사람이 없게 된 비참한 사정을 하소연하고 양자마저 가출하였으니 그가 되돌아올 때까지 자기가 친정 사당을 돌보겠다는 사정을 한글 정서체로 써서 예조에 제출한 단자이다.

문서 말미에는 "긔亽 칠월 일 단ᄌ"로 문서명을 밝혀두고 있다. 사민층에서 제출한 소지는 '단자'라는 문서 명칭을 사용했음을 알 수 있다. 이 문서는 이미 『근조내간선』과 안승준(1999)에 의해 소개된 바 있다. 이 단자는 이두문을 한글로 옮겨 적은 부분이 많아 문장이 매우 까다롭지만 안승준의 해독 부분을 많이 참조하였다. 『경국대전』에는 한문으로 쓰지 않으면 공문서로서 인정하지 않는다고 명문화되어 있지만 숙종조 무렵에는 한문을 모르는 부녀자의 경우 한글로 쓴 것도 인정하는 추세였음을 입증하는 자료이다. 안승준(1999: 83~84)이 밝혔듯이 "국가 공문서에서 한글을 사용할 수 있게 된 것은 당시 왕실과 양반 사민 등 상층부와 민간인들이 그만큼 보편적으로 사용하고 있었음을 반증한다. 즉, 선조~숙종 연간에는 왕과 왕비, 공주 등 왕실 내 인물들 사이에서 한글이 빈번하게 사용되고 있었고 사민층의 가족 간에도 일정한 범위 내에서 사용되고 있었던 것이다. 17세기 말엽 숙종 대에 이르러, 한글은 관청을 상대로 한 민원서류에도 사용할 수 있게 되었다"고 한 것처럼 이 자료는 중앙 관부인 예조에 제출한 한글 소지로서 중앙 관부에서 한글 문서의 사용을 승인한 대표적인 사례라고 할 수 있다.

한문 고문서에서 '단자'는 대체로 발급자가 사대부이며 향리의 문제를 연명으로 청원을 하는 문서 양식인데, 한글 고문서에서는 소지로서 언간체와 혼효되는 모습을 보여 준다. 문서 제목 하단에는 "조지원의 처 정씨"의 인문이 찍혀 있다. 사민층의 여성들은 수결 대신 장방형 인장을 사용하였고 인장이 없는 경우 붓으로 인문을 그려 넣기도 하였다.

남부 부동 거흔 고흑셩 됴지원 쳐 뎡 [趙持元妻鄭印]

우 근언 지텬망극 졍유단은 녀의신이 고참찬 문슉공 슈몽 뎡션생의 증손이
옵다니 문슉공이 뒤뒤 독즈로 ᄂᆞ려 오옵다가 녀의 부의 뒤
예 니ᄅᆞ와 무후ᄒᆞ와 녀의신뿐 잇ᄉᆞ니

[臺]현종죠의 션현봉ᄉᆞ를 단념ᄒᆞ옵셔 [隔]틍명 계후ᄒᆞ라 ᄒᆞ옵시매 원족 뎡일
당이를 문슉공 양증손을 삼앗ᄉᆞ다니 일당이 무형ᄒᆞ와 봉ᄉᆞ 뎐민을 몰수히
졸아 업시ᄒᆞ옵고 녯집의 ᄉᆞ당만 나마ᄉᆞᄂᆞᆫ되 녯집을

사 뷘 터혼 ᄉᆞ면으로 다 버혀 ᄑᆞ옵고 집 지은 뒤만 나마ᄉᆞ다가 갑즈년의 그
집을 ᄆᆞ자 ᄑᆞ옵고 가뮈 의지ᄒᆞ올뒤 업스올뿐 아니라 그 터히 문슉공 셩쟝ᄒᆞ
온 터흐로 칠팔뒤 뎐ᄂᆡ ᄒᆞ옵다가 일됴의 ᄉᆞ당을 뫼옵고 나고 ᄂᆞᆷ인 들게 되
오니 무지ᄒᆞ온 녀즈의 ᄆᆞᄋᆞᆷ이 온들 망극 셟ᄉᆞ옵기를 어이 층냥ᄒᆞ와 알외오리
잇가 그 ᄒᆡ예 문슉공 외손들이 모화 졍쟝ᄒᆞ와 도로 환퇴ᄒᆞ와 가묘를
양동싱이 뫼와ᄉᆞ다니 져년히 ᄯᅩ 집문긔를 갓다가 녀필쥬의게 잡히고 빗을
만히 내고 갑디 못혼다 ᄒᆞ옵고 녀개 져ᄌᆞ음끠 가쇽을 드리고 블의예 드라드오니

양동셩이 가묘를 ᄇᆞ리옵고 인ᄒᆞ여 나가 지금 아니 드러오옵고 녀가는 시
방 집을 아사 드러셔 가묘의 욕이 참혹ᄒᆞ오니 텬디간의 이런 망극ᄒᆞ온 변형
어이
이시리잇가 녀의신 부모 이샹 ᄉᆞ뒤 신쥬를 직히리 업시 녀가의 환난등의
두옵고 일야의 망극ᄒᆞ온 졍ᄉᆞ를 어이 내내 다 알외오며 증조 문슉공이
[臺]션죠명신으로 죠가의셔 닙후ᄒᆞ시고 ᄉᆞ림의셔도 셔원ᄒᆞ야 존봉ᄒᆞ옵거늘
양동셩이 블효ᄒᆞ옵기로 이러툿 참혹ᄒᆞ온 변과 욕이 밋ᄌᆞ오니 녀의신이 통박
ᄒᆞ올
뿐 아니와 진신ᄉᆞ림이 뉘 아니 혁샹ᄒᆞ리잇가 시방 헌부 한셩부의 쳐치ᄒᆞ옵

는 일도 잇습거니와 누듸 가묘를 뫼실 곳이 업습고 셩친이 바히 업스온듸 외손도 듸원ᄒᆞ옵기로 ᄉᆞ당도 뫼셔가리 업습고 녀가 들럿ᄂᆞᆫ 집의 가묘를 ᄒᆞᆫ쌔 온들 뫼와두옵고 어이 욕을 뵈오리잇가 녀의신이 비록 녀지오나 문슉공 혈손

이옵고 부모 조부모 ᄉᆞ당이 님자 업시 뷘 집의 거우ᄒᆞ여 녀가의 무흔ᄒᆞ온 욕셜을 들리오니 ᄌᆞ손의 통박흔 졍시 남녜 다ᄅᆞ미 이시리잇가 양동싱 드러 오기 지속을 명리 못ᄒᆞ오니 녀의신이 즉시 가묘를 뫼셔 오올 거시오듸 누듸 가묘를 임의로 뫼와 오옵기 어렵ᄉᆞ와 [隔]본조의 알외오니 양동싱 드러오올 동 안의 권도로 봉안ᄒᆞ오믈 놀리 [隔]뎨급ᄒᆞ옵쇼셔

내조 쳐분

긔ᄉᆞ 칠월 일 단ᄌᆞ

題辭

果如狀辭 則鄭家宗孫 誠爲不肖是在果 婦人雖女子之身 悶宗祀之將亡 有故 人載馳之意 則或出私財 贖還舊第 使鄭家之世傳之基 俾免鳩居之影 則以情以 義 塾不嘉賞 至於遷奉祠堂 自奉祭祀 不無逼過宗孫之嫌 相考施行 向事
(관인 3개)

현 대 어 　　　　　　　　　　　　　　　　　　　　　　　　　　현대어

한성 남부동에 사는 고학생 조지원의 처 정씨 [趙持元妻鄭印]

삼가 말씀드리고자 하는 지극히 망극한 사정은 이 몸이 고 참찬 문숙공 수몽 정 선생의 증손이옵더니 문숙공이 대대로 독자로 내려오다가 이 몸의 아버지 대에 이르러 계후자가 없이 이 몸만 있습니다. 현종 조에 선현 봉사를

진실로 생각하여 특별한 명으로 계후하라 하심에 먼 친척인 정일장을 문숙공 양증손으로 삼았더니 일장이 무능하고 불초하여 봉사조 전답과 노비를 한꺼번에 줄여서 없애고 옛집에 사당만 남았는데 옛집을 사서 빈 터는 사면으로 다 베어서 팔아먹고 집만 남겼다가 갑자년에 그 집마저 팔아버리자 가묘가 의지할 곳이 없을 뿐만 아니라 그 터가 문숙공이 성장한 터로 7~8대 전래해 오다가 하루아침에 사당을 뫼시고 [모시는 터에] 남이 들어오게 되니 무지한 여자의 마음이지만 망극하여 서러움을 어이 측량하여 아뢰겠습니까? 그 해에 문숙공의 외손들이 모여서 정소(呈訴)하여 [그 터를] 도로 되물린 다음 가묘를 양자 동생에게 뫼시게 했더니 지난해에 또 집 문기를 가져다가 여필주에게 전당 잡히고 빚을 많이 내었다가 갚지 못한다 하고 여씨가 그 무렵에 [자기네] 식구를 데리고 갑자기 이 집에 들어오니 양동생이 가묘를 버리고 이어 집을 나가서 지금까지 아니 들어오고 여씨는 지금 집을 빼앗아 차지하여 가묘에 욕됨이 참혹하오니 천지간에 이런 망극한 참변이 어찌 있겠습니까? 이 몸의 부모 위로 4대 신주를 지킬 사람이 없이 여씨의 환란 중에 두고 하룻밤 사이에 망극한 사정을 어이 내내 다 아뢰오며 증조 문숙공이 선조 대 명신으로 나라에서 계후자를 세우고 사림의 선비들도 서원을 세워 존봉하거늘 양동생이 불초하기로 이렇듯 참혹한 변고와 욕이 미치니 이 몸이 원통하고 괴로울 뿐 아니라 출사한 선비나 출사하지 않은 선비나 모두 누구나 애통해 아파하지 않겠습니까? 지금 사헌부 한성부에서 조처하는 일도 있거니와 누대로 가묘를 모실 곳이 없고 종가가 거의 없어졌으니 외손도 바라기로 사당도 뫼시고 갈 사람이 없고 여씨가 들어가 사는 집의 가묘를 한때인들 모셔 두고 어이 욕을 보일 수 있겠습니까? 이 몸이 비록 여자이오나 문숙공 혈손이고 부모, 조부모의 사당이 임자 없이 빈집에 모시도록 하여 여씨의 무한한 욕설을 듣게 되니 자손의 통박한 정세에 대해 남녀가 다름이 있겠습니까? 양동생 들어오기가 빠를지 늦을지 정리하지 못하니 이 몸이 즉시 가묘를 모셔 올 것이나 누대의 가묘를 마음대로 모셔 오기 어려워 본조에 아뢰오니 양동생이 들어올 동안에 권도(權度)로 봉안하는 것을 균등하게 적은 제사를 내려주소서.

예조 처분

기사(1689)년 7월 일 단자

(제사)

과연 소장의 말과 같다면 정가의 종손이 진실로 불초가 되거니와, 부인이 비록 여자의 몸이지만 종사가 장차 없어짐을 근심하였고 고인을 따라 죽으려는 뜻이 있었다면 혹시라도 개인의 재물을 내고 옛집을 기부하여 정가의 대대로 전하는 터로 하여금 남의 집에 사는 처지를 면하게 하였다면 정의는 누군들 가상하게 여기지 않았겠는가? 사당을 옮겨 받들고 제사를 스스로 받듦에 이른다면 종손을 협박하고 막는다는 혐의가 없을 수 없으니 살펴보고 시행할 일.

🙍🙍🙍🙍🙍

고종 7년(1870) 충청도 공주 정안면 도현리 미망인 정씨가 올린 원정과 점련 문서

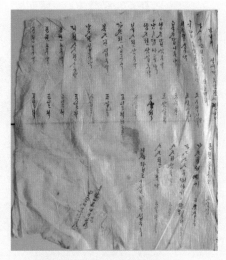

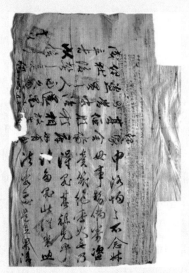

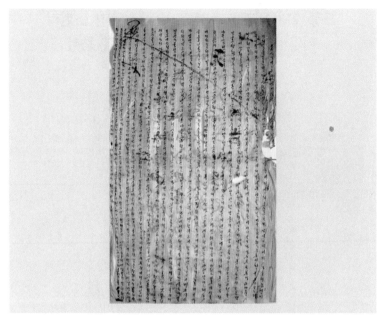

A Jeomryeon attachment and a Weonjeong document created in Gyeongo-year by a widow named Jeong living in the Gongju Jeongan-myeon Dohyeon-ri area(Chungcheong-do province) ("Jeomryeon(粘連)": attaching relevant materials to a document that is to be submitted to the authorities)

개인 소장, ① 50.5×44cm, ② 68.5×54cm, ③ 68.5×54cm

이 자료는 충청도 공주 정안면 도현리에 사는 신씨 댁 부인 정씨가 성주에게 올린 원정 문서로, 정씨 소유의 전답 및 가사의 내역을 증빙 자료로 점련한 문서 역시 함께 남아있다. 이 원정의 발급자는 공주 정안면 도현리에 사는 미망인 정씨 부인이고 수급자는 공주 성주이다. 이 원정 자료의 내용과 관련되는 전답과 가사를 매매한 한글 매매명 문도 남아 있다. 「광서 2(1876)년 공주 정안면 신씨댁 정씨 부인이 이선달 댁에 발급한 가사전답 매매명문」은 정씨 부인이 이선달 댁에 전답을 매매한 명문인데 이 원정 문서와 관련된 문서이다. 이 문서의 본문 가운데 "생각하다가 못하여 전장 중에 일등 전답은 봉사조로 제외하고 나머지 박토 36두락을 광정구에 사는 선달 댁에 팔아 사후에 수의도 장만하고 생전에 의식도 보태어 처리하리라 한즉"이라는 대목으로 보아 「광서 2(1876)년 공주 정안면 신씨 부인이 이선달 댁에 발급한 가사전답 매매명문」은 이선달 댁에 전답을 매각한 명문임을 입증한다.

이 원정의 배면에는 공주 관아로부터 제사를 받은 기록과 성주의 관장 빗기로 관인이 5개 처에 찍혀 있으며, 증명 문서로 가사 및 전답 문서가 점련되어 있다.

신씨댁 미망인 정씨는 시아버지와 남편, 그리고 시모와 며느리가 연이어 죽고 계후자마저 없었다. 시동생이 문장(門長)으로서 그의 아들 낙균이의 3자를 종가 계후자로 입후하였으나 낙균이가 변심하여 임의로 계후자를 파양시켰다가 1년이 지난 후에 종가의 재산을 탐하여 자기 아들을 다시 입후한 뒤에 종가의 재산을 모두 유씨댁에 팔어넘기자 정씨 부인이 공주 관아에 종가 재산을 찾아 달라고 원정을 낸 것이다. 종가의 전답과 가사는 모두 정씨 부인이 노력하여 모은 재산임에도 불구하고 신낙균이 종물을 탐하여 팔어넘긴 죄뿐만 아니라 이미 집안 친척을 계후로 입후했던 것을 파양시키고 봉사조로 분재한 전답과 손녀에게 분재한 재산마저 위조문서를 꾸며 팔어넘긴 것이다. 점련한 문서를 보면 종가의 재산이 상당히 많음을 알 수 있으며 당시 도지(賭地) 제도의 실상과 관아에 낼 세금에 대한 기록은 관련 학계에 좋은 참고 자료가 된다.

원문

공쥬 중안면 도현이에 거ᄒᆞᆫ 미망인 즁 원정 □□□

지원원통ᄒᆞᆫ 졍원은 다름 안이오라 미망(인)□□□ 십뉵셰의 명되 흉흠ᄒᆞ와 삼십여세의 주과ᄒᆞ여 즌명이 즉시 듁지 못ᄒᆞ옵기는 인명이 진쳔ᄒᆞ옵고 일기 ᄌᆞ식을 의지ᄒᆞ여 여연을 보ᄂᆞᆯ가 ᄒᆞ옵고 혈누루 시월을 보ᄂᆡ옵더

니 가ᄒᆡ 갈ᄉᆞ록 ᄎᆞᆷ혹ᄒᆞ여 ᄌᆞ식과 손ᄌᆞ 다 죽고 ᄌᆞ부 손부을 다리고 구ᄎᆞ한 신셰을 의지ᄒᆞ여 지ᄂᆞ옵다가 ᄌᆞ부 손부가 ᄯᅩ 다 듁ᄉᆞ

오니 셰샹 쳔ᄒᆞ의 일언 흉악한 팔ᄌᆞ 어듸 잇ᄉᆞ올가 그런 등 션됴를 부탁할 곳지 업ᄉᆞ와 °친질 낙균의 붓친이 긋 ᄱᅵᆫ 문장

인 고로 향화 의논ᄒᆞᆫ 즉 싀동ᄉᆡᆼ 말ᄉᆞᆷ이 늬 손ᄌᆞ로 ᄎᆞ손을 정호라 ᄒᆞ기예 그날벗텀 낙균의 손ᄌᆞ ᄉᆡᆺ이 유아을 승손으로 구량ᄒᆞ

야 근 십연 겹공ᄒᆞ여 길너삽더니 ᄉᆞ부 초상시예 발상을 식긔라 ᄒᆞ온즉 낙균니가 졸지 변사ᄒᆞ여 조상과 졔의 붓친 유원

을 좃지 안니ᄒᆞ고 조상도 모르고 스ᄉᆞ로 위한ᄒᆞ고 횡셜슈셜 노쥬지 안니ᄒᆞ온 즉 웃지할 슈 업ᄉᆞ와 짓취동셩 ᄒᆞ여 다리고 셔로 의지ᄒᆞ

여 지ᄂᆞ옵더니 일년 지닌 후 낙균이가 종가의 여간 전답과 직물을 욕심ᄂᆡ여 무삼 마암으로 셔루 한 양 손을 파양식기고 졔 손ᄌᆞ

을 도로 입후 ᄒᆞ옵기예 낙균의 소위는 암모리 불측ᄒᆞ나 일변으로는 고륙인 고로 지취동셩ᄒᆞ난니보덤 낫습기로 도로 져을 ᄯᅡ

라 연연을 보닐가 ᄒᆞ엿습더니 그날붓터 구박이 자심ᄒᆞ여 구십 늘근니 공양은 고ᄉᆞ하고 몸이 셩한 ᄯᅢ는 거한니 자심ᄒᆞ옵고 병든 ᄯᅢ는

한 쳡 약도 으더 먹지 못ᄒᆞ고 빅모라 업시 구슈로 아옵고 ᄯᅩ한 속으로 큰집 전답을 발미ᄒᆞ랴고 여긔져긔 청촉ᄒᆞ며 쥬야로 경영ᄒᆞ여 일

경 종가을 업시ᄒᆞ랴 ᄒᆞ온 즉 미망인의 신셰는 생젼ᄉᆞ후 의탁할 곳시 업ᄉᆞ와 싱각다 못ᄒᆞ여 츌가한 손여을 ᄯᅡ라가셔 잔명을 의지

ᄒᆞ고 여간 전답을 잇습ᄂᆞᆫ듸 그거션 미망인니 덕슈로 치산ᄒᆞ여 거한도 모로고 침션과 길슴 등의셔 여간 직물을 으더 푼으로 모듸고 낫스로 모

듸여 가득와 전답을 성상ᄒᆞ엿습더니 말연 신계 이럿탓 곤궁ᄒᆞ오니 싱후ᄉᆞ을 누가 듀생ᄒᆞ여 이 무듀고혼을 한ᄌᆞ 베와 한 ᄶᅩ각 늘거

두 °어 쥬울잇가 싱각다 못ᄒᆞ여 젼장 등 일등 전답은 봉ᄉᆞ조로 졔ᄒᆞ고 남아

지 박토 삼십 °뉵 두낙을 °광경구 션달 가이 팔라 새후 슈의도 쟝만ᄒ고
싱젼 의식도 봇틱 °여 처리랴

ᄒ온즉 낙균이가 져는 딸지 못ᄒ °고 빅모 과■는 거슬 앙앙이 여겨 ᄉ방으로
져희ᄒ고 아모조록 졔가 도민ᄒ랴 ᄒ옵기예 영문과 본관의 경ᄒ와 입지까
씨지 노여 방민ᄒ엿습더니 낙균의 심ᄉ 갈ᄉ록 불측ᄒ여 미망인니 말러씬
논과 봉ᄉ죠로 졔ᄒ여 둔 젼답과 손여 깃분ᄒ 젼답을 흔되 쳐서 남기지 안
니ᄒ고 젼문을 위조ᄒ여 유계가의 몰슈 도민ᄒ온 즉 미망인의게 산 ᄉ람이 시비
딕단ᄒ오니 미망인은 냑균의 종가 빅모옵고 젹슈셩가ᄒ여 젼답 쟝만ᄒ 젼
죽으서 법리가 엇지ᄒ와 미망인은 알지 못ᄒ고 냑균이가 위조문셔로 도민호
리잇가 일월갓치 발그신 졍치로 각각 사실ᄒ오며 미망인니 방지한 젼
듭으로셔 답쥬로 ᄎ지ᄒ여 ᄃ시 시비 업시ᄒ옵고 봉ᄉ조 젼답은 일일이 ᄎ져
누딕 무듕고혼으로셔 으더 향화ᄂ 잇게 결쳐ᄒ시고 미망인의 조□을 ■■보
치 못할 잔명을 다만 일시라도 셰샹의셔 안심ᄒ여 졈기계 하렴ᄒ옵시기 쳔
만 바라옵ᄂ이다

▶졈련문셔◀

가되리 신씨 딕 부인 졍씨 젼답

가ᄉ 구간 젼후퇴 [隔]낭호 이좌
딕답 삼십 두 칠 두낙 도 구셕 십칠 두
비ᄌ답 ᄉ 두낙 도 삼십오 두
복ᄌ답 니 두낙 도 이 셕
양ᄌ답 삼 두낙 도 삽십 두
난ᄌ답 사 두낙
양ᄌ젼 삼십 두낙 도 삼 셕
복ᄌ젼 삼 두낙 도 십 두

가즈젼 십 두낙 도 일 셕 칠 두

복즈젼 십 두낙 도 심오 두

난즈젼 십 두낙 도 십 두

딕젼 ᄉ즈젼 ᄉ 두낙 도 일 셕

송젼 오 두낙 도 일 셕

종젼 오 두낙 도 일 셕

종젼 오 두낙 도 일 셕

종젼 육 두낙 도 삼십 두

가즈젼 세 쇠기 도 삼십 두

자즈ᄉ자 두 쇠야기 일 셕낙 도 일 셕 오 두

사즈젼 삼 두낙 도 오 두

ᄉ즈젼 □ 셕낙 도 일셕 오 두

이상 합 도 이십팔 셕 십구 두

가사 안치 오 량 아홉 간

젼후 퇴살암 아홉 젼

회틴 논 싸자 가자 열서 말 일곱 되낙 도지 아홉 셤 일 말과

산직답 너 말락 도지 사십 두

장자골 비자답 너 말낙 도지 두 셤

풍졍 복자답 두 말락 도지 흔 셤

쥬랑치기 양자답 ᄉ 말낙 도지 삼십 두

상보들 면화밧 양자젼 삼 두낙 도지 슥 셤

풍졍젼 ᄉ 말낙 도지 열 말

당지 가자젼 십 두낙 도지 흔 셤 닷 말

범벅의 복자젼 심 두낙 도지 열 말

안터 난직젼 십 두낙 도지 닷 말

태딕젼 사자 너 말낙 도지 흔 셤

또 사자젼 닷 말락 도지 흔 셤

동쟈젼 엿 말낙 도지 삼십 두

종자젼 육 두낙 흔 셤 터밧 가자젼 사지리 병 십이 두낙 도지 삼십 두

용단이 터밧 가자 사자 두 자리 □십 두낙 도지 흔 셤 닷 말

위당ᄌ젼 스믈 낙 도지 닷 말낙

음지말 ᄃ젼 일 셕낙 도지 흔 셤 닷 말

뒤터 사볌이 짐 도지 열셔 말

구실 셕 잠 안흠못 치경터 도지 너 말 구실 셕 짐

박한강이 도지 너 말 구실 셕 짐

도지 슈요가 합ᄒ여 시물여덜 셤 열아홉 말 이오ᄃᆡ

□슴 호□□우찬 □□쳔만 복츅일오□□

(제사)

申洛均之不念叔母事, 疑徜旁盜賣, 幾節香火, 無乃得罪其祖先乎, 許多罪, 次從審照法, □□是在果, □□家舍畓庫, 如有□其價□□, 相方賣 則營□治, 還徵於盜賣之人, 永久勿以保杜後弊之意, 仍成立旨, 以恰耳.

공주 정안면 도현리에 사는 미망인 증 원정 □□□

지극히 원통한 원정사는 다름 아니오라 미망인□□□ 16세에 명도가 흉측하고 험하여 30여 세에 남편이 죽고 과부가 되어 남은 명이 즉시 죽지 못하기는 인명이 하늘에 달려 있고 일개 자식을 의지하여 남은 해를 보낼까 하고 피눈물로 세월을 보냈더니 집안의 불운이 갈수록 참혹하여 자식과 손자 다 죽고 며느리와 손부를 데리고 구차한 신세를 의지하여 지내다가 자부와 손부가 또 다 죽었으니 세상 천하에 이런 흉악한 팔자가 어디에 있겠습니까?

그런 중 선조의 봉제사를 부탁할 곳이 없어 친척 조카 낙균의 부친이 그때는 집안의 제일 어른인 때문에 향화[조상 제사]를 의논한즉 시동생 말씀이 자기 손자로 차손을 정하라고 하기에 그날부터 낙균의 손자 셋째 어린 아이를 승손으로 구책으로 헤아려 근 10년 공을 들여 길렀더니 남편의 초상 때에 발상을 시키려고 한즉 낙균이가 졸지에 말을 바꾸어 조상과 저의 부친의 유언을 따르지 않고 조상도 모르고 스스로 약속을 어겨 횡설수설하며 놓아 주지 아니한즉 어찌 할 수 없어 일가 가운데 한 사람을 골라 계후자로 세워 데리고 [살면서] 서로 의지하여 지내 왔더니 일 년 지난 후에 낙균이가 종가의 약간의 전답과 재물을 욕심내어 무슨 마음으로 서류를 제출한 양으로 양손을 파양시키고 제 손자를 도로 입후하였기에 낙균의 행한 바는 아무리 불측하지만 한 편으로는 골육인고로 일가 중에서 [계후자를 얻는] 것보다 나을 듯싶어 도로 낙균을 따라 세월을 보낼까 하였더니 그날부터 구박이 점점 심해져 구십 늙은이 공양은 고사하고 몸이 성한 때는 추위가 더욱 심하고 병든 때는 한 첩 약도 얻어먹지 못하고 백모라 업신여기고 늙은 원수로 알고 또한 속으로는 큰집 전답을 팔아먹으려고 여기저기 부탁하고 주야로 경영하여 일군 종가를 없애려고 한즉 미망인의 신세는 생전사후 의탁할 곳이 없어 생각다 못하여 출가한 손녀를 따라가서 잔명을 의지하고 약간의 전답이 있는데 그것은 미망인이 빈손으로 치산하여 추위도 잊고 침선과 길삼을 하여 약간의 재물을 얻어 푼푼이 모으고 낱으로 모아서 집과 전답을 이루었더니 말년의 신세의 계책이 이렇듯이 곤궁하오니 생후 사를 누가 주선하여 이 주인 없는 외로운 혼을 한 자 베와 한 조각 늘여 주겠습니까? 생각하다가 못하여 전장 중에 일등 전답은 봉사조로 제외하고 나머지 박토 36두락을 광정구에 사는 선달 댁에 팔아 사후에 수의도 장만하고 생전에 의식도 보태어 처리하리라 한즉 낙균이가 "저는 따르지 못하겠다고 백모와는 □□ 것을 앙앙이 여겨 사방으로 가로막고 방해하고 아모쪼록 제가 도매하리라"하기에 영문과 본관에 정소하여 입지까지 만들어 첨부하여 방매하였으니 낙균의 심사가 갈수록 불측하여 미망인이 마련한 논과 봉사조로 제외해 둔 전답과 손녀에게 분재해 준 전답을 한데 쳐서 남기지 아니 하고 전문을 위조하여 유씨 댁에 몽땅 도둑질하여 팔아먹은즉 미망인에게 [이전에 전답을] 산 사람이 시비가 대단하오니 미망인은 낙균의 종가 백모이고 빈손으로 집안을 일으켜 전답을 장만한 전답의 주인으로서 법리가 어찌하여 미망인은 알지 못하고 낙균이가 위조문서로 도둑질하여 팔아먹을 수 있습니까? 일월같이 밝은 바른 처분으로 각각 사실을 밝혀 미망인이 방지한 전답으로서 답주로 차지하여 다시 시비가 없게 하고 봉사조 전답은 일일이 찾아내어 누대 무주고혼으로서 [계후자를] 얻어 향화나 잇게 결처하시고 미망인의 조□을 ■■보치 못할 잔명을 다만 일시라도 세상에서 안심하고 [살 수 있게] 굽어살피시기 천만 바라옵니다.

▶점련문서◀

가대리 신씨 댁 부인 정씨 전답

가사 9간 전후퇴 낭호 2좌
대답 37두락 벼 9석 17말
비자답 4두락 벼 35말
복자답 2두락 벼 2석
양자답 3두락 벼 30말
난자답 4두락
양자전 30두락 벼 3석
복자전 3두락 벼 10두
가자전 10두락 벼 1석 7말
복자전 10두락 벼 15말
난자전 10두락 벼 10말
대전 사자전 4두락 벼 1석

송전 5두락 벼 1석

종전 5두락 벼 1석

종전 5두락 벼 1석

종전 6두락 벼 30말

가자전 3다랑이 벼 30말

자자사자 2다랑이 1석낙 벼 1석 5말

사자전 3두락 벼 5말

사자전 □ 석낙 벼 1석 5말

이상 합 벼 이십 8석 19말

가사 안채 5량 9간

전후 퇴살암 9전

회천논 사자 가자 13말 7두락 도지 9섬 1말과

산직답 4말락 도지 40말

장자골 비자답 4말락 도지 2섬

풍정 복자답 2말락 도지 1섬

주랑치기 양자답 3말락 도지 30말

상보들 면화밭 양자전 3두락 도지 3섬

풍정전 3말락 도지 10말

당재 가자전 10두락 도지 1섬 5말

범벅의 복자전 10두락 도지 10말

안터 난재전 10두락 도지 5말

태대전 사자 4말낙 도지 1섬

또 사자전 5말락 도지 1섬

동자전 6말낙 도지 30말

종자전 6두락 1섬 터밭 가자전 사지리 합하여 12두락 도지 30말

용단이 터밭 가자 사자 두 자리 □0두락 도지 1섬 5말

위당자전 20두락 도지 5말락

음지말 다전 1석락 도지 1섬 5말

뒷터 사범 2짐 도지 13말

구실 3짐 안홉못 치경터 도지 4말 구실 3짐

박한강이 도지 4말 구실 3짐

도지 수요가 합하여 28섬 19말 2되

□삼 호□□우찬 □□천만 복축 일오□□

(제사)

신낙균이 숙모를 생각하지 않은 일은 아마도 당권을 훔쳐 팔아 거의 봉제사가 끊기려 하니, 어찌 선조들에게 죄를 진 것이 아니겠는가? 많은 죄를 여기법에 따라 심사해서 □□이다가, □□집 사답고가 만약 □하여, 그 값이 □□하여서로 판다면 □치를 영위할 것이다. 다시 장물을 산 사람을 불러 영원히뒷 폐단을 일으키지 않게 해야 마침내 세운 뜻을 이루어 흡족할 것이다.

☆☆☆☆☆

정유(1837 혹은 1897)년 경기도 광주 남중면 가경리에 사는 윤씨가 성주에게 올린 원정

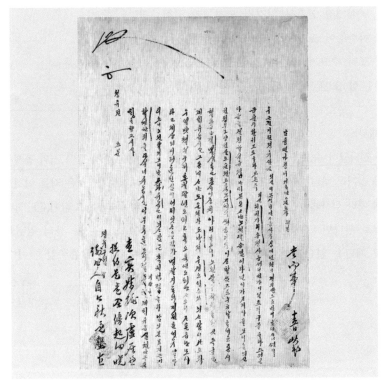

A Weonjeong document written in Jeongyu-year by a person named Yun living in the Gwangju Namjung-myeon Gagyeong-ri area of the Gyeonggi-do province, to be submitted to the Seongju prefect.

국립민속박물관, 79×52cm

국립민속박물관에서 소장하고 있는 이 자료는 정유년에 경기도 광주군 남중면 가경리에 사는 윤 소사가 경기도 광주의 성주에게 올린 원정이다.

윤 소사가 노선겸 등 여러 명이 자기 소유의 전토에서 무단으로 경작하고 투장(偸葬: 남의 산소에 몰래 묘를 씀)한 문제를 해결하기 위해 관에 제출한 원정이다. 오른쪽에서부터 14행으로 정소 내용이 있고 왼쪽에는 한문 초서로 제사가 기록되어 있다. 오른쪽 아래에 주문방인(朱文方印) 1방, 왼쪽 아래에 주문방인 2방이 찍혀 있다. 원정은 일종의 정소장인데, 여인이 소장을 발급한 경우에는 기두(起頭)에 "某年某地居某召史白活"라는 양식으로 쓰는데 본 문서에서는 "남중면 가경니 거ᄒ년 윤쇼사 원정"으로 되어 있다. 이 자료는 조선 후기 산송이 사회적 문제로 대두된 현실을 보여 주는 자료이다.

남중면 가경니 거ᄒ년 윤쇼사 원정

우근건지 원정 유쫜년 의신이 본시 남진 ᄉ옵짜가 십여 연젼의 경긔 쌍으로 반어ᄒ여 삽썬니
금츈의 환위고토ᄒ와 보온즉 의신의 친가 외쑹평 사옵써니 친가이 일죠의 구을ᄒ와 스러운
마음을 질정할 슈 읍셥ᄂᆞ디 본동 ᄉ난 노션달 승겸이라넌 이가 쥭거 아들 모이을 의신
친졍 부모 양친 산쇼 슌젼 오류보 지니의 쎠습긔의 이즁할쯔즈로 누츠 말ᄒ여도 죵시
혈손읍난 결별시ᄒ고 죵시 이즁치 아니 ᄒ오니 노션달을 착치ᄒ온 곳 독굴ᄒ게 히쥬옵시고 그 동ᄂᆡ ᄉ난 도운셔과 도낙셔 우경오 연승셔 늬 ᄉ람이 산쇼 좌우 널밧철 일구워 홈 칠팔 연도 되고 혹 오오류 연도 되야ᄉ오니 ᄌᆞ손 읍난 모이
라고 셰상의 이러ᄒ 인심이 어듸 잇ᄉ올릭가 명찰지ᄒ의 지원ᄒ 연유 알아리오니 노션 알의 모이난 곳 파쥬옵고 이 늬 ᄉ람은 축치법 졍ᄒ와 남의

분묘 지근지지

활경한 죄을 다실너 쥬옵시고 이 무후흔 모이럴 지탕흐게 히쥬옵심 천만복축

힝흥향교시사

경유년 츠분

경유 구월

남중면 가경리[경기도 광주 남중면 가경리]에 사는 윤 소사 원정

이렇게 삼가 원정하는 일은 이 몸이 본래 남편과 함께 살다가 십여 년 전에 경기 땅으로 옮겨가서 살았더니 금년 봄에 옛 땅으로 되돌아와 본 즉 이 몸의 친가가 외송평에 살았는데 친가가 하루아침에 구걸하여 서러운 마음 갈피를 다잡을 수 없었는데 본동에 사는 노 선달 승겸이라는 이가 자기 아들 뫼를 이 몸의 친정 부모 양친 산소 순전 오륙 보 땅 경계 내에 썼기에 이장(移葬)하라는 뜻으로 누차 말하여도 끝내 혈손이 없는 것처럼 연락을 끊고 끝내 이장하지 아니 하오니 선달이 무덤을 선 곳의 관을 파내게 해 주시고 그 동네에 사는 조운서와 조낙서, 우경오, 연승서 네 사람이 산소 좌우의 평지밭을 일궈 경작한 것도 칠팔 년도 되고 혹 오륙 년도 되었으니 자손 없는 묘라고 세상에 이러한 인심이 어디에 있겠습니까? 사태를 똑똑히 살펴서 아래의 원하는 연유를 알리오니 노선달 자식의 묘 있는 곳을 파 주시고 이 네 사람은 착취법으로 정하여 남의 분묘 가까이 경작한 죄를 다스려 주시고 이 후사가 없는 묘를 지탱하게 해 주시옵기 천만 번 엎드려 빕니다.

처분을 내려주실 일

정유(1837 혹은 1897)년 처분

정유년 9월

☖☖☖☖☖

고종 13년(1876) 충청도 공주 정안면 도현리
미망인 정씨 부인이 순사도에게 올린 원정

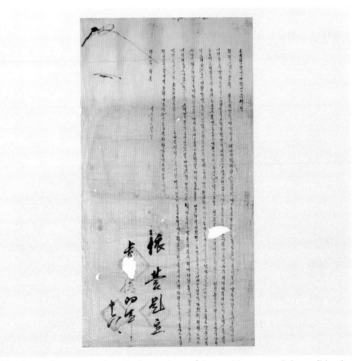

A Weonjeong document written in Byeongja-year) by a widow named Jeong living in
the Gongju Jeongan-myeon Do'hyeon-ri area(Chungcheong-do province) to be submitted
to the Magistrate ("Weonjeong": An appeal to inform either the king or the officials of
one's chagrin, frustration and mortification)

개인 소장, 97.5×56cm

이 원정은 개인 소장 자료로 병자년 공주 정안면에 사는 90세 정씨
과부가 순사도에게 올린 것이다.

고종 13년(1876)에 충청도 공주 정안면 도현리에 사는 과부 정씨가
1차 정소에서 승소한 다음 의송(議送)으로 충청도 순사도에게 제출한
것으로, 이 원정을 들고 직접 순영에 찾아가서 발급한 것으로 보인다.

90세 먹은 노과부가 자손들에게 재산 분할을 해 주었는데 조카 낙균의 부자가 수표와 구문기를 위조하고 관아의 주사를 꾀어서 중복으로 매매한 것에 대한 시비를 가리는 동시에 이미 분재해 준 전답과 가사에 대해 입안해 달라는 내용이다.

본 원정 문서는 고급 장지에 한글로 필사한 자료로 상태는 비교적 양호한 편이다. 이 자료는 앞에서 소개한 「경오(1870)년 공주 정안면 도현리 미망인 정씨 원정과 점련 문기」와 「광서 2(1876)년 공주 정안면 신씨 부인이 이 선달 댁에 발급한 가사전답 매매명문」과 연계된 문서이다

원문
원문 ⇩

공쥬 졍안면 미망인 증 원정

원졍ᄉ의ᄂ □(녀)의 [隔]의송 언단의 되강 알외여거니와 여러 ᄉ람의게 미
미ᄒ온 젼답을 죡ᄒ 조ᄉ 낙균이 부직 말ᄒ기럴 죵시 주ᄉ의게로
미러 즁복 방미ᄒ온 쥴노 그리 ᄋ오니 그런 무함변괴 니리 잇ᄉ오며 그 젼답
덜 미미ᄒ올 젹□□(이 미) 망인 슈쟝표과 구문셔 닉여 쥬어 방미ᄒ여 ᄉ오니
그일
노 ᄒ여 조 셔랑덜의 무죄ᄒ온 거ᄉ 분명ᄒᄋᆸ고 낙균의게 구십°셰된 빅모로
셔 [隔]영본부 □□□의ᄭ지 드러 와 이리 원정을 흑빅을 소연이 가리
러 드러왓ᄉ오니 이왕 방미ᄒ온 젼답덜도 완문 입지 닉여 쥬어 다시 침어되
지 안니 ᄒ게 ᄒ여 쥬시옵고 남아 잇ᄂ 가ᄉ와 젼답도 죡ᄒ 낙균의 부
직 다시 침노치 안니 ᄒ게 완문 입지 닉여 쥬시옵시고 ᄉ랑덜 이미ᄒ온 쥴노
[隔]법ᄉ의셔 이 원정 [隔]ᄒ감ᄒ옵시고 시비일 업게 난낫치 직졍ᄒ여 긋
시좌 젼답ᄉ 가진 ᄉ람덜과 ᄉ외덜 분깃ᄒ여 준 것덜 다 난낫치 완문 입지
닉여 쥬시고 낙균의 부직의게 이런 흉게 다시 못할 쥴로 슈표

바더 쥬시옵 쳐 죠모 지년 구십 늘그니로 ᄒᆞ여금 싱경ᄉᆞ후 이런 변의 업게
ᄒᆞ옵쇼셔 이시 위죠 문권을 즉시 ᄎᆞ져 과경을 효쥬ᄒᆞ시고 구십된 미망인
직지의오 최미 무지 안니 ᄒᆞ고 속히 환가ᄒᆞ기 ᄇᆞ라옵나
이다

관ᄉᆞ쥬 쳐분

병ᄌᆞ 윤오월 일

공주 정안면 미망인 정씨 원정

원정하는 일은 이 여인의 의송으로 발급한 언문 단자에서 대강 아뢰었거
니와 여러 사람에게 매매한 전답을 이 여인의 조카 낙균의 부자가 말하기를
처음부터 끝까지 주사에게 미루어 중복으로 방매한 줄로 그렇게 알고 있으
니 그런 무함 변고의 일이 [어찌] 있사오며, 그 전답들을 매매할 때 미망인의
수표와 구문서를 내어 주어서 방매하였으니 그 일로 하여금 조 서랑들은
무죄한 것은 분명하고 낙균에게 90세 된 큰어머니로서 순영 본부에까지 들
어와서 이렇게 원정을 [올려] 옳고 그름을 분명하게 가리려고 들어왔으니
이왕 방매한 전답들도 완문 입지를 내어 주어 다시 피해를 받지 아니 하게
해 주시고 남아 있는 가사와 전답도 조카 낙균의 부자가 다시 침노하지 아니
하게 완문 입지를 내어 주시고 서랑들 애매한 줄로 법사에서 이 원정을 살피
시고 시비하는 일이 없도록 낱낱이 옳고 그름을 밝혀 굿시좌에 있는 전답을
가진 사람들과 사위들에게 분재해 준 것들을 다 낱낱이 완문 입지를 내어
주시고 낙균의 부자에게 이런 흉계를 다시 못하도록 수표 받아 주시기 바랍
니다. 처조모가 구십 먹은 늙은이로 하여금 살았을 때나 죽은 후에도 이런

변고가 없게 해 주시고 지금 위조 문권을 즉시 찾아서 처리 과정을 죄를
주시고 구십된 미망인 지키는 것이오. 체면을 모르지 아니 하고 속히 집에
돌아가기를 바라옵니다.

관사주 처분

병자(1876)년 윤5월 일

1906년 충청도 북삼면 모곡리 미망인 윤씨가 올린 언문 단자

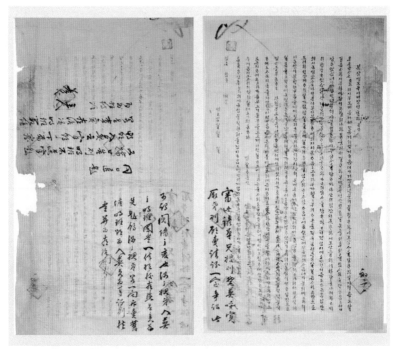

A Danja document(or list) written in Korean letters in Byeongo-year by a widow named Yun living in the Buksam-myeon Mogok-ri area(Chungcheong-do province) (a catalog of items or a documentation of an event)

개인 소장, 85.5×47.2cm

이 자료는 개인 소장 자료로 1906년 충청도 북삼면 모곡리에 사는 미망인 윤씨가 성주에게 올린 언문 단자이다.

전면 좌우 하단과 배면에 이르기까지 성주의 처분 제사가 기록되어 있는 산지와 관련된 정소 문서로서 양식 면에서 정제되어 있다. 특히 한글 소지는 희귀하기 때문에 귀중한 자료가 된다.

단자의 내용은 다음과 같다. 충청도 북삼면 모곡리에 사는 미망인 윤씨가 예산 등지에 살다가 갑오년 무렵 시어머니 상사를 당하여 시아버지와 남편의 고향인 충청도 모곡리 선산 백호 기슭 동중(洞中)에 허락을 받아 산소를 썼는데 임인년 무렵 불행하게도 시아버지 상사를 당하자 남의 산에 장사를 지내지 못하여 시어머니 산소에서 묘 터 한 자리쯤 내려와 고조부모 터에 합장하였다. 그런데 연이어 남편의 상사를 당하여 간신히 묘 터를 구해서 장사를 지냈다. 그 후 윤씨는 고향으로 돌아와 친산 기슭 아래에 일가집의 좁은 방을 얻어 일가의 후의를 입고 살아가고 있는데, 집안의 못난 시동생이 불측한 마음을 먹고 친산 내 뒷자락의 묘 터를 북삼면 후동에 사는 명반허라는 이에게 팔았다. 이때 윤과부의 어린 자식의 이름을 도용하여 팔아 넘겼다. 사리에 맞지 않는 짓을 한 시동생과 명반허를 함께 관부에 무고로 정소하면서, 명반허가 팔아넘긴 땅에 다른 이가 묘를 못 쓰도록 헤아려 살피신 후에 시동생과 명반허의 불측한 죄를 징계해 달라고 하였다.

북삼면 모곡이 미망인 눈과 은단

우은단ᄉ는 소과의 시부모께옵서 예산 등지의 긱거ᄒ옵더니 거 갑오년분의 불힝ᄒ와 시모 상ᄉ를 당ᄒ와 긱지의 음토할
길 옵ᄉ와 시부와 가장이 고향의 나와 동중의 의결ᄒ와 본면 모곡 선산 빅호
날 동중의 후의를 입ᄉ와 슈락ᄒ옵고 입
장ᄒ엿습더니 거 님인년분의 또 불힝ᄒ와 시부 상ᄉ를 당ᄒ와 타산의 입장
치 못ᄒ와 시모산을 파서 한광중 나려와 고비
위 합장ᄒ엿습더니 작년분의 가운 불힝ᄒ고 팔ᄌ 긔구ᄒ와 가군의 상ᄉ를
당ᄒ와 보듸 젹 입지셰토 간신이 음토ᄒ온 후 집안
의 시동싱 잇ᄉ오나 인문이 본듸 부황ᄒ여 여의지치 못ᄒ옵고 고ᄋ 과부가

혈혈 무의ᄒ온 중 쳑슈공권으로 살 길읍ᄉ와 고향으로

드러와 친ᄉ 계ᄒ의 일가집 협실을 으더 일가의 후의를 입ᄉ와 근근 ᄌ싱ᄒ

옵고 시동싱은 예산 등지의 ᄉ옵더니 불의예 소과의

시동싱이 불칙ᄒ 므음을 닉여 친산뇌 후불과 한 가릭 장치 쌍의 본면 후동

거ᄒ년 명반허의 미미 홍셩ᄒ올 젹의 소과의 어린 ᄌ식의

일홈을 도젹ᄒ여 듀엇다 ᄒ옵기 놀납고 두려워 일가의 편논ᄒ옵고 죽어도

금장ᄒᄌ 경영ᄒ엿더니 소과의 시동싱이 억혹심장으로

명반을 부동ᄒ고 [隔]관경 무소ᄒ오니 이러ᄒ온 변형 세상의 잇시리잇가

호구지칙으로 논ᄒ여도 소과는 어린 ᄌ식과 됴불식셕 불식

ᄒ여도 ᄎ라리 죽을지연정 이런 므음 읍ᄉ온듸 허물며 남ᄌ되여 웃지ᄒ기로

못ᄉ와 친산 뇌후를 팔어야 사아리가 소과의 집으

로 논지ᄒ여도 소과가 동부오니 동부를 모르게 이런 일 ᄒ오며 소과는 죽ᄉ

와도 금장ᄒ올 터니 명반이 고집ᄒ여 입장ᄒ오면 소과가

죽어 몸이 그 ᄌ리의 영장할 터오니 원통ᄒ와 [隔] 명찰ᄒ옵신 [隔]셩쥬 흡ᄒ

의 읍혈 진졍ᄒ오니

통쵹ᄒ신 후 소과의 시동싱 불칙한 죄를 징치ᄒ옵고 명반의게 입장 못ᄒ옵

기로 엄졔ᄒ시기를 쳔만읍츅

관장 셩쥬 합ᄒ 쳐분

병오 십일월 일

북삼면 모곡리 미망인 윤과부 언문 단자

이 언문 단자로 아뢰올 일은 소인 과부의 시부모께서 예산 등지의 객지에

서 살았는데 지난 갑오년 무렵에 불행하게도 시어머니 상사를 당하여 객지에서 무덤을 쓸 방도가 없어서 시아버지와 남편이 고향에 가서 동중(洞中)에 하소연하고 빌어서 본 면 모곡리에 선산 백호 기슭에 동중의 후의를 입어 허락을 받아 산소를 썼더니 지난 임인년 무렵에 또 불행하게도 시아버지 상사를 당하여 남의 산에 장사를 지내지 못하여 시어머니 산소를 파서 묘터 한 자리쯤 내려와 시부모를 합장하였더니 작년 무렵에 가운이 불행하고 팔자가 기구하여 남편의 상사를 당하여 보니 적당하게 묘를 쓸 자리를 간신히 [구해서] 땅에 묻은 후에 집안 시동생이 있는데 인품이 본래 좀 모자라 뜻하는 바대로 일을 처리하지 못하고 남편이 죽은 이 과부가 혈혈 의지할 데 없는 중에 무일푼의 빈손으로 살아갈 길이 없어서 고향으로 들어와 친산 기슭 아래에 일가 집 좁은 방을 얻어 일가의 후의를 입어서 근근이 스스로 독립하여 살아가고 시동생은 예산 등지에서 살더니 갑자기 이 과부의 시동생이 불측한 마음을 내어 친산 내의 뒷자락과 한 가래의 묏자리를 쓸 만한 좁은 땅을 본 면 후동에 사는 명반허에게 매매 흥정할 때 이 과부의 어린 자식 이름을 도적질하여 주었다 하기에 놀랍고 두려워 일가의 의론하고 죽어도 장사를 못 지내도록 결정하였더니 이 과부의 시동생이 사리에 맞지 않게도 명반을 동반하여 관부에 무고로 정소하니 이런 변고가 이 세상에 있을 수 있겠습니까? 먹고 살기 위해서라고 논하더라도 이 과부는 어린 자식과 매우 가난하여 조석밥을 먹지 못하여 차라리 죽을지언정 이런 마음 없사온데 하물며 남자가 되어 어찌하기로 못 살아 친산 뒷자락을 팔아야 살 수 있단 말입니까? 이 과부의 집으로 논하더라도 이 과부가 종부이니 종부 모르게 이런 일 하며 소과는 죽어도 묘를 못 쓰게 할 터이니 명반이 고집하여 묘를 쓰면 이 과부가 죽어 내 몸이 그 자리에 묻힐 터이니 하도 원통하여 현명하신 성주 합하님께 피눈물을 흘리며 진정하오니 깊이 헤아려 살피신 후에 과부의 시동생의 불측한 죄를 징계하여 다스리시고 명반에게 묘를 쓰지 못하도록 엄격하게 통제하시기를 천만 번 엎드려 바라나이다.

관장 성주 합하 처분

병오(1906)년 11월 일

고종 15년(1878) 청말 권노실이 대정중에게 올린 소지

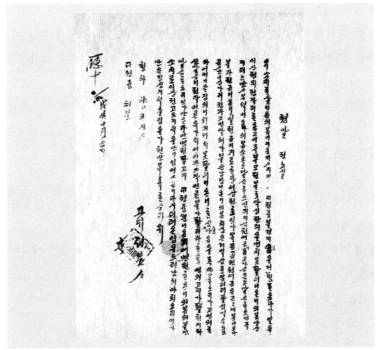

A Soji document created in Muin-year by Cheong'ma'eul village's Gweon No-shil to bc given to Daejeongjung

개인 소장, 64×45.6cm

이 한글 소지는 개인 소장 자료로, 고종 15년(1878) 10월에 청말에 사는 권노실이 대정중에게 올린 소지이다.

전면 하단에 한글 처분 제사가 있으며 장방형의 대정중 관인이 1개 처에 찍혀 있다. 권노실이 군부대인 대정중에서 중요한 공무를 맡아 일하다가 4천여 전(錢)의 공전을 채무, 착복하는 죄를 짓게 되었는데 이를 갚으려 해도 갚을 길이 없게 되었다. 근근이 공금 천여 원은 메꿀 수 있으나 공금과 사채 간에 이자가 더해지는 악성 채무를 감당

하기 어려운 지경에 처했다. 조모와 부모님을 모시는 형편에 공사
채무를 갚기 위해 전답을 팔려고 해도 팔리지 않기에 대정중에 선처
를 바란다는 내용이다.

특히 제사를 한글로 처결한 문서로써 19세기 말 동중의 동수나 지방
하급 관부에서도 정소를 처리하였음을 알 수 있는 자료이다.

원 문   원문 ⇩

청말 권노실

우 소지ᄒᆞ살ᄂᆡ등 의몸이 지둔미ᄉᆞ질로 [隔]되경즁 불경지임을 거힝ᄒᆞ옵다
가 일즉

이 샹 쳠위 젼 작죄ᄒᆞ옵고 이즉 부모 젼 불효막심한 죄을 면치 못할 터니온니
의몸 망상

지죄ᄂᆞᆫ 만ᄉᆞ무셕이오나 이 몸 소포로 말ᄉᆞᆷᄒᆞ오면 긔지 슴쳔여금°니옵고 가
ᄉᆞᆫ으로 말ᄉᆞᆷᄒᆞ오면 극

불과 쳔금니오니 일쳔금지지로 ᄒᆞ당어 삼쳔흔잇가 목금 공젼 쳔여금은 근근
미봉니오나

공ᄉᆞ간 니싱가리젼과 고변악쵀가 불승 감당니오니 의몸 죄샹은 거익심즁샌
더려 팔십 먹은 됴모

와 어버니을 집의 니셔 긔셰치 못 할터니온니 흔심×흔 마음을 측양ᄒᆞ오리
가 고언의 ᄒᆞ

신 말ᄉᆞᆷ니 쳔작 어른유가 위언 이와 ᄌᆞ작 언른 불가 팔리라 ᄒᆞ온니 언의
고딕가 활히지라

말ᄉᆞᆷᄒᆞ오리잇가만은 다만 명원할 고지 [隔]되경즁 샌이옵긔예 명원ᄒᆞ온니
의몸의 불민

소치로 이샹 젼고 됴지틱을 만니 입어ᄉᆞ온니 다시 더려온 입을 드러 감희

아뢰오리잇가

만은 깅싱지틱을 입을가 천만 복츅ᄒᆞ습기

위힝하 향교시ᄉ

대졍즁 쳐분

廳中 서압

무인 십월일 소지
題辭
고ᄃᆡ되불ᄉ

十一日
직방인 1개 처

청마을 권노실

이 소지를 올리는 일은 이 몸이 모든 일에 느리고 아둔함으로 대정중에 가볍지 않은 임무를 거행하다가 일찍이 상첨위(上僉位) 앞에 죄를 짓고 지금까지 부모님 앞에 불효막심한 죄를 면하지 못할 터이니 이 허망히 저지른 죄는 헤아릴 길 없으나 이 몸 가슴에 품은 작은 소망으로 말씀하면 그 땅은 삼천여 원이고 가산으로 말씀하면 다 해봐도 불과 천여 원이오니 일천 원어치의 재산으로 삼천 원의 빚을 갚는데 당할 수 있겠습니까? 눈앞에 있는 공금 천여 원은 근근이 메울 수 있으나 공금과 사채 간에 이자에 이자가 더해지는 채무 돈과 높은 이자의 악성의 채무가 감당하기 어려우니 이 몸 죄상은 갈수록 크고 깊어질 뿐더러 팔십 먹은 조모와 부모님이 집에 계셔서 해를 넘기지 못할 터이니 한심한 마음을 헤아릴 수 있겠습니까? 옛 말씀에 하신 말씀이 정작 어른들이 거짓말을 이와 같이 스스로 만들어 전답을 얼른 곧 팔 것이라 하나 어느 곳에 가서 시원하게 해결할 것이라 말씀하겠습니까만 다만 원하는 바를 밝힐 곳이 대정중뿐이기에 원하는 바를 밝히오니 이 몸의 어리석고 둔하여 민첩하지 못한 때문으로 이상 이전에도 혜택을 많이 입었으니 다시 더러운 입을 들어서 감히 아뢰겠습니까만 다시 살 수 있는 혜택을 입을까 천만 엎드려 축원하옵니다.

처분을 내려주실 일.

대정중 처분

청중 서압 관인

무인(1878)년 11월 일 소지

(제사)
고되데 어려운 사정은 이해되지만 불가한 일.

11일
직방인 1개 처

☆☆☆☆☆

1904년 충청도 노성에 사는 백씨 여인이
여산 군수에게 올린 발괄(1차)

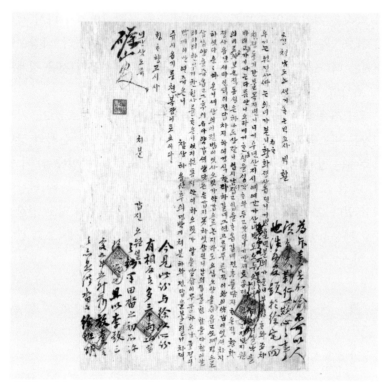

A Bal'gwal document written in Gabjin-year by a woman with the last name Baek and living in the Chungcheong-do province's Noseong area, to be submitted to the Yeosan prefect("Balgwal": same with the Soji document)

전북대학교 박물관, 69×43cm

발괄은 이두어로 '白活'로 '사뢰다'의 의미를 가진 문서 명칭으로 '발괄'은 조선 후기 여항에서 널리 사용되었던 정소 문서라고 할 수 있다. 주내용은 지방민이 지방관에게 억울한 일이나 사정을 정소한 것이다. 이 자료는 충청도 노성군에 살던 백 조시(여인)가 1904년 5월 전라도 여산군수에게 제출한 발괄로, 전북대학교 박물관(No.

15428)에 소장되어 있다.

백 조시가 자신이 소유하고 있는 토지를 가로챈 서씨를 정소한 것으로 서씨로부터 9월에 다시 되돌려 주겠다는 약속을 받았는데도 서씨가 약속을 지키지 않고 다른 사람에게 전답을 팔아버리자 다시 서씨가 살고 있는 전라도 여산 군수에게 이 발괄을 제출하였다. 약장수인 서씨는 백 조시가 약값 서 냥 닷 돈(3냥 5돈)을 갚지 못한 것을 핑계로 백 조시의 토지를 강제로 차지하여 팔아먹은 것이다.

문서의 좌우에 여산 사또가 내린 처분은 한문 초서체로 쓰고, 처결 인장은 비스듬하게 찍는 빗김(題音) 방식을 취하고 있다. 문서의 상단 좌측에는 발괄의 처결 담당자인 여산(礪山) 도주의 '착압(着押)'이 있다. 여산 도주의 착관 아래 발괄을 청원한 백 조시의 붉은 인장이 찍혀 있다. 조선 시대 사민 여인들은 착명과 수결을 하지 않고 인장을 주로 사용하였다. 하단의 좌우에는 처결한 결과인 '제사'를 쓰고 관인을 비스듬하게 여러 개 찍어 내용의 변조를 막았다.

원문　　　　　　　　　　　　　　　　　　　　　　　　　　　　원문 ⇩

츙쳥남도 노셩 거ᄒ는 빅죠시 빅활

우거는 원졍사ᄯ는 의녀가 본니°치ᅙ 황화졍 사읍던니 거 병술년분의 가운니 불힝ᄒ와 죠차
친졍 동긔간 불목지변 니니 거우년 산지시예 여간 가산녀 박토 오 두 오 싱낙과 티젼 셔 말낙을
바리고 가기ᄯ는 다름 안니오라 미거ᄒ 동싱을 싱각ᄒ와 두고 갓던니 기간 셔로 종젹이 업셔고 장년 지월
의 비로°쇼 와 보온 직 동싱은 하나도 상관니 업시 남°의 집 고입을 ᄒ옵길네 젼후를 탐지ᄒ온 직 황화졍

사옵년 셔타인쎡이 젼답 차지하여 경식한다 하길네 그 연고를 무른 직 이왕
의 약갑이 잇셔 차지
하엿다 운운하온니 셰상의 이런 법이 잇사오릿가 약갑으로 논지라도 오십
오 양을 쥬옵고 쏘 폐빅으로
삼십양을 쥬옵고 그 후의 유아 약갑 셕양 닷돈은 갑지 못하엿삽던니 남의
집 불힝함을 다힝이 알
러 이러한 무거한 힝사를 ᄒ온니 엇지 원통치 안이 하오릿가 알을 말삼이
무궁하오나 즁졍이
막켜 이만 엿쥬온니 [隔]참상 하옵신 후의 명박키 쳐분하와 젼답을 불릴
니 차져 쥬시옵기를 쳔°만 복망이로소이다

힝ᄒ향교시사
녀산 삿도쥬

쳐분 갑진 오월 일

(제사)
今見 此訟與徐奴疏訟 有相反者多 三十兩酬勞之錢果 田畓之初不許給之說也 且
以李致三處 二斗五升落放賣言之 亦是洪畓而徐班 胡爲斥賣 是不喩不可 以人定
年久 勒行欺心之事也 往示家官題於徐宅 而措處可乬事

현 대 어

현대어 ⊕

충청남도 노성에 사는 백 조시의 발괄

이 원정하는 일은 이 여인이 본리 치하 황화정에 살았는데 지난 병술
(1886)년 즈음에 가운이 불행(한 것에) 더하여 친정 동기간에 불목(不睦)하는

변고가 일어나니 거우년(居憂年: 부모가 돌아간 장례가 있었던 해)에 [가족들이] 흩어질 때에 약간 남아 있는 재산인 박토 5두락 5마지기와 치전 3마지기를 버리고 간 것은 다름 아니오라 모자라는 동생을 생각하여 두고 갔더니 그간에 서로 종적이 없었고 작년 동짓달에 비로소 와 본즉 동생은 [전답과] 하나도 상관이 없이 남의 집 고지기를 하기에 전후를 탐지한즉 황화정에 살던 타인 서씨 댁에서 전답을 차지하여 경식한다 하기에 그 연고를 물은즉 이전에 약값 [빚이] 있어 [그 전답을] 차지하였다 운운 하오니 세상에 이런 법이 있습니까? 약값으로 논하더라도 55냥을 주었고 또 포목(布木)으로 30 냥을 주었고 그 후에 어린 아이 약값 3냥 5돈은 갚지 못하였더니 남의 집 불행함을 다행히 알아(알면서도) 이러한 근거 없는 행사를 하니 어찌 원통치 아니 하겠습니까? [아뢰올] 말씀이 무궁하오나 가슴이 막혀 이만 여쭈니 헤아려 생각하신 후에 명백히 처분하여서 전답을 며칠 내 찾아 주시기를 하늘 앞에 엎드려 바랍니다.

처분을 내려주실 일

여산 사또님

처분

갑진(1904)년 5월 일

(제사)

지금 보니, 이 소송과 서씨의 노비가 올린 소송이 서로 다른 것이 많다. 30냥 수로(酬勞)한 돈과 처음에 논밭 (대금을) 지급하는 것을 허락하지 않았다는 말이다. 또 이치삼(李致三)에게 2말 5되 쌀값에 팔라고 말했으니 또한 홍씨 논인데 서씨 집안에서 어찌 팔 수 있겠는가? 인정한 것이 여러 해 되었는데, 함부로 행동하여 마음을 속이는 일이니 옳지 않다고 하지 않을 수

없다. '지난번에 관제(官題)를 서씨 댁에 보여 준 것을 조처하는 것이 좋을
것이다.'

☆☆☆☆☆

1909년 동도면 서외리 김 소사가 군수에게 올린 청원서

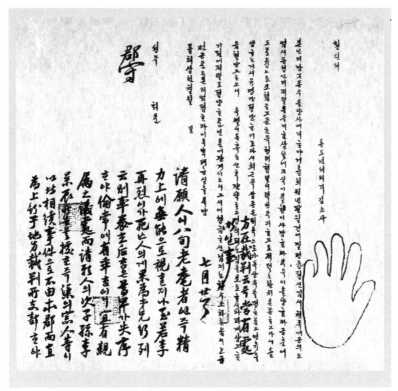

An Appeal filed by Madame(Sosa) Kim of the Dongdo-myeon Seowe-ri area, in 3rd year of the Yunghi era)

국민대학교 박물관, 53×55cm

이 자료는 설씨 가문에서 국민대학교 박물관에 위탁한 자료 가운데 하나로 1909년 동도면 서외리1)에 사는 김씨 여인이 군수에게 올린 청원서이다.

---

1) '서외리'는 현재 전북 부안군 부안읍 서외리와 경남 고성군 고성읍 서외리가 있으나 미상이다.

이 자료는 소지가 현대 문서로 전환되는 무렵의 자료로 소지 문서의 변화 과정을 이해하는 데 도움이 된다. 내용은 동도면 서외리에 거주하는 김소사가 이재열을 양자로 삼은 것은 연로하여 혼미한 상태에서 결정한 것이니 철회해 달라는 것과 이와 관련된 재산상속 문제를 해결해 달라는 것이다.

원문　　　　　　　　　　　　　　　　　　　　　　　　　　원문 ⇩

청원서

동도면 셔외리 김소사

본인의 망쥬 종수 솔양사에 디ᄒᆞ야 거 륭희 원년 팔월경에 질병 등 경신업시 친족에 공의도
업시 동성인리 지렬을 솔늬ᄒᆞᆫ 삼일에 즈식이 불ᄒᆡᆼ이 사망ᄒᆞᆫ 바 부득이 솔양
ᄒᆞᆫ 바 금츈에도
문등으로 보텹을 고쥰ᄒᆞᆫ 즉 형데 ᄒᆡᆼ널이 덕연 무의ᄒᆞᆫ 고로 지렬은 환귀본종
ᄒᆞ고 다시 솔
양ᄒᆞᄂᆞᆫ 거시 유명간 졍당ᄒᆞ기로 다시 최근 족삼 종손 틱옥으로 가독상속을
뎡ᄒᆞ옵고 연유를
읍혈앙고ᄒᆞ오니 [隔] 특별이 통촉ᄒᆞ신 후 잔약ᄒᆞ고 경픠되ᄂᆞᆫ 집을 보호ᄒᆞ시
와 파계 상고ᄒᆞ
기 전에 지렬로 졍야ᄒᆞᆫ문 인륜에 관계이오니 그시에 셩급ᄒᆞ신 닙지ᄂᆞᆫ 환수
소화ᄒᆞ옵시고 금
번 공문은 론리 엄졍ᄒᆞ와 이 두 후 폐ᄒᆞ심을 복망
륭희 삼년 칠월 일

성주 처분

(제사)
七月卄一日

請願人이 八旬老耄者인즉 精力上에 無能으로 祖홀지나 至若李再烈이가 死亡
人의게 果爲弟兄行列云則率養立后홈은 尊卑가 失序ᄒ야 倫常에 有乖홈이니
宜有親屬之議處而請願人의 次子孫李景辰所告을 據ᄒ즉 渠의 宗人等이 以此相
續事件으로 不由本郡而直爲上訴干地方裁判所支部ᄒ야
方在裁判云즉 當有處
辦일事

직인 3개 처

청원서

청원서

동도면 서외리 김소사

본인의 죽은 아들 종수 솔양사에 대하여 지난 융회 원년 8월경에 질병
중에 정신없이 친족들 가운데 공의도 없이 동성바지 인근 마을에 사는 재열
을 집으로 데리고 온 3일 만에 자식이 불행하게도 사망하여 부득이 솔양자한
바 금년 봄에도 문중에 족보첩을 고준한즉 형제 항렬에 인연이 닿는 사람이
무의한 고로 재열은 다시 생가로 보내 본래의 적으로 되돌리고 다시 솔양하
는 것이 살아 있는 사람이나 죽은 사람이나 간에 정당하기로 다시 최근 족삼

종손 태옥으로 가독상속을 정하여 그 연유를 피눈물을 흘리며 우러러 고해 바치니 특별이 통촉하신 후 잔약하고 놀라고 두려워하는 집을 보호하시어 파계한 [일을] 상고하기 전에 재열이로 정하여 인륜에 관계이오니 그 당시에 성급하신 입지는 되돌려 불에 태우시고 이번 공문은 논리가 엄정하여 이 두 [건의 양자 입적을] 폐기하심을 엎드려 바랍니다.

융희 3(1909)년 7월 일

성주 처분 조

(제사)
7월 20일

청원인이 팔순 노모자인즉 정력 상에 무능으로 [사당을 모실(祖)] 것이나 지금 만약 이재열이가 사망인에게 누누이 형제 항렬이라고 운운한즉 솔양(率養) 입후(立后)하는 것은 존비(尊卑)가 질서가 있어서 윤상(倫常)에 괴리가 있음이니 의당히 친속들의 뜻에 따라 처리하고 청원인의 차자손(次子孫) 이경진(李景辰)의 고소를 근거한즉 거(渠)의 종중 사람들이 이 상속 사건으로 본 군에 직접 소를 제출하지 못하여 지방재판소 지부에 제출하여 재판한 결과 마땅히 처분해야 할 일이라.

(직인 3개 처)

6

조선시대 한글의 삶, 최초의 한글 재판 판결문

조선조 이후 사용의 흐름

세종이 한글을 창제한 가장 큰 목적은 백성들이 모두 쉽게 배우고 익혀서 일상생활에 편하도록 하기 위한 것이었다. 세종 초기에는 훈민정음을 과시에도 채용하였을 뿐만 아니라 이를 활용한 각종 언해서로 간행하여 백성들에게 한글 보급을 위한 노력도 하였다. 그러나 성종 이후 개화기까지 약 500여 년간 한글은 당시 지배 계급층에서는 통용문자로서 전혀 인정받지 못하였다. 그러한 단적인 증거는 공식적인 관부의 모든 문서는 한문으로만 소통하도록 규제했음을 각종 법전을 통해 확인할 수 있다. 조선조의 법전은 세종 당시에 『경제육전』을 비롯한 태종이 예종 9(1469)년 찬진된 『경국대전』이 그 기본을 이루고 있다. 현전하는 최고의 조선 법전은 성종 16(1485)년 1월에 시행된 을사 『경국대전』인데 이 책의 권3 「예전」에는 관부문서의 문서 사용에 관한 규정이 있다. 이 당시 관부 문서는 대부분 한문 또는 이문으로 작성토록 규정함으로써 한글의 사용은 실제로 금지되어 있었던 것이다.

법전 이외에도 임금의 교지(敎旨)를 통한 단행법이 수시로 반포되었는데 이들 내용은 『각사수교(各司受敎)』, 『수교집록(受敎輯錄)』이나 법령 편람인 『백헌총요(百憲摠要)』, 항간에 널리 알려져 있는 『전률통보(典律通報)』 등에 실려 있다. 숙종 1(1675)년 『수교집록』에 관부문서에 대한 규정은 다음과 같다.

　"出債成文, 必具證筆者聽理, 諺文及無訂筆者, 勿許聽理"(『수교집록』「호전 (戶典)」)

곧 전당이나 채권 성문에는 반드시 증인이나 필집을 갖추어야 하며 언문으로 작성하거나 증인과 필집이 없는 경우 채권으로 인정하지 않는다는 내용이다. 그리고 관부 문서에 한글 사용 금지를 밝힌 규정이 『백헌총요』에서도 보인다.

"諺文及無訂筆者勿施"(『백헌총요』「형전(刑典)」, 문기조(文記條))

곧 언문으로 썼거나 증인과 필집인(대서자)이 없는 문기는 공식문서로 인정하지 않는다는 규정인 것이다. 『백헌총요』가 편찬된 시기는 영조 26(1750)년 무렵이다. 그러나 숙종 대 이후 영조 대에 와서는 궁실 내에서도 상당한 한글 자료가 유통되었으며, 실재로 영조가 백성들에게 한글로 된『윤음』을 여러 차례 반포했던 점을 고려하면 앞과 뒤가 맞지 않는 것이 아닌었는지 의문이 남는다. 이러한 관부 문서 작성에 대한 제약 규정은 『경국대전』에도 보인다.

"凡負私債, 有具證筆文記者許徵"(『경국대전』 권3「호전」)

『경국대전』에는 공공문서의 사용 문자에 대한 규정은 실제로 없지만 증인과 필집인(대서자)이 없는 경우에 그 실효성을 인증하지 않는다는 내용이다. 안병희(2007: 216)는 『수교집록』이나 『백헌총요』에서 보이는 언문 사용 금지 조항은 『경국대전』의 규정을 보완한 것으로 관부문서에 한글 사용은 실질적으로 인정하지 않은 규정으로 받아들이고 있다. 그러나 왕실 내에서도 한글로 작성한 유서나 전유가 널리 사용되었으며, 관부에서 일반 백성들에게 하달하는 고유, 고시, 전령 등의 한글 문서가 많이 남아 있다.2)「숙종 15(1689)년 한성 남부동에

---

2) 이상규, 『한글 고문서 연구』, 도서출판 경진, 2011.

사는 조지원의 처 정씨가 예조에 올린 언문 단자」나 「효종 7(1656)년 해월헌 황여의의 숙부인 완산 이씨의 소지」나 「영조 2(1726)년 이이명의 처 김씨 부인의 상언」이 남아 있는 점으로 미루어 보아 한글 사용에 대한 규정은 예외가 없었던 것은 아니라고 할 수 있다. 임진왜란 당시 선조 26(1593)년에 선조가 직접 백성들에게 발급한 「한글 유서」가 있으며, 숙종 6(1680)년에 명성대비가 우암 송시열에게 발급한 「한글 전유」도 남아 있다.[3] 그 외에도 『조선왕조실록』에 왕대비가 한글로 된 전교를 각사나 대신들에게 하달했다는 기록은 비일비재하다. 법령에서는 관부 공식 문서에 한글 사용을 통제하고 있었던 것은 분명하지만 현실적으로 일부 한글로 작성된 관부 문서들이 남아 있는 점으로 보아 융통성이 전혀 없었던 것은 아니었다. 백성들끼리 소통되는 사인문서인 분재기, 명문, 수표나 다짐, 자문, 배자, 고목, 발기 등의 한글 고문서가 상당히 많이 남아 있다. 이들은 대개 17세기 이후의 자료들이라는 측면에서 임란을 전후하여 한글은 사대부뿐만 아니라 여항에도 널리 확산되어 있었기 때문에 한글 문서가 유통될 수밖에 없었던 탓으로 법제적 제한 규정은 거의 사문화되었을 것으로 추정된다.[4]

고종 대에 들어서는 사대부 층에서도 한문 소통이 불가능한 이들이 늘어나고 한글 소통자는 급격하게 늘어남에 따라 고종 31(1894)년 11월 21일 칙령 공문식 제14조에 한글을 공식 문자로 채택하는 문자의 전복을 선언하고 있다.

"法律勅令, 總以國文爲本, 漢文附譯, 或混用國漢文"(고종 칙령 제1호, 「공문식」 제14조)

---

3) 문화체육관광부, 『한글고문서를 통해 본 조선 사람들의 삶』, 2011 참조.
4) 이상규, 「한글 고문서의 이해」, 『한글 고문서를 통해 본 조선 사람들의 삶』, 문화체육관광부, 127~178쪽, 2011 참조.

모든 정부의 공식 문서에 한글을 주로 삼고 한문의 번역을 붙이거나 국한문혼용을 할 수 있다는 국가 문자 사용에 대한 명확한 규정을 싣고 있다. 지금도 국한문 혼용을 주장하는 이들이 상당 수 있는데 당시의 상황으로 보아서는 엄청난 중대 결단을 내린 것이라고 할 수 있다. 오랜 기간 동안 중국에 대한 사대주의에 물든 지배계층의 문자의 전복을 의미하는 결단이었던 동시에 자주적 국치의 방향을 제시한 것이라 아니할 수 없다.

세종이 백성 문자인 한글을 창제한 이후 5백여 년의 지나서야 비로소 고종에 의해 공식적 국가 문자임을 선언한 것이다. 이러한 고종의 칙령이 일시에 이루어진 것은 아니다. 한문 사용자층이 급격하게 줄어들었을 뿐만 아니라 새로운 문물이 도입되면서 도저히 한자로 표현할 수 없는 한계에 부닥친 동시에 상대적으로 한글로 표현하는 것이 그만큼 손쉬웠던 결과였다. 그리고 단기간 내에 한글 학습이 용이하였기 때문에 그 사용자층이 한문 사용자층을 능가했던 이유가 내재되어 있었던 결과이다. 본 칙령이 발효되기 이전인 고종 31(1894)년 7월 8일 군국기무처의 의안에도 부분적으로 한글 사용의 길을 터놓았다.

"凡國內外公私文字, 遇有外國國名地名人名之當用歐文者, 具以國文飜譯施行事"(군국기무처 의안)

곧 국내외 공사 문서에 사용 문자를 국문으로 사용하도록 규정하면서 특히 외국의 나라이름, 사람이름, 지명을 서방의 지식인들이 사용하는 말을 국문으로 번역하여 사용할 것을 규정한 것이다. 그러나 고종이 갑오개혁을 통해 선언한 고종 칙령 제1호, 「공문식」 제14조 규정은 잘 지켜지지 못했다. 융희 2(1908)년 1월 25일 각의 총리대신의 조회 내용에서 각종 공문서가 순한문이나 이두로 만들어지고 외국 관리에게 발송되는 문서에는 해당 나라의 언어로 작성되는 등의 문서 관리의 문제점을 지적하면서 다음과 같은 내용이 발표되었다.

"各官廳의 公文書는 一切히 國漢文을 交用ᄒ고 純漢文이나 吏讀나 外國文字
의 混用ᄒ음은 不得ᄒ음"

이라고 하여 국한문혼용의 길이 열려지자 순한글 글쓰기보다 국한문
혼용이 상당한 기간 동안 득세를 하게 되었다. 실제로 국한문혼용이
란 한자 사용의 정도의 차이 따라서는 이두식 표기나 다름없는 경우
도 있었기 때문에 입말과 글말과의 괴리는 잔존하게 되었다.
법률적으로 공식 문서에서 한글을 사용할 수 있도록 보장한 것은
고종 칙령 제1호, 「공문식」 제14조의 규정이라고 할 수 있다. 그러나
한자의 문식 능력은 천차만별이다. 따라서 당시에 유식함을 뽐내는
이들의 글에는 한글이 토로서만 사용되는 글 형식에서부터 매우 다양
한 성층을 보여주고 있었으니 비문해자의 숫자는 엄청날 수밖에 없었
다. 고종 당시 문해율이 20%에도 못 미쳤으나 국한문용을 허용하고
조선어학회와 ≪조선일보≫와 ≪동아일보≫에서 대대적인 한글 보
급 운동 이후 1940년 무렵에는 문해율 40.5% 정도에 이르게 되었다.
1970년대 박정희 대통령의 한글 전용화 선포 이래로 모든 교과서를
한글로 전용하도록 규정하고 이를 법률적으로 뒷받침한 결과는 2005
년 「국어기본법」(법률 제11424호) 제1장 「총칙」 제3장 ①, ②항에

① '국어'란 대한민국의 공용어로서 한국어를 말한다.
② '한글'이란 국어를 표기하는 우리의 고유문자를 말한다.

로 규정함으로서 국가 문자를 한글로 명시하고 있다. 또한 국어사용
에 대한 규정으로는 「국어기본법」(법률 제11424호) 제3장 제14조에
대음과 같이 명시하고 있다.

제14조(공문서의 작성) ① 공공기관 등의 공문서는 어문규범에 맞추어 한글로 작성하여야 한다. 다만, 대통령령으로 정하는 경우에는 괄호 안에 한자 또는 다른 외국 글자를 쓸 수 있다.

② 공공기관 등이 작성하는 공문서의 한글 사용에 관하여 그 밖에 필요한 사항은 대통령령으로 정한다.

제14조 ①의 내용에서 국가 공공 기관의 공문서 작성 문자에 대한 규정으로 "공공기관 등의 공문서는 어문규범에 맞추어 한글로 작성하여야 한다"라고 규정하여 사용에 대한 규정을 명백하게 밝혀 놓고 있다. 다만 필요한 경우 "대통령령으로 정하는 경우에는 괄호 안에 한자 또는 다른 외국 글자를 쓸 수 있다"라고 하여 외국문자 뿐만 아니라 한자로 쓸 수 있도록 문자사용의 융통성을 열어놓은 셈이다. 한글 전용화 선언 이후 국민 문해율은 놀랍게도 80%로 급증했으며 다시 2008년 국민 문해율 조사에서는 98.3%에 이르게 되었다. 국가의 문자 정책이 얼마나 중요한 결과를 낳게 되었는지 이해할 수 있다.

조선의 소송제도

다시 조선시대의 이야기로 되돌아 가 보자.

요즘이나 지난 조선조 사회나 송사에 대한 일반인들의 시각은 달갑지만 않다. 송사는 개인적으로나 사회적으로 바람직하지 않은 곧 패가망신하는 길이라는 일반적인 인식을 가지고 있다. 송강 정철의 시조에

쌍육 장기 놀이하지 마라 송사문 만들지 마라
집을 망하게 하여 무엇하며 남의 원수 될 줄 어찌하리
나라에서 법을 세워서 죄 있는 줄 모르는가

조선조 여항의 백성들에게 송사를 경계하는 교훈적 의미가 담겨 있는 이 작품은 당시의 송사에 대한 시대적 인식을 잘 반영해 주고 있다. 이처럼 송사를 경계하는 이유는 백성들의 인심과 풍속이 야박해지고 악독해져 혈육 간이나 친척 더 나아가서는 이웃 간에 원수지간이 되기 때문에 민풍의 교화를 위해서도 송사를 멀리해야 한다는 사회적 인식을 반영하고 있다.

그러나 때로는 이치에 맞지 않는 송사를 일으키거나 문서를 위조하고 향리를 매수하는 등 예나 지금이나 다를 바 없는 송사 사건은 꼬리를 물고 일어났다. 때로는 송사를 담당하던 향리의 관리들은 권력에 예속되어 지레 눈치를 보며, 송사 사건의 판결을 뒤로 미루어 작은 일을 불덩이처럼 키운 숙종 시대 경상도 달성군 하빈 지역의 "효녀 박효량의 살해 사건"과 같은 사례도 비일비재하다. 송사 과정에서나 송사 종료 이후 억울한 판결 결과에 대해 원억을 임금에게나 삼사(형조, 사헌부, 한성부) 혹은 암행어사에게 직소할 수 있는 제도로서는 신문고 제도, 상언, 격쟁의 방식이 있었다. 제도적인 재판의 관장은 오늘날에는 사법부라는 독립 기관을 통해서 이루어졌지만 조선조에서는 중앙 관부나 지방 관아에서 행정의 일부로 처리하였다.

조선조 송사사건은 '송사'와 '옥사'로 크게 나누어 볼 수 있다. 일상생활 속에서 발생하는 분쟁 해결을 위해 관아에 호소하는 '송사'는 오늘날의 민사재판에 속하며, 강도, 살인, 반역죄 등 중죄를 다스리는 '옥사'는 오늘날의 형사재판에 속한다. 송사는 다시 옥송과 사송으로 구분되는데 옥송은 상해나 사기 혹은 반상간의 윤상을 침해한 경우 형사적 처벌을 요구하는 송사를 의미하고 사송은 주로 재산, 소유권에 대한 확인, 양도, 변상 등 민사 관련 송사이다.

노비나 재산의 분재를 통한 형제간의 분쟁, 토지나 산지의 사기 매매나 침탈 등의 송사 문제로 제기되는 사송 관련 문권 가운데 한글로 작성된 것이 가장 많이 남아 있다. 이와 같은 조선조의 송사나 옥사를 담당하는 독립된 사법기관은 존재하지 않았고 단지 지방에서는 1심은 주로 피고측 지역의 지방 수령인 목사, 부사, 군수, 현령, 현감이 담당하고 2심은 관찰사(순사도)가 맡았다.

중앙에서는 한성부, 의금부, 형조, 사헌부, 장예원에서 담당하였는데 사건의 성격에 따라 관할 관청은 달랐다. 한성부는 지방에서와 마찬가지로 한성 지역의 사송을 주로 관장하였고, 의금부에서는 역모, 반역 등 국기와 관련된 중대 사건을 맡았으며 의정부와 사헌부, 사간원 등과 합좌 제판으로 이끌었다. 형조에서는 6조의 하나로 법률, 사송, 노비 등 사법행정 전반을 관장하는 동시에 지방에서 미해결된 사건의 재심기관의 역할을 맡았다. 사헌부와 한성부와 더불어 삼사라 일컬어지기도 하였다. 사헌부에서는 주로 지방 감찰이나 감사 역할을 담당했으며, 지방관아의 부정부패 사건을 관장하였다. 사헌부와 사간원과 함께 대간(臺諫)이라 하여 임금의 부름에 따라 사건의 내용을 직소할 수 있었다. 장예원은 주로 노비 관련 소송을 관장하는 기간으로 사헌부와 한성부를 삼 법 삼사라 불렀다. 이처럼 지방이나 중앙기관에서 사법권을 행사하였는데 재판관은 관료들이 법전이나 재판 사례에 따랐으나 오늘날처럼 형량의 공정성을 위한 법률 중심주의가 아닌 판관의 경험이나 재량이 많이 작용하였다.

그러나 조선 법률 집행의 준거는 관련 법전에 의한 형률 공평을 꾀하였다. 민사 소송 관련 법률서는 『사송유취』(1585년), 『결송유취』(1649년), 『대전사송유취』(1707년) 등이 있었는데 이는 판관들의 실무 지침서였다. 『결송유취』는 『사송유취』를 증보한 것이며, 『대전사송유취』는 상당히 뛰어난 법이론을 담아낸 법전 이론서라고 할 수 있다. 이외에도 『대전속록』, 『대전후속록』, 『속대전』, 『형전』, 『청리』, 『대전회통』 등의 법전서가 남아 있다. 시대 조류에 따라 각종 사건의 주요 내용이 변함에 따라 그기에 적합한 새로운 법집행의 준거가 필요했던 관계로 법전은 끊임없이 보유 과정을 거친 것이다.

형법 관련 및 형률 적용 기본 법전으로는 너무나 유명한『경국대전』
과 중국의 법전인『대명률』이 있다.『대명률』은 우리나라에서 이두문
으로 된『대명률직해』로 편찬하여 널리 활용되기도 하였다. 이와 함
께 중국 형률서인『당률소의』,『대관의두』,『율조소의』등도 참고하
였다. 조선 후기에 들어서서는『청송제강』,『전율통보』,『전율통보별
편』,『흠휼전칙』,『추관지』,『전율통편』을 비롯한 사체 검시를 위한
『증보무원록』을 비롯하여 재판 판결문인 제사와 관련된 기본 문형과
법조문을 제시한『율례편람』,『율례요람』등을 편찬하여 활용하였다.
재판의 절차는 먼저 억울한 사정을 호소하는 일종의 소장인 소지(所
志: 소지, 원정, 언단, 상언, 집단 연명한 단자)를 관아에 접수함으로서
시작된다. 관아에서는 소지를 접수한 뒤 '원고(告, 고)'와 '피고인(隻,
척)'을 불러 송사의 결과에 대해 승복하겠다는 다짐을 받고 소송절차
를 시작한다. 주로 노비 문제나 토지, 가옥 등을 훔쳐서 팔거나, 노비
나 토지, 가옥 등 재산 소유권이 불분명한 경우, 재산 분기에 따른
불공정에 대한 사건, 소작인이 소작세를 납부하지 않거나 경지를 가
로챈 경우, 산의 지경이 불분명하여 투장(偸葬: 남의 산에 장사를 지냄),
이굴(移葬, 이장) 등의 명령을 불복종한 경우 등의 송사 사건이 주류를
이루었다.
재판은 주로 농번기를 피해 이루어졌으나『경국대전』에 따라 송사
처리 기간이나 결옥 기간인 대사는 30일, 중사는 20일, 소사는 10일
이내에 판결을 하도록 되어 있다. 원고 측이 소지를 제출하면 피고
측의 거주 관아로 이송하여 처리하였는데 만일 담당 송관이 쟁소
당사자와 재판관이 쌍피(친족 관계)인 경우 주무관이 바뀔 때까지 기
다렸다가 제소하는 것이 원칙이었다.
재판이 시작되면 소지를 제출한 사연이나 관련 증빙 문기를 제출하도
록 하였는데, 이때 전답 매매 문서인 '명문(明文)'이나 '수기(手記)'나
혹은 '분재기의 입안' 등을 제출하도록 하였다. 이를 원고와 피고가

보는 앞에서 문서를 검열한 다음 관련 문서를 봉함하여 되돌려 주었다. 이어서 소송 관련 자료를 전부 검토한 이후에 당사자의 변론 기회를 준 다음 최종 결송 다짐을 받는다. 마지막으로 재판관이 '제사(題辭: 재판 판결문)'를 소지 하단 좌우나 배지(背紙: 뒤면)에 기입하고 착관을 함으로서 재판이 종료된다. 판결문은 다시 관아에 입안 절차를 거치는 경우에 원부와 부본을 작성하여 당사자에게 그리고 관아에 관련 문서를 남기게 된다. 1심 재판 결과에 불복할 경우 상급 기관에 재심을 요청할 수 있으니 지방에서는 관찰사(순사도)이나 경차관(암행어사)에게 혹은 형조나 노비의 문제일 경우 장예원에서 2심을 제소할 수 있다. 1심 재판 결과에 불복하여 2심 기관에 제소하는 것을 의송(議訟)이라고 한다. 의송의 경우 원심으로 되돌려 보내거나 다른 고을의 수령에 심리토록 하거나 특별 경차관을 파견하여 진행하도록 하기도 하였다. 만일 소지를 제출하여도 받아드려지지 않는 경우 상급 기관에 제출하는 경우 상급 기관에서 재판을 진행하지 않고 해당 관아로 내려 보낸다.

사송 문서, 소지-원정-언단-상언

조선 사회도 오늘날과 마찬가지로 엄격한 법률에 따른 법치 국가로서 사회가 운영되었다. 중국의 대명률에 의거하여 조선의 형편에 맞춘 『경국대전』(1469), 『속대전』(1746), 『대전통편』(1785), 『대전회통』(1865) 등의 전율에 따라 국가의 사회 질서를 유지하는 준거로 삼았다. 특히 개인의 삶은 사회의 제도의 변화와 함께 여러 가지 사회적 갈등이 생겨날 수 있었는데 개인과 개인 혹은 개인과 관부 사이에 나타나는 각종 이해관계에 따른 갈등의 문제를 관부에 소송을 제기하는 문서를 일괄하여 '소지(所志, 所持)'라고 한다. 오늘날로 말하자면 소장(訴狀)과 같은 것이다.

관부에 제출하는 소장은 여러 종류가 있다. 관부의 판결을 구하는 소지를 오늘날 말하는 '소장(訴狀)'이다. 소장을 제출하는 행위는 '고장(告狀)'이라고 한다. 노비 문제, 전답이나 가사 문제, 우마 등 재물의 문제, 묘지나 산지의 문제, 군역의 문제 등과 같이 사인의 생활에서 발생하는 갈등과 다툼의 문제를 해결하기 위해 소지를 제출하는 일을 송사라고 하며 강도, 살인, 반역 등 국가 공권력과 관련되는 문제를 해결하고 처벌하는 일은 옥사라 한다.

조선조의 송사는 사회 제도의 변화와 매우 밀접한 관계가 있다. 조선 농경 사회의 주요 재산 품목인 노비, 토지, 가사의 상속, 매매, 전당과 관련하여 각종 송사가 발생하였다. 16세기 이전에는 균분상속제도가 유지되었기 때문에 이와 관련하여 주로 노비의 상속권과 관련되는 송사가 빈번했으며, 이와 관련된 문서는 대부분 한문 소지로 작성되었다. 그러나 17세기로 들어서면서 장자 중심의 상속제로 바뀌면서 계후 문제나 처첩 간의 봉제사권과 관련된 송사 문제가 다발적으로 제기된다. 임진왜란을 겪으면서 사회 계급 조직이 느슨해지면서 도망 노비가 발생하고 전장의 개발과 함께 전답의 재산적 가치가 증대되면서 전답과 관련된 송사와 계후 입후 등의 문제가 사회적 갈등의 문제로 등장하였다. 18세기 이후 문중과 향촌 사회가 강화되면서 산송의 문제나 전답 가사의 소유권 분쟁이 사회적 이슈로 등장한다. 개인 간에 발생하는 제반의 쟁탈문제를 관부를 통해 해결하기 위해 제출하는 소지는 제출방식에 따라 그리고 제출자의 신분이나 직역에 따라 그 문서 양식은 차이를 보인다. 사족 층에서 제출하는 문서는 대체로 '등장(等狀)'이나 '소지(所志 所持)'라는 한문으로 작성된 문서였지만 양인이나 하민 층에서는 '원정(原情, 冤情 怨情)'의 양식을 주로 한글로 작성하여 사용하였다. 또한 문서 양식이 아닌 구두로 제소를 하는 경우 '발괄(白活)'이나 격쟁원정(擊錚原情)을 사용했다. 발괄은 구두로가 아닌 문서 양식으로도 나타난다. 이와 함께 '유언'과 '상언'이나 각종 매매 명문도 증빙 문서로 소지에 첨부되었다.

조선 후기에는 지방 관아에 제출된 송사 사건은 대체로 지방의 아전들이 재판을 주도함으로서 색리들의 침책이 커져 조선 사회의 국가적 권위가 무너지는 하나의 요인이 되었다. 소지는 '소지, 원정, 단자, 언단, 발괄' 등의 소송 신청서를 아우르는 광의의 의미를 갖고 있으면서 협의의 개념으로는 구체적인 소장의 명칭으로도 사용되었다. 이 소지는 문서 양식으로는 문서 명칭과 본문으로 구성되는 서술 양식과 재판 담당자가 재판 결과인 제사를 처결하고 판결자의 착명과 수압이나 인장과 재판 일자를 명기하는 서술 양식으로 구성된다. 본문은 "지극히 원통한 일은", "분하고 원통한 일은" 등과 같은 기두어와 "소리 높여 바라옵니다", "불쌍한 백성이 억울한 일이 없도록 바랍니다", "피를 토하는 원통함을 면하도록 해 주소서" 등과 같은 투식어의 결사 형식으로 되어 있다. 처분 양식에는 발급자가 '힝ㅎ교시ㅅ'와 같은 투식어를 기재하고 공격(빈자리)을 마련 최종 재판 결정문인 제사를 쓰도록 하였다. 소지를 접수한 관부나 관아에서는 사건을 처리한 결과를 판결자인 수령의 '제사(題音, 題辭, 뎨김)'를 소지의 좌우 여백이나 배면에 초서체로 기재한 판결문을 되돌려준다.

조선조의 통용 문자가 한문이었기 때문에 특히 관부 문서는 대부분 한문으로 작성하는 것이 원칙이었다. 그러나 조선 후기로 내려오면서 한문 소통자의 숫자가 점차 줄어들었던 결과 한글문서로 통용될 수 있었다. 당시 사민층의 남성들 대부분이 한글의 소통 능력을 갖고 있었지만 다만 사용하지 않았을 뿐이다. 여성이 쓴 한글 소지를 근거로 하여 한글 소통 층이 여성이나 하민 층이었다는 판단은 왜곡된 것이다.

소지·청원류 한글 고문서는 '소지, 원정, 발괄, 단자'가 있는데 대체로 18~20세기에 작성된 것들이 많다. 그 이전의 자료들은 한글 언간의 형식과 혼류된 예가 많이 있다. 16세기 이후 일반화된 한글 언간이 격식 문서의 형식을 빌려서 한글로 작성된 '소지, 원정, 발괄, 단자'가 생겨난 것으로 추정할 수 있다.

소지·청원류 문서는 한문으로 작성하든지 한글로 작성하든지 간에 (1) 문서 제목, (2) 제사, (3) 착관, (4) 서두와 결사의 투식어, (5) 발급 일자, (6) 발급자의 수결이나 인장과 처결 관인 등의 문서 형식을 갖추어야 한다. 그러나 19세기 이후의 문서에는 이러한 형식이 지켜지지 않은 문서도 나타난다. 발급자가 갖추어야 할 요건은 (1) 문서 제목, (2) 기두와 결사 형식을 갖춘 본문 (3) 발급 일자, (4) 행관 등이며 이것이 관부의 처결 담당자를 거쳐 성주나 순사도의 처결 과정을 거치면서 (1) 제사, (2) 착관을 하여 발급자에게 되돌려 준다. 곧 발급자의 문서 양식을 서술양식이라 하고 관부의 처결 과정을 거치는 문서 양식과 요건을 처분양식이라고 할 수 있다. 소지·청원류 문서는 반드시 위와 같은 문서 양식의 요건을 갖추어야 한다. 소지·청원류 문서에서 처결자 표기와 서압과 관인은 문서의 공중성을 보증해 주는 문서의 핵심 부분이다. 문서의 처결을 담당하는 관장의 표기는 문서의 왼편에 위치하며 서압은 그 처결자 하단에 공란으로 비워둔다. 서압 대신에 관인을 찍기도 하는데 정식 관청인 경우 정방형의 관인을 지방 이서관인 경우 척방형을 사용한다.

조선조 한글 재판 판결문

민사 사항으로 여항의 백성들이 억울한 일을 당하면 1심은 관할 지방 관부인 목관이나 현령 등 목민관 제소를 하게 된다. 한문을 모르는 여성들이 한글로 작성한 원정, 소지, 언문단자 등의 제소 문서는 상당히 발굴되었다.[5] 1심 재판 결과는 제소한 문서의 좌우 여백에 관한 목민관의 제사와 처결을 하여 재판 결과를 되돌려 주게 되어 있다. 한글로 작성한 제소 문서라고 하더라도 대부분 한문으로 제사를 작성 하게 되어 있는데 한글로 제사를 쓴 자료로는 서울대학교 규장각 소장 자료(No. 0480000) 「임자년(1852년 추정) 안지옥이 동중 첨존에게 제출한 언문단자」가 있다. 이 자료는 동중 조직인 상계에 발급한 소지 문서로 안진옥의 전답을 동말이라는 사람이 김창야에게 위조문서를 만들어 전매해 버린데 대한 원억을 언문 단자로 동수에게 제출한 소지 문서이다.6) 이보다 27년 정도 앞서는 을유(1825)년 3월에 작성한 한글로 쓴 최초의 재판 기록문서인 "마포면 청호경거 경소수 원정"을 소개한다.

5) 이상규, 앞의 책.

6) 이상규, 앞의 책, 433~438쪽. 「임자년(1852년 추정) 안지옥이 동중 첨존에게 제출
   한 언문단자」에 대한 해설을 상세하게 소개하고 있다.

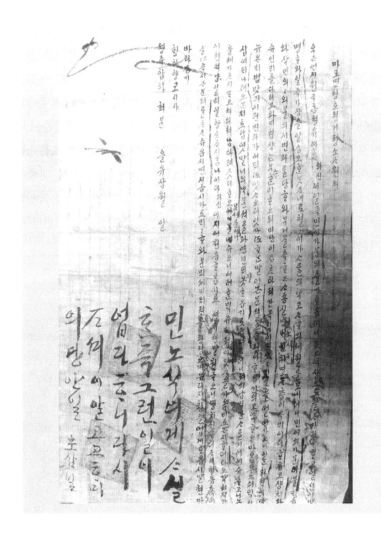

마포면 청호정거 정쇼수 원정

우근언 지원 극통 졍유 잔은 의신이 일즉 민씨 가문의 출가 ᄒ옵써니 죠고

여샹으로 팔즈가 긔구하고 일신이 박

명ᄒ와 일즉 가장을 일습고 ᄒᄂᆺ 자녀로 혈혈이 가ᄉᆞᆯ 의탁고즈ᄒ와 세월

을 보내더니 민씨 가문이 불ᄒᆡᆼᄒ

와 작년의 이외 불의지변괴ᄅᆞᆯ 당ᄒ와 무거불측ᄒᆞ온 ᄉ종질 민노식(븍일)

위명즈 층 이옥 비이다 ᄒ옵고 쟝쳐와 쥬인비를 다리고 와 늬 경샥ᄂᆫ 무슈ᄒ

이 ᄒ오되 비단 이슴ᄎ라 져간 곡식이며 쇼쇼 직물을 썰어 가오니 이ᄂᆞ 화적

의당

뉴온 비 법 밧긔 이런 변괴가 어듸 또 잇ᄉ오리잇가 또 ᄒᄂᆞᆫ 말이 논문셔ᄅᆞᆯ

즙피라 ᄒ옵기의 고약ᄒᆞ온 마음으로 ᄉᆞᄃᆡᆨ의

십여듸나 나려오ᄂᆞᆫ 위토답 엿말너냐 문셔ᄅᆞᆯ 과연 견듸지 못ᄒ옵기로 즙펴습

던닌 져의 남믹 간ᄉᆞᆯ 지어 에슈ᄒ고 늬 논을 계가 ᄎᆞ지ᄒ고 져의 쳐남다려

숫다ᄒ고 문셔를 안니 쥬오니 이러ᄒ 븍쥬듸젹이 잇사올닛가 옥비로 논지ᄒ

더라도 각쳐 쟉간이 쳔여냥이 온비 일향쇼공지읍나이다 의신이 지어 원통ᄒ

옵기로 셩쥬젼 발원ᄒ오니 명치지ᄒ의 자셔히 통촉 이

슬소 즉시 논문셔ᄅᆞᆯ ᄎᆞ즈쥬옵시면 지금 시가로 믹믹ᄒ와 분비 셰미듸젼을

관졍으로 밧치오며 유리지환을 업게 ᄒ옵말 쳔만

바라습기

ᄒᆡᆼ하향교시샤

셩쥬합하 쳐분 을유 삼월 일

(재판 결과 제사)

민노식의게 ᄉ실ᄒ 즉 그런 일이 업다 ᄒ니 다시 즈셔이 알고 고ᄒ미 의당안

일 쵸삼일

마포면 청호정에 사는 정소사 원정

위 삼가 드리는 말씀은 지극히 원통한 사정이 있음이 이 몸이 일찍 민씨 가문에 출가하였더니 조고의 상을 당하여 팔자가 기구하고 일신이 복이 없어 일찍 가장을 잃고 하나뿐인 자녀를 데리고 혈혈히 가사를 의탁하고자 세월을 보내더니 민씨 가문이 불행하여 작년에 이외의 예상하지 않은 변고를 당하여 사는 곳이 일정치 않은 사종질(11촌) 민노식(백일) 위명자 칭하여 이옥 비이다 하고 장채(무기)와 주인무리(폭력무리)를 데리고 와서 내가 경작하는 무수 하니 하오되 비단 이 삼 차례나 지고 간 곡식이며, 소소한 재물을 떨어 가니 이는 화적(火賊)과 같은 무리인바, 법을 벗어난 이런 변괴가 어디에 또 있겠습니까? 또 하는 말이 논문서를 잡혀라 하기에 고약한 마음으로 시댁에서 십여 대나 내려오는 위토답(位土畓: 조상의 봉제사를 위해 마련한 전지) 여섯 마지기 네 두락 문서를 과연 견디지 못해서 잡혔더니 저의 남매가 간사(奸詐: 간교한 사기로)를 지어내어 어수하고(於受: 받아 챙기고) 이 논을 저가(민노식) 차지하고 저의 처남에게 샀다고 문서를 아니 (돌려) 주니 이러한 백주대적(白晝大賊: 벌건 낮에 도둑)이 있겠습니까? 옥비로 논지(論之)하더라도 각처 작간(作奸: 간교를 꾸민 일)이 천여 냥이 온 바, 일향(一向: 한 가지 일념으로) 소공(召公: 불러서 공정하게) 해야 할 일입니다. 이 몸이 원통함에 이르러 성주님 앞으로 발원하오니 밝게 다스려 자세히 통촉 있을까 즉시 논문서를 찾아 주시면 지금 시가로 매매하여 분배된 미납 세금을 관정에 바치오며, 환란에서 벗어나게 함을 천만 번 바랍니다.

행 아래에 교시하실 일

성주 합하 처분 을유 삼월 일

(재판 결과 제사)

민노식에게 사실 한 바 즉 그러한 일이 없다고 하니 다시 자세히 알고 고함이 마땅한 일. 초 삼일.

홀로 과부로 살아가는 정소사가 사종질 민노식에게 여러 차례 재물을 빼앗기고 또 논문서마저 강압에 의해 저당 잡힌 억울함을 관할 성주(사또)에게 원정을 올린 문서이다. 증거 불충분이라는 1심 재판 결과는 "행 아래에 교시하실 일", "성주 합하 처분" 아래 빈 공격에 한글로 제사를 쓰고 향청 관인 6방(홀수)이 직혀 있으며 성주의 수기(사인)이 있는 조선조 재판 기록 문서이다.

조선조의 재판에 역사적 변천 연구와 한글 확산 과정을 이해하는 데 매우 중요한 자료로 평가된다.

☆☆☆☆☆

한글 고문서를 통해 본 조선 사람들의 삶

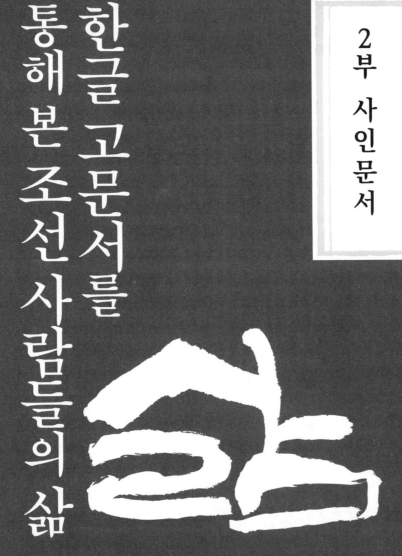

2부 사인문서

1
분재기

현종 5년(1664) 경주 최씨 백불암 종택의 적모인 이씨가 서자와 노비에게 발급한 작개 분전기

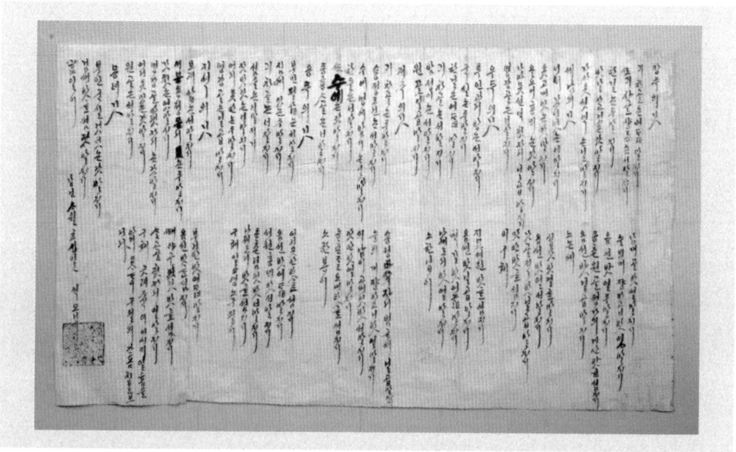

A "Jakgae"(Land production granted to Nobi servants)Distribution Document, written in Gabjin-year and in Korean letters, concerning the legitimate mother Yeogang Yi's land in the Gyeongsang-do province

안동대학교 박물관, 43×76.5cm

이 자료는 안동대학교 박물관이 소장(정진영 교수 제공)하고 있는 전답의 작개 분전기로 현종 5년(1664) 4월 10일 대구 둔산동 경주 최씨 백불암 종택의 적모인 이씨가 직접 한글로 작성하여 서자들과 노비들에게 발급한 문서이다. 노비와 전답을 별급한 적모 이씨는 최동집(崔東集)의 처 여강 이씨로 전답의 농정을 위탁 관리하기 위해 7명의 서자녀를 비롯한 가노들에게 농장 관리를 위해 전토를 배정하였다. 이 자료를 통해 조선조 서자녀와 노비들이 농업경영에 어떻게 참여했는지를 확인할 수 있다. 한국학중앙연구원 한국학자료센터에서 이

문서의 이미지 자료와 간략한 해제를 소개하면서 적모 이씨가 서자녀 7남매에게 전답과 노비를 분재한 자료로 분류하고 있으나 이 자료는 작개 분전기로 치부문서에 가깝다고 볼 수 있다. 작개의 방식은 고려 후기부터 시행되었는데 노비가 노주의 전토를 배당받아서 농사를 지은 후에 '세봉상(稅捧上)', 곧 전세로 상전에게 생산된 공물을 바치는 농업 경영 방식이다. 조선조의 사대부 집안의 농업경영은 시기와 지역에 따라 양상이 달랐을 것으로 추정된다. 소농 경영으로 전환된 조선 후기에는 '작개'와 '사경'의 방식이 구분되지 않고 통합되었을 가능성이 크다. 고지기나 산지기의 경우 선산 묘직 관리를 위해 종중을 통해 봉토나 봉답을 지정하여 분배 받은 후에 묘지기나 마름을 통해 일체의 작료를 거두었다. 소농 경영 방식, 즉 머슴을 들여서 새경으로 노동 대가를 지불하던 방식은 50년대까지 존속했다. 이러한 작개의 운영 방식에서 전세 수취 비율의 과다에 따라 상전과 하인 간의 갈등이 발생하기도 하였으며 노비 이탈이 심화된 임란 이후에는 노주와 노골적인 충돌모습도 나타난다. 근면하게 일한 노비들은 차츰 개인 소유의 전토를 늘여가면서 가족 중심의 소농 경영주로 자리를 잡아 갔다.

18세기 이전까지 하인들이 작개 경영의 관리에 나타나는 문제라든지 노비들의 신공에 대한 내역은 상전에게 고목으로 보고하는 체계로 운영되었다. 「안시치가법제」에 "답 전 1석낙지에 조로 10석을 받도록 제한하였다"라고 하고 "전 2일경을 답 이석낙지에 준해서 작개를 봉수하였다"라고 하여 전답을 구분하여 작개의 대가를 전주에게 공물로 봉납하도록 하였다. 그 외에도 "춘추로 포목 20동과 시목 15동씩 상납"하도록 했다는 규정이 있다.

이 문서의 작개 분전의 대상은 총 11명인데 서자녀, 노와 비를 포함하여 양인(이효일)도 포함된 것으로 보인다. 분전 대상 토지는 논 127마지기이고 밭이 282마지기로 상당히 넓은 규모의 전답이다. 이 문서에 나타나는 지명은 대부분 대구광역시 동구 동촌 지역으로 추정되며 '부인사'나 '동촌'과 같은 지명은 현지 확인이 가능하다. 문서의 끝에는 '嫡母李氏'라고 한글로 쓰고 인문을 그려 넣었으며, 증인과 필집은 따로 기록된 것이 없는 것으로 보아 이씨가 직접 작성하였음을 알 수 있다.

원문

망득의 깃

긔차골 여둛 말지기

쏘 긔차골 샹동 논 서 말지기

한걸논 두 말지기

밧갈마고 것논 닷 말지기

가마못 셧녁논 닙°곱 말지기

셰남의 깃

너릭 갓 너멋논 너 말지기

옷고개 밋 논 닷 말지기

올오니 홍믹논 닷 말지기

가마골 션녁 첫 자리 닐곱 말지기

명당골 논 너 말지기

우득의 깃

부인과 리방논 서 말지기

국실논 두 말지기

한걸논 여둛 말지기

긔차골 논 서 말지기

밤졍이 논 서 말지기

원골°논 닐곱 말지기

ᄌᆞ득의 깃

기차골 논 두 말지기

숑졍 도션 논 서 말지기

우에멍에 밤이 논 닐°곱 말지기

한들 논 너 말지기

쏘 수에논 닷 말지기

동죵ᄉ골 논 너 말지기

몽득의 깃

부인 졀 앏 논 서 말지기

짐쌔밋 논 두 말지기

긔차골 논 너 말지기

셤들논 너 말지기

잣밧밋 논 너 말지기

어리못안 논 두 말지기

명당골 논 닙곱 말지기

지셕의 깃

보지앏 논 서 말지기

셔부 숑졍 등리 논 두 말지기

갓줫논 엿 말지기

명당골 아랫자리 논 닷 말지기

어리못밋 논 닷 말지기

원골논 서 말지기

몽녜 깃

부인국실 것녓 논 닷 말지기

검써밧 돈셤 닷 말지기

이효일이

갈개골 밧 열 말지기

늘븨개 쟝바고니 밧 엿 말지기

옴션밧 열두 말지기

동촌 원골 졍가의 게산밧 흔셤지기

노 논셰

섭갓밧 열한 말지기

옴션밧 열셔 말지기

갓골됙 밧 닐곱 말지기

맛안밧 흔셤지기

비 구혜

지묘 셔원 밧 흔셤지기

옴션밧 일곱 말지기

혁길밧 여듧 말지기

나졔도리 밧 열 말지기

노 한닙이

숑졍밧 두 자리 병ㅎ여 닐곱 말지기

늘비개 쟝바고니 밧 열 말지기

의남이 고개밋밧 서 말지기

맛안밧 열 말지기

동촌 들오내밧 흔셤지기

노 한봉이

어리못안밧 흔셤지기

옴션밧 여듧 말지기

셔원 홍믹밧 서 말지기

동촌 덤밋밧 너 말지기

나졔도리밧 흔셤지기

부리안밧 여듧 말지기

옴션밧 흔셤지기

쎄야골못밋 밧 흔셤지기
슬고골 첫 자리 열 말지기
구해 옷테 ᄌᆞ식이 이시듸 일홈을
아지 못ᄒᆞ니 구필의 홈치를 브리라

갑진 ᄉᆞ월 초십일 젹모 니씨 (인장)

망득의 몫
기차골 8마지기
또 기차골 상동논 3마지기
한걸논 2마지기
밧갈마고 마른논 5마지기
가마못 서녘논 7마지기
세남의 몫
너래 갓넘어논 4마지기
옷고개 밑논 5마지기
올오니 홍매논 5마지기
가마골 서녘 첫자리 7마지기
명당골 논 4마지기
우득의 몫
부인 과리방논 3마지기
국실논 2마지기
한걸논 8마지기
개착골논 3마지기
밤정이논 3마지기

원골논 7마지기

재득의 몫

기차골논 2마지기

송정 도선논 3마지기

우에멍에 배미논 7마지기

한들논 4마지기

또 수에논 5마지기

동종사골논 4마지기

몽득의 몫

부인절앞논 3마지기

짐깨밑논 2마지기

기차골논 4마지기

섬들논 4마지기

잣밭밑논 4마지기

어리못안논 2마지기

명당골논 7마지기

지석의 몫

보재앞논 3마지기

서부송정 등리논 2마지기

각쥐논 6마지기

명당골 아랫자리논 5마지기

어리못밑 논 5마지기

원골논 3마지기

몽례 몫

부인국실 건너논 5마지기

겁꺼밭 5섬 5마지기

이효일이 몫

갈개골밭 10마지기

늘비개 장바구니밭 6마지기

옴선밭 12마지기

동촌 원골 정가의 게산밭 1섬지기

노 논세 몫

섭갓밭 11마지기

옴선밭 13마지기

갓골댁밭 7마지기

만안밭 1섬지기

비 구해 몫

지묘 서원밭 1섬지기

옴선밭 7마지기

혁길밭 8마지기

나제도리밭 10마지기

노 한닙이 몫

송정밭 2자리 합쳐서 7마지기

늘비개 장바구니밭 10마지기

의남이 고개밑밭 3마지기

만안밭 10마지기

동촌달 오내밭 1섬지기

노 한봉이 몫

어리못안밭 1섬지기

옴선밭 8마지기

서원 홍매밭 3마지기

동촌 덤밑밭 4마지기

나제도리밭 1섬지기

부리안밭 8마지기

옴션밭 1섬지기
뻬야골못밑밭 1섬지기
살고골 첫자리 10마지기
구회 오테 자식이 있으되 이름을
알지 못하니 구필의 함치를 부려라.

갑진(1664)년 4월 초10일 적모 이씨 (인장)

☆☆☆☆☆

현종 12년(1671)
우암 송시열이 맏손부에게 발급한 별급 분재기

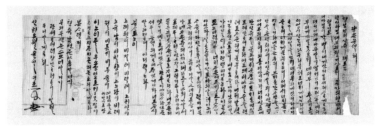

A Document dictating a separate property distribution, issued by Wuam Song Shi-yeol to his eldest daughter-in-law, in Shinhae-year ("Bunjaegi": Document of Inheritance and Distribution of Properties used in the premodern period)

국립청주박물관 보관, 33×102.5cm

이 자료는 현종 12년(1671) 우암 송시열(1607~1689)이 장손부인 박씨에게 쓴 편지 뒷부분에 실린 별급 분재기이다. 송시열의 형이 후손이 없기에 형님 내외의 신주와 제사를 의탁하는 대신 노비와 전답을 별급 분재한 내용이다. 봉제사를 위해 봉토와 노비에 대한 상세한 내역을 장손인 송은석에게 작성해 준 별급 분재기(쪼 문셔를 은셕의게 ᄒᆞ여 주엇거니와)를 손부에게 한글로 써서 알려 주는 내용이다.

송시열은 1659년 5월 효종이 급서한 뒤, 조대비(趙大妃)의 복제문제로 예송(禮訟)이 일어나자, 국구(國舅) 김우명(金佑明, 1619~1675) 일가와 알력이 깊어진 데다가, 국왕 현종에 대한 실망 때문에 벼슬을 버리고 낙향하였다. 현종연간에도 조정의 융숭한 예우와 부단한 초빙이 있었으나 그는 거의 관직을 단념하였다. 다만 1668(현종 9)년 우의정에, 1673년 좌의정에 임명되었을 때 잠시 조정에 나아갔을 뿐 시종 재야에 머물러 있었다. 편지는 고향에 기거하던 만년에 쓴 것이다. 우암은 셋째 아들임에도 불구하고 집안 제사를 지내 왔는데 나이가 연로하여 제사 지내기 힘이 들자 맏손부에게 큰집과 형님의 봉제사와 조상의 신주를 모시라는 내용의 편지와 함께 그 책무에 따라 전답과 노비를 별급하니 종중을 중심으로 재산을 분산시키지 말라고 당부하고 있다. 정식 분재문서의 양식을 갖추지는 않았지만 맏손부에게 별급 분재 내용을 알리기 위해 한글 편지 형식을 빌려 전달한 것이다.

원문

댱손 은석 쳐

형님 내외 신쥬ㅣ 례로는
한아버님쯰 부위될 것이로디 종가의 형셰 어렵기로
어마님이 각별이 내게 맛디옵셔 졔스호게 호옵시
더니 이제 내 나믄 날이 업서 가니 이 졔스를 네 싀
부의게 맛딜 듯 호디 네 싀부ㅣ 홀아비로 집
이 업시 인는디라 우리 부쳐도 너희게 거느리이니
호믈며 이 일을 엇디 네 싀부의게 맛디리 마디
몯호여 너희게 분부호노니 이 졔시 너희 몸ㄱ
지 홀디라 내 죽은 후의 브디 흔 간 스당을 내 스
당 올혼 녁히 지어 이 신쥬를 뫼시면 졍녕
이 서르 의지호여 외롭디 아니리라 너희신 후에
란 신쥬를 분묘 겨틔 뭇줍고 흔 히 흔 번식
묘졔만 호여 오라여도 폐티 아닐 줄을 뎐
례로 주손의게 분부호여라 너희 날 셤
기는 효셩으로 보니 내 무움을 바다 닛디 아닐
가 시불식 이리 뎡녕히 니르노라 이 봉스
됴 노비 뎐디를 너희 주손애도 뒤뒤로 뭇주식
이 맛다 실흔 죵 호나식 묘하의 살려 이 노비

주손니 다 진흔 후의 말게 흐여라 뎐디 다 분
묘 근쳐의 이시니 부듸 프디 말고 네 싀동싱이
나 네 주손 등의 아이 가태라도 믈바회 가 살며
묘졔를 흐려 흐면 아직 그 뎐디롤 주려니와 내
죵은 브듸 믓주손이 도로 촛디흐리라 내 주손되
엿느니 셰셰로 내 이 뜻을 완홀이 마라스라 또 문
셔롤 은셕의게 흐여 주엇거니와 너도 주시
알과져 흐여 이리 젹노라

봉스됴 노비
노 대현이 비 칠례 비 덕례 노 귀인이
노 슈남이 비 칠향이 노 노랑이 비 뎨
월이 비 동믜 비 두슌이 (데현이 믈고 귀인이 도망)
이 노비들 후소싱 아오로 듸듸 믓집이
촛디흐고 지주지손의 논호디 말게 흐라

봉스도 뎐디
쳥쥬 남면 논 아홉 말디기
무의 븍면 논 스므너 말디기
관셔흐여 더 쟝만흐려 흐니 일졀
프디 말게 흐라
신히 오월 슌일 싀조

장손 은석 처

형님 내외 신주는 예법으로는 할아버님께 부위될 것이로되 종가의 형세가 어려우므로 어머님께서 각별히 내게 맡기시어 제사를 지내게 하셨다. 이제 내게 남은 날이 없어져가니 이 제사를 네 시부에게 맡길까 하였다. 그러나 네 시부가 홀아비로 집 없이 지내는지라 우리 부부도 너희에게 봉양하게 하니 하물며 이 일을 어찌 네 시부에게 맡기겠느냐? 마지못하여 너희에게 분부하노니 이 제사를 너희 몸같이 여길지니라.

내가 죽은 뒤에 부디 사당 한 칸을 내 사당의 오른쪽에 지어 이 신주를 모시면 정령이 서로 의지하여 외롭지 않을 것이다. 너희가 죽은 뒤에는 신주를 분묘 곁에 묻고서 한 해에 한 번씩 묘제만 지내게 하여 오래 되어도 폐하지 않을 것을 자손에게 분부하여라. 너희가 나를 섬기는 효성으로 보니 내 마음을 이어받지 않을까 싶기에 이리 간곡히 이르노라. 이 봉사조의 논비와 전지를 너희 자손 중에도 대대로 맏자식이 맡아서 튼튼한 종 하나씩 묘 아래 살게 하여 이 노비의 자손이 다 끊긴 뒤에야 그만두게 하여라. 전지는 모두 분묘 근처에 있으니 부디 팔지 말고 네 시동생이나 네 자손 중에 아예 패가라도 될 바에 분묘 근처에 가 살면서 묘제를 지내려 하면 아직 그 전지를 주겠거니와 나중에는 부디 맏자손이 도로 차지하게 하여라. 내 자손으로 태어났으니 대대로 나의 이 뜻을 소홀히 여기지 말라고 일러라. 또 문서를 은석에게 작성하여 주었으나 너도 자세히 알고자 하여 이리 적노라.

봉사조 노비

사내종 재현이, 계집종 칠례, 계집종 덕례, 사내종인 귀인이, 사내종 수남이, 계집종 칠향이, 사내종 노랑이, 계집종 제월이, 계집종 두순이 제현이 죽음. 귀인이 도망.

이 노비들의 후소생을 모두 대대로 맏집이 차지하고 지자지손 중에는
논하지 말게 하라.

봉사조 전지

청주 남면의 논 9마지기 무의 북면에 논 24마지기
관서하여 더 장만하려 하니 절대로 팔지 말게 하라.

☆☆☆☆☆

2
명문: 전답·산지 매매문기

정조 8년(1784) 안동 주촌 진성 이씨 댁 삼바회가
재원에게 발급한 전답 매매문서

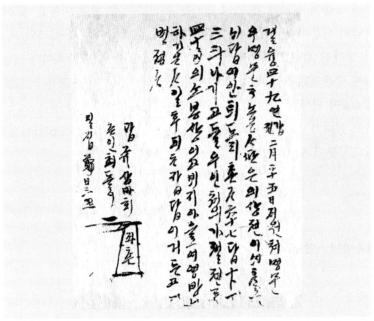

A Land Transaction document("Myeongmun") issued by a person named Sambahwe at the Jinseong Yi House in the Juchon village of the Andong area, to another person named Jaeweon, in the 49th year of Geon'ryung era)

서울역사박물관, 44×34cm

이 문서는 서울시역사박물관 소장본으로 한국학중앙연구원 『고문서집성』 41에 실린 자료이다. 문서 발급자는 삼바회이고 수급자는 재원이며, 삼바회가 상전이 위탁한 배자의 지시에 따라 전답을 매매하였다. 구문기가 아닌 상전의 배자를 아울러 점련한 점은 다른 전답 매매명문과 차이가 있다. 또한 청나라 '건륭(建隆)' 연호를 썼으며 간지 '갑진'도 횡서 글씨로 쓴 점도 특기할 만하다. 거래 담당자가 상전의 위탁을 받은 하층민 신분이기 때문에 중인이나 필집인과 달리 수결을 하지 않고 '좌촌'으로 그렸다. 이 매매명문은 답주를 대리하여 '삼바회'가 '재원'에게 전답을 매매한 것으로 되어 있지만 실제로는 상전의 배자를 근거로 한 것이므로 실제 답주는 '삼바회'의 상전이 된다. 안동의 주촌에 세거해 온 진성 이씨는 조선조 거유 퇴계 이황을 배출한 영남의 명문이다. 진성 이씨 주촌파는 퇴계 조부 대에 온혜파와 파종이 갈라진 집안으로 안동에 세거해 온 진성 이씨의 종파이다. 진성 이씨 주촌파는 현재 안동시 와룡면 주촌리에 소재하는 경류정(慶流亭)에 600여 년에 걸친 2,300여 점의 고문서와 1,300여 점의 전적을 소장하고 있다가 서울역사박물관에 기증되어 있다. 이 가운데 6건의 한글 매매명문이 남아 있다.

원문
원문 ⇩

건륭 四十九연 갑진 二月 二十五日 진원 쳐 명문

우명문ㅎ노은ㅅ쏜은 의 샹젼 이믜츠로
닉답이 안틔도리 쵼ᄌ 六十七답 十卜 一
三斗나기 고들 우인 쳐의 가졀 젼(문)
四十兩 의소봉샹이고 빅지 아으로 여영 방믹
하거온ㅅ 일후 피츠 잡담이거든 고관
변경ㅅ

답쥬 삼바회 (좌촌)
증인 최돌이 (수결)

필집 鄭日三 (수결)

건륭 49(1784)년 갑진 2월 25일 재원 처 명문

이 명문하는 일은 나의 상전의 밭을 팔아 다른 밭을 사기 위해 내답이 안치도리 촌자 67 답 10복 13마지기 곳을 우 인에게 가격을 절충하여 돈 40냥에 수대로 받고 배자와 아울러 영영 방매한 일, 이 후에 쌍방 간에 잡답이 생기거든 관에 고해서 바로 잡을 일이라.

답주 삼바회 (좌촌)
증인 최돌이 (수결)
필집 정일삼 (수결)

정조 18년(1794)
김중근이 김춘복에게 발급한 전답 매매문서

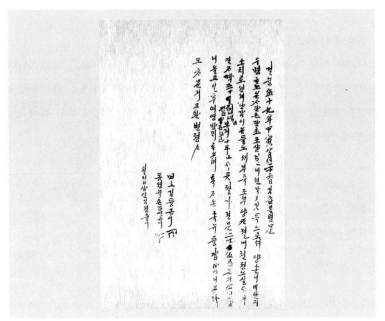

A Land Transaction document("Myeongmun") issued in the 59th year of the Geon'ryung era by Kim Jung-geun to Kim Chun-bok

개인 소장, 60×40cm

이 명문은 개인 소장의 자료로 정조 18년(1794) 김중근이 김춘복에게 발급한 전답 매매문서이다. 전답 주인 김중근이 조부에게 물려받은 전답을 가난 때문에 부득이 방매한다는 내용이다. 매매 대상은 양자 논과 정노갈도리에 있는 진자답 31논, 4짐 7뭇과 보리밭 10마지기이 며 가격을 절충하여 돈 문서 25냥을 받는다고 적혀있다. 특히 증인은 육촌 동생이, 그리고 필집은 상인 김성준이 맡았는데 '상인'이라는 용어에서 중인 계층의 한글 사용실태를 확인할 수 있다. 한편, 문서 양식이나 표현이 비교적 정형화되어 있다.

걸늉 伍十九年 甲寅 八月 二十六日 김츈복 명문

우 명ᄒ노온ᄉ단은 당초 조샹 결내 전 각각 깃득으로셔 양손니 비난지
소치로 셩셰 난감이온들 노셰 부득 조부 양ᄌ 졀내 젼 졍노실도리
진ᄌ(답) 三十일(젼 넉°짐 일곱문) 보리 十斗낙이 곳 졀가
젼문 二十伍兩은 의소봉샹
니을고 일후 여영 방민ᄒ오며 혹 ᄌ손 족뉴 등 잡답 니오라
도 ᄎ문긔 고관변졍ᄉ

田主 김듕근니 (수결)
동셩 뉴촌 김연근니(수결)
필집 샹인 김셩쥰니

건륭(1794)년 갑인 8월 26일 김춘복 명문

이 명문하는 일은 당초 조상으로부터 전해 물려받은 밭은 각각 분재를
받은 것으로 양자손이 비루하고 가난한 이유로 세상 살아가기가 어렵고 늙
어서 부득이 할아버지 대에 물려받은 양자밭 정노실도리에 있는 진자답 31
밭, 4짐 7뭇과 보리밭 10마지기 곳을 가격을 절충하여 돈 25냥을 수대로
바치고 이후에 영영 방매하오며 혹 자손 가족 중에 잡답이 생기더라도 이
문기로 관에 고해서 바로 잡을 일이라.

전주 김중근 (수결)

동성 육촌 김연근 (수결)

필집 상인 김성준

헌종 13년(1847)
김계동이 권귀학에게 발급한 전답 매매문서

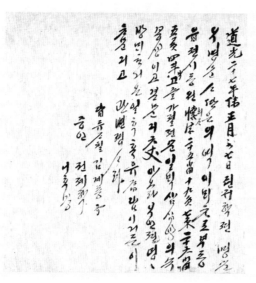

A Land Transaction document("Myeongmun") issued in the 27th year of the Do'gwang era) by Kim Gye-dong to Gweon Gwi-hak

한국국학진흥원, 42×38.5cm

이 자료는 고성 이씨 탑종종가에서 한국국학진흥원에 위탁 보관하고 있는 문서 가운데 하나로 김계동이 권귀학에게 전문 130냥을 받고 논을 매매한 사실을 증명하는 전답 매매문서이다. '전시동원'의 '員 (들)'이나 '十九負(19卜)'과 같은 표기가 나타난다. 이 전답 매매명문은 경상도 청송군 부동읍 전시동에 있는 회자 25답 19복 7속, 26답 5복 4마지기의 가격을 절충하여 방매한 문서로 다른 문기 6장을 점련하여 작성되었으나 점련 자료는 없다. 답주가 필집을 겸하였고 증인은 수결하지 않았다. 수결자의 착명이 동일한 필체인 것으로 보아 필집이 모두 기록한 것으로 추정된다. 이 문서의 수급인 권귀학은 "권귀학

전 [隔]명문"이라는 기록을 보아 사민층으로 추정된다. 19세기 중반 매매명문 가운데 하층민에게 대행시키지 않고 사민이 직접 작성한 사례를 볼 수 있다.

道光 二十七年 休 正月 初七日 권귀학 전 [隔]명문

우명문ᄉᆞᆫ은 의역 이미ᄎ로 부동
읍 전시동원 (회ᄌᆞ)懷字 二十五畓 十九負 七束 二十六畓
五員 四斗°낙 고즐 가졀 젼문 일빅 삼십양 의슈
봉샹이고 젼문긔 六丈 아오라 우인젼 영영
방미하거온 일후 혹유 즙담이거든 이
ᄎ 문긔 고 [隔]관변졍ᄉᆞ라

답쥬 ᄌᆞ필 김계동 (수결)
증인 권계학
니후봉

도광 27(1847)년 저물무렵 정월 초7일 권귀학 전 명문

이 명문은 내가 이 전답을 팔아 다른 전답을 사기 위해 부동면 전시동 들[에 있는] 회자 25답 19복 7속, 26답 5복 4마지기 곳을 가격을 절충히여 전문 130냥을 수대로 바치고 문기를 겸해서 6장 아울러 위 사람에게 영영 방매하오니 이후에 만일 잡담이 생기거든 이 문기로 관에 고해서 바로 잡을

일이라.

답주 자필 김계동 (수결)

증인 권제학

이후봉

철종 9년(1856) 유학 전화석이 발급한 전답 매매문서

A Land Transaction document("Myeongmun") issued by Jeon Hwa-seok, in 8th year of the Hampung era

전북대학교 박물관, 39×43cm

이 명문은 전북대학교 박물관 소장(No. 07391) 자료로 철종 9(1856)년 정월에 유학 전화석이 마산면 정쟁평에 있는 논 5마지기를 50냥에 방매하면서 작성한 전답 매매문서이다. 앞부분 문서명에 수급자가 적혀 있지 않고 '~에게'라는 '~전, ~처'가 없어서 매수자가 누구인지 알 수 없다. 이 문서의 발급자이자 매도자인 '전화석' 직임이 '유학'임을 밝혀 사민층임을 알 수 있다. 이를 통해 19세기 중반에는 사민층에서도 가노나 하인에게 대행시키지 않고 직접 문서를 작성한 사실을 확인할 수 있다.

함풍 팔연 무오 정월 初七日 명문이라

우명문ᄉᄶ는 의셰 부득이 율릐답 닷말

낙을 누연 경식이다가 마산면 뎡징평 복수는

열아옵 짐 얏뭇 고 졀가졀 젼문은 오십양

으로 구문긔 아루여 우쎤의 옝옝 방미하거온

일후의 액유 잡짠인직 잇츠 문긔로 고관변

졍ᄉ라

답쥬(에) 유학에 젼화석 (수결)

징인의 박춘보 (수결)

필집에 권도형 (수결)

함풍 8(1856)년 무오 정월 초 7일 명문이라

이 명문은 나의 형세가 부득이 하여 율래답 5마지기를 여러 해 경작해 오다가 마산면 정쟁평(에 있는 답의) 복수는 19짐 6뭇 곳을 가격을 절충하여 전문서 50냥으로 구문기와 아울러 우 전에 영영 방매하니 이후에 만일 잡답이 있으면 이 문기로 관에 고해 바로잡을 일이라.

답주에 유학에 전화석 (수결)

증인에 박춘보 (수결)

필집에 권도형 (수결)

고종 6년(1869) 조철록이 김학손에게 발급한 전답 매매문서

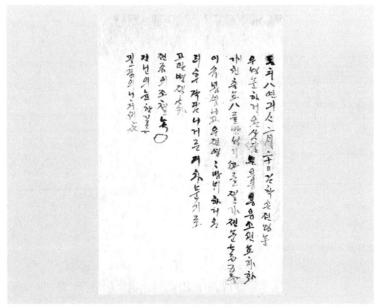

A Land Transaction document("Myeongmun") issued in the 8th year of the Dongchi era by Jo Cheol-rok to Kim Hak-son

이정옥 교수, 57×30.8cm

이 자료는 이정옥 교수가 소장한 것으로 철종 13년(1862)에 수급한 한문 명문(구문기)과 함께 고종 6년(1869) 조철록이 김학손에게 발급한 전답 매매문서이다.

이 명문은 숫자 단위만 한자로 표기되어 있으나 문서 양식은 한문으로 작성한 명문과 동일하다. '김학손 전'이라고 표시한 것으로 미루어 보아 전답의 매수자이자 수급자인 김학손은 사민 또는 양인으로 추정된다.

구문기는 한문으로, 신문기는 한글로 작성하여 점련 명문으로 남아있으므로 이 둘을 비교하면 당시 전답 매매 과정의 흐름을 확인할 수 있다.

원 문

원문 ⇩

동치 八연 긔ᄉ 二月 二十日 김학손 젼 명문

우 명문하거온 ᄉᆞᆺ담은 요용 용용 조션묘 하화
개젼츄묘 八를 만석기쇼를 졀가 젼문 七兩 五錢
이슈봉싱니고 우 젼 영영 방ᄆᆡ하거온
리후 작담니거든 긔 차 문긔로 고관변졍ᄉᆞ라

견쥬의 조철록 (수결)
진닌의 눈한길 (수결)
필집의 니치션 (수결)

현 대 어

현대어 ⇩

동치 8(1869)년 기사 2월 20일 김학손 전 명문

이 명문하는 일은 쓸 데가 있어서 용용(에 있는) 조상의 묘 아래 개전추묘 8을 만석이라는 곳의 가격을 절충하여 전문 7냥 5전을 바치고 위의 밭을 영영 방매한 이후에 잡담이 생기거든 이 문기로 관에 고해서 바로잡을 일이다.

전주에 조철록 (수결)
증인에 윤한길 (수결)
필집에 이치선 (수결)

고종 13년(1876) 공주 정안면 신씨 댁 정씨 부인이
이 선달 댁 노비 서산이에게 발급한 가사·전답 매매문서

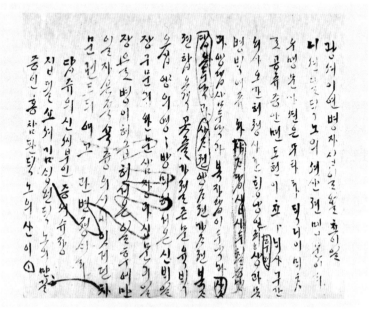

A Transaction document of household properties and lands, issued in the 2nd year of the Gwangseo era by Madame Jeong of the Shin Residence in the Gongju Jeongan-myeon area, to the Nobi servant Seosani of the Yi Seondal Residence

개인 소장. 42.8×49cm

이 명문은 개인 소장 자료로 고종 13년(1876) 12월에 공주 정안면 도현리에 사는 신씨 댁 정씨 부인이 이선달 댁의 노비 서산에게 발급한 가사·전답 매매문서이다.

사민인 신씨 댁과 김 생원 댁 간에 가사와 전답을 거래하면서 매입자를 대신하여 하인이 나서서 작성하였다. 답주인 신씨 댁 부인 정씨는 수결을 좌수장으로 그려 넣어서 공증성을 확인하였으며, 매매거래를 대행한 노비와 증인으로 참여한 홍 판서 댁 노비가 수결을 친 것이

특이하다. 또한 배자에 사용하는 투식어 '무타라'와 분재기에 나타나는 '허급허거온'과 같은 표현이 보이는데 이는 문서 간 혼효된 모습이다. 미망인 정씨가 자기 재산을 팔았던 매매 문서인 「병자년 공주 정안면 도현리 미망인 정씨 부인이 순사도에게 발급한 원정」(56×97.5cm, 개인 소장)과 관련이 있는 자료로 보인다.

원문　　　　　　　　　　　　　　　　　　　　　　　　　원문 ⇩

광셔 이연 병자 십일월 쵸일일
니 션달 딕 노의 셔산 젼 명문이라

우 명문사션은 무타라 딕니 이미츠
로 공쥬 증안면 도현이 쵸(가) 닉사 구 간
외사 오간 허쳥 사 간 힝낭 일 좌 °후원 상과목
병 빅여쥬와 샤즈답 십사 두 칠 승낙
과 양답 삼 두낙과 복자답 이 두낙과 사즈
답 오두낙과 스즈젼 가즈젼 목즈
젼 합 오 적 곳즐 가졀 즌문 육빅
오십 양의 영영 방믹허거온 신비 일
장 구문기 완문 삼장과 신문긔 일
장으로 병이 허급허거온 일후에 만
일 자숀 죡속 즁의 시비 잇거던 차
문권 드듸여 고 [隔]관변졍시라

답쥬의 신씨 부인 증셔 슈장 (수장)
집필 쇼셔 김 싱원 딕 노의 만길 (수결)
증인 홍 참판 딕 노의 산이 (수결)

광서 2(1876)년 병자 12월 초1일
이 선달 댁 노비 서산 전 명문이라

이 명문하는 일은 다름 아니라 댁이 이 가사와 전답을 팔아서 다른 전답을
매입하기 위해 공주 정안면 도현리 초가 안채 9간, 바깥채 5간, 빈 대청 4간,
행랑채 1좌, 후원의 뽕나무와 과일나무 합하여 100여 주와, 사자답 14 마지기
벼 7승낙과, 양답 3마지기와 복자답 2마지기와 사자 밭 5마지기와 사자전
양자전 가자전 복자 전을 합하여 다섯 곳을 가격 절충하여 전문 650냥에
영영 방매하오니 신배자(新牌子) 일장 구문기, 완문 3장과 신문기 1장으로
아울러 허급하오니 이후에 만일 자손 족속 중에 시비가 있거든 이 문권을
증거로 하여 관에 고해 바로 잡을 일이라.

답주에 신씨 부인 증서 (수장)
집필 소서 김 생원 댁 노의 만길 (수결)
증인 홍 참판 댁 노의 산이 (수결)

2
명문: 전당 문기

고종 19년(1882)
홍원 댁 노비 석인에게 발급한 산지 전당 문서

A Pawning document for forests issued in the 8th year of the Gwangseo era to the Nobi servant Seogin of the Hongweon Residence

개인 소장, 48×53.5cm

이 명문은 개인 소장의 자료로 고종 19(1882)년 3월에 산주인 와란 댁에서 중촌 홍원 댁의 노비 석인에게 발급한 산지 전당 문서이다. 내용은 와란 댁이 먹고 살기가 힘이 들어 중촌 홍원 댁에서 빌린 곡식과 돈을 갚지 못한 대신 소유하고 있던 산지를 전당한 문서이다. 문서 발급자는 와란 댁이고, 증인은 이석인이며, 필집은 생략된 문서 이다.

광서 팔연 임오 삼월 십팔

일 즁촌 홍원 퇴 노 셕닌니
젼 명문

우 명문짠은 이구황소치로 삼
밧골 금산을 빅미 팔 °두속 미
오 두 미곡 칠 두 젼 칠 양 삼
젼 갑지 못ᄒ여 이 산을 문서ᄒ
여 주니 이후 어닉 ᄌ손니 잡담이.
잇거던 이 ᄎ문 빙고셔라

산쥬 와란 퇴 (수결)
증인의 니셕인

광서 8(1882)년 임오 3월 18일

중촌 홍원 댁 노 석인 전 명문

이 명문하는 일은 이로써 구황하기 위해 삼밧골 금산을 백미 8말, 미 5말, 미곡 7말과 돈 7냥 3전 갚지 못하여 이 산을 문서로 작성하여 주니 이후 어느 자손이 잡담이 있거든 이 문서로 증거를 삼아라.

산주 와란 댁 (수결)

증인 이석인

2
명문: 가축 매매문기

순조 3년(1803)
하회마을 북촌 댁 억술이가 발급한 가축 매매문서

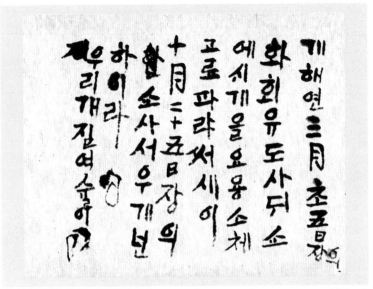

A Livestock Transaction document issued in Gyehae-year by a person named Eoksuli
of the Hahwe County's Bukchon Residence

한국국학진흥원, 18×23.4cm

이 자료는 경북 안동 풍산 류씨 하회마을 북촌 댁 하인 억술이가
가축을 매매한 문서이다. 순조 3년(1803) 3월에 개짐 억술이가 하회
류도사(都事) 댁의 소를 팔아서 새로 송아지를 산다는 내용이다. 조선
조 사민들은 전답뿐만 아니라 가재도구의 구매, 우마의 매매 등의
잡일을 하인에게 대행시켰기 때문에 하인이 상전을 대신하여 처리한
내용을 상전에게 알리는 고목의 일종이다.

이 가문에서 나온 고서와 고문서는 주로 학서(鶴棲) 류태좌(柳台佐, 1763~1837) 이후 6대에 걸쳐 모은 것으로 학서 류태좌와 석호(石湖) 류도성(柳道性, 1823~1906) 대의 것이 대부분이지만, 이 자료에 나타나는 '류도사 댁'이 계존(季尊) 류사춘(柳師春, 1741~1814)을 지칭한다면 계해년을 1803년으로 추정할 수 있다.

이 명문은 한글 글쓰기가 서툰 하인이 쓴 것으로 표기나 문법이 적절하지 않은 곳이 많다. 또한 형식적인 면에서도 통상적인 명문 양식과 큰 차이를 보인다. 상전이 하인에게 전답이나 가사의 매매를 배자(牌旨)나 구두로 지시하면 하인은 그 지시에 따라 이행한 다음 고목으로 고하도록 되어 있다. 이 명문은 수결을 두 군데나 하고 있으며 표기법이 서툴다. 또한 명문 양식에서 벗어나 하인이 이행한 매매 사실을 상전에게 고하는 간단한 편지 형식의 고목이다. 이 명문에 '우리 개짐'이라는 흥미로운 낱말이 나타난다. '우리'는 마구간의 뜻이며, '개짐'은 마구간을 바닥을 갈아주는 일을 하는 곧 마구간 청소를 담당하는 하인이라는 뜻이다. 경북 안동 방언에는 '개짐'이 여성의 생리대를 뜻하는데, '우리 개짐'이란 마구간의 허드렛일을 담당하는 하인을 뜻한다.

원문 ⇩

개해연 三月 初 五日 장의

하회 유도사ᄃᆡ 쇼
에 ᄉᆡ개을 요용소체
고로 파랴써 새이
十月 二十五日 장의
(항)쇼 사서 우개넌

하이라 (수결)

우리 개짐 억술이 (수결)

계해(1803)년 3월 초5일 장의 전

하회 류도사 댁 소의 새끼를 쓸 데가 있기 때문에 팔아서 송아지를
황소를 사서 또 바꾸겠습니다. (수결)
10월 25일 장의 전

마구간 청소 하인 억술이 (수결)

⇧⇧⇧⇧⇧

2
명문: 양자 분재명문

정조 24년(1800)
조부 이사기가 양자 이일제에게 발급한 분재명문

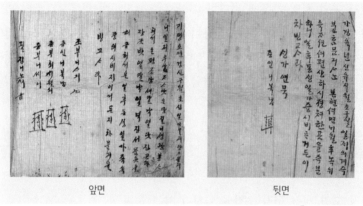

| 앞면 | 뒷면 |

A Document of property distribution meant for an adopted son of Yi Il-je, created in the 5th year of the Gagyeong era

홍윤표 교수, 38.5×38cm

이 명문은 2001년 국립민속박물관에서 간행한 『한국의 문화 이미지』에 소개된 자료로 홍윤표 교수의 소장품이다.

동일한 사건으로 가경 5(1800)년에 작성한 것과 순조 즉위 원년(1801) 작성된 두 건의 명문이 있다. 정조 24(1800)년에 작성한 분재기는 조부 이사기가 발급자이고 이일제가 수급자이며 이일제를 이성광의 봉제사를 지낼 양자로 들이면서 이일제에게 전답을 나누어 주는 내용이다. 두 번째 분재기는 순조 즉위 원년(1801)에 작성한 것으로 발급자는 불분명한데 추가로 재산을 분재한 것으로 보인다. 양자를 보낸 생가의 이연묵은 증인으로 추정되며 이일제가 수급자이다. 양가로부터

이일제에게 재산을 분재한다는 내용이며 이일제의 생부가 증인을
서고 있다.

이 자료는 양자 및 재산 분재 입안을 위한 점련 문서로 작성된 것으로
추정된다. 양자를 보내거나 들일 때 일가친척이 증인과 필사를 담당
하여 작성한 독특한 문서이다. 이 양자 명문은 양자에게 재산을 분재
하는 일종의 허여명문(許與明文)이라고 할 수 있다. 양자는 주로 문중
에서 조카 항렬 가운데 적당한 대상자를 선정하여 친부모로부터 출계
의 허락을 타진하여 문중의 장이 생가와 양가 부모를 입회시켜 입양
사실을 확인하였다. 재산이나 노비 분재를 할 때 작성된 문서는 많지
만 양자를 보내면서 재산을 허급한 문서는 흔치 않다는 점에서 희귀
한 자료이다.

원문
원문 ⇩

기경 오연 경신 구월 초십일 이일직 양주 문긔

니일직 우 양주 스닷은 당질 니셩광 봉수
허거온 평주답 셔말낙 열닷짐곳과
장주밧 열말낙 열녁짐 서문곳슬
허금허거온 일후 동싱 일가 족쇽
즁의 시비지이거든 지차 문긔을
빙고스라

조부 니스긔 (수결)
증인 니복남 (좌촌)
죵부 최시월쇠 (좌촌)
즁부 니씨니 (좌촌)

필집 니노식 (수결)

가경 5(1800)년 경신 9월 초 20일 이일제 양자 문기

이일제 이에 양자하는 일은 당질 이성광의 봉제사를 이어 받으니 평자답 3마지기 15속과 장자밭 10마지기 14짐 20속을 허급한 이후에 동생 일가족 종중에서 시비가 생기거든 일러 이 문기를 근거로 하여 상고하라.

조부 이삭이 (수결)
증인 이복남 (좌촌)
종부 최시월쇠 (좌촌)
중부 이신이 (좌촌)
필집 이노식 (수결)

가경 육년 신유 시월 초구일 일지의겨 즉
분흔 문긔스는 본 현 셔면 닉월 후 녹위
육ㅈ전 셔편 샹하 시졍쳐 한 곳을 즉 분하니 일후 동싱 일가
즁 시비ㅎ거든 이
차 빙고스라

싱가 연묵
증인 니복남 (좌촌)

가경 6(1801)년 신유 10월 초9일 일제에게 곧 분재한 문기는 본 현 서면 내월 뒤편 녹위 육자전, 서편 상하 분재하기로 결정한 곳을 즉 분재하니 이후에 동생 일가 중에 시비하거든 이 문서를 근거로 하여 상고하라.

생가 연묵
증인 이복남 (좌촌)

3
수표·다짐

고종 13년(1876)
노비 일용이 진주 강씨 기헌 고택에게 발급한 전당 수표

A Pawning check(Supyo) issued in Byeongja-year by a Nobi servant named Ilyong to the Jinju Gang House's 'Old Giheon Residence' ("Supyo": a check written for occasions of borrowing or lending something[貸借], depositing something[寄託], or making a transaction[賣買])

한국국학진흥원, 32.5×59cm

이 자료는 진주 강씨 기헌 고택에서 한국국학진흥원에 위탁한 것이다. 고종 13(1876)년 12월에 강홍원(姜洪原) 댁의 노비 흥손이(興孫伊)가 사또주(使道主)에게 발급한 입안 완문(完文, 59×32.5cm)과 함께 입안의 증빙 자료로 「1876년 노비 일용이 진주 강씨 기헌 고택에 발급한 전당 수표」와 「1877년 진주 강씨 댁 하인 만이가 발급한 수표」 2매가 첨부되어 있다.

이 수표는 '표긔'라는 문서명으로 작성되어 있는데 노비 일룡이가 상전 댁인 진주 강씨 댁에 돈을 빌려 쓴 뒤에 갚지 못하자 1년 동안

산의 나무를 전당한 내용의 수표 자료이다. 이 수표와 함께 장철되어 있는 입안 완문은 경북 봉화군 강홍원 댁의 노비 홍손이가 상전을 대신하여 봉화 현청에 입안을 받기 위해 제출한 완문으로 산지를 매득한 경위를 입증할 수 있는 두 건의 수표를 첨부하여 향후 반상 간에 잡음이 생길 것을 미리 막기 위해 관아로부터 입안을 받아 낸 완문이다. 물론 관부에 입안을 받기 이전에 두 노비와 합의를 한 다음 관아에 제출한 것으로 판단된다.

원 문 원문 ⇩

표긔

우 표긔사단언 우간으끌 쇼인
의 뫼 쏭짝 네등강이 듼 산쇼로
보오면 외쳥뇽이라 쇼인이 듼
계쏜 두 냥 썼더니 이 돈으로 °산과 일 년치 송 영
영이 우듼 젼의 방믜하여 들리
오니 아후의 혹 상하간의 잡담
잇거던 이 차 표긔로 고관변졍
시라

병자 십일월 쵸 이일

쇼인 일눙 (수결)

수표

이 수표[를 발급하는] 일은 우간골 소인의 산등 쪽의 내등강이, 댁의 산소로 본다면 외청용이라. 소인이 댁에게 돈 2냥 (빌려) 썼더니 이 돈으로 산과 일 년치 나무 영영 위 댁 전에 방매하여 드리오니 이후에 혹 상하 간에 잡담이 있거든 이 수표 문기로 관에 고해 바로 잡을 일이라.

병자(1876)년 11월 초2일

소인 일용 (수결)

철종 6년(1855)
김춘흥이 손 생원 댁에게 발급한 이굴 다짐 수표

A Supyo check to certify the legitimacy of one's statement concerning a relocation of the grave, issued in the Eulmyo-year by Kim Chun-hong to the Son Saengweon Residence

전북대학교 박물관, 22×32cm

이 자료는 전북대학교 박물관 소장(No. 12031) 이굴(移掘) 다짐 수표이다. 철종 6(1855)년 11월에 김춘흥이 손 생원 댁에게 발급한 것으로, 손 생원 댁의 산지에 자신의 아버지를 투장(偸葬)하였는데 이듬해 2월까지 이장을 약속한 수기이다. 문서명은 '수기'로 되어 있으나 실제로는 이장을 약속하는 '다짐' 문서이다. 한글 '수기'와 '다짐'은 문서명이 뒤섞여 사용되었으며 관부문서로 점련될 것을 예상하여 미리 작성되었다. 사환노비인 김춘흥이 아버지 묘소를 손 생원 댁 산소 부근에 투장하여 관부에서 누차 이장하도록 지시하였으나 본인이 먼 곳으로 사환차 다니느라 빨리 이행치 못했으며, 엄동설한을 맞아 이장하기 어려워 내년 2월까지 이장을 하겠다는 다짐을 명문화한 것이다.

손 싱원 댁 슈긔라

우 슈긔사ᄯᆫ은 의신의 부상을 만
나 샹연 십월 분의 손싱원 듸
산소 갓가히 아ᄇᆡ 엄토을 ᄒᆞ여습더
니 누ᄎᆞ [隔]관졔 지지ᄌᆞ의 굴이할
줄노 ᄒᆞ여 ᄒᆞ나 의신이 샹젼듸 ᄉᆞ
환의 골몰ᄒᆞ와 근쳔니 원힝의
밧비 돌아 오들 못ᄒᆞ여 이 엄동을 당
ᄒᆞ와 이장을 못ᄒᆞ나 ᄂᆡ연 이월노
즉시 굴이ᄒᆞ올 거시오 만일 긔한을
넘기옵거단 이 슈긔 쳡연ᄒᆞ와 법듸
로 치죄 ᄒᆞ옵시고 즉시 굴이ᄒᆞ올
줄노 슈긔을 ᄒᆞ여 밧치옵ᄂᆞ니
다

을묘 십일월 이십구일 슈긔 쥬 김 츈홍

손 생원 댁 수기라

이 수기는 이 몸이 아버지 상을 만나 지난해 10월 무렵에 손 생원 댁
산소 가까이 아버지의 산소를 썼더니 여러 차례 관부에 관리자가 이장할
것을 지시하나 이 몸이 상전댁의 사환노비로 골몰하여 근 천 리 가까이 원행

에서 바삐 돌아오지를 못하여 이 엄동을 당하여 이장을 못하나 내년 2월까지 즉시 이장할 것이오. 만일 기한을 넘기거든 이 수기를 점련하여 법대로 죄를 다스려 죄를 주시고 즉시 이굴할 것으로 수기를 작성하여 바칩니다.

을묘(1855년으로 추정) 11월 29일 수기 주 김춘홍 (수결)

무자(1888)년 양기연의 전답 전당 수표

A Supyo check issued in the Muja-year for the pawning of Yang Gi-yeon's lands

전북대학교 박물관, 17×34cm

이 수표는 전북대학교 박물관 소장(No. 07240) 자료이다. 무자(1888년 으로 추정)년 12월에 작성된 것으로 표주는 양기연이고 증인으로 순천 과 장군방 두 사람이 수결하였다. 양기연은 자기 소유의 논 2마지기를 20냥에 전당하였고 전당 기한은 5일간이었다. 한글로 된 수표로 작성 시기와 수급자의 직함, 토지 전래와 매매 이유, 위치와 가격에 관한 사항을 명시하고 있으며, 계약 위반 시 조치 사항, 및 제3의 필집자 서명을 갖추고 있다.

수표

우 수푀ㅅ단은 다롬
안이라 ㅎ동 듕터 거한

양기연 등 디치평 두
말낙을 전당 이십 양을
오일 한졍ㅎ고 영영 집피되
과한 인젹 이 답의로 영영
방미 하급ㅎ거온 약유
잡담인 직 수표로 고관
변졍ㅅ

표쥬 양기연 (수장)

무자 십이월

증인 순쳔 (수결)
장군방 (수결)

수표

이 수표는 다름 아니라 하동 중터에 사는 양기연의 중대치평 두 마지기를
전당이 10냥을 5일 안으로 한정하고 영영 잡히되 시간이 경과한 즉시 이
논을 영영 방매 하급(下級)함은 만일 잡답이 생기는 즉, 표로 관에 고해서
바로 잡게 한다.

표주 양기연 (수장)

무자 십이월

증인 순천 (수결)

장군방 (수결)

1897년 미망인 장씨가
부여 은산 함양 박승지 댁에게 재발급한 수표

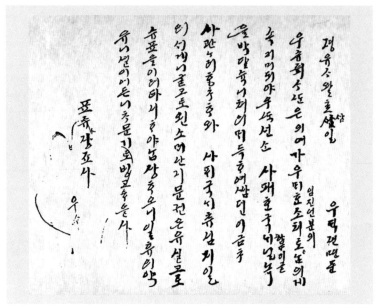

A Supyo check reissued in the Jeongyu-year by a woman named Jang, to the Buyeo
Eunsan area's Hamyang Park Seungji Residence

부여 은산의 함양 박씨 댁, 31×39cm

이 자료는 부여 은산의 함양 박씨 댁(박병호) 고문서 자료로, 1897년에
미망인 장씨가 부여 은산 함양 박승지 댁에게 잃어버린 산지 문서를
다시 발급한 수표이다. 표주인 장씨 여인은 우수장으로 수결을 하였다.

원 문

원문 ⇩

뎡유 ᄉ월 쵸 샵일 [隔] 우틱젼 명문

우 슈푀ㅅ쭌은 의어가 우미한 소치로 °임진 언분의 늠의게
소긔미 되야 우쪽 선스 [隔] 사패흔 국늬 일녹 합다이굴
을 박달슉니 쳐의 미득ㅎ여쌋던이 금ㅊ
사관ㄴ리 ㅎㅊㅎ와 [隔]사픠 국늬 츄심지일
의 싀게 니굴고로 윈소어 산지문권은 유실 고로
슈표을 이러타시 ㅎ야 납상ㅎ오니 일휴의 약
유 니셜 이어든 니ㅊ 문기로 빙고ㅎ을사

표쥬 장죠사 (우수장)

현대어 ◈

정유 4월 초3일 우댁 전 명문

이 수표는 이 여인이 어리석은 소치로 임진년 무렵에 남에게 속아서 오른
쪽 선산(先山) 하사(下賜) 받은 땅의 경계 내에 합다리골 내날 기슭을 박달슉
이에게 사들였더니 이번에 사관 나리 행차하여 하사받은 땅 경계를 추심하
는 날에 세계 이굴 옛 땅 윈편에 있는 산지 문권은 유실하여 수표를 이렇게
나 만들어 납상하오니 이후에 만일 다른 말이 생기거든 이 문기로 증거로
삼을 일이라.

표주 장씨 부인 (우수장)

☆☆☆☆☆

3
수표·다짐: 자매 매매수표

경자(1780 혹은 1840)년
박사홰가 딸을 구활 노비로 매매한 수표

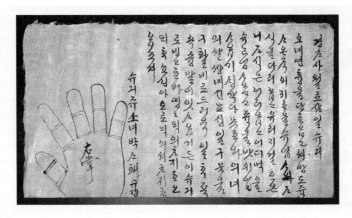

A Supyo check issued in Gyeongja-year for a transaction in which Park Sa-hwae sold
his own daughter as a "Guhwal(Relief)" Nobi servant over to someone

개인 소장, 24×42.8cm

이 자료는 개인 소장 문서로 경자(1780 혹은 1840)년 4월 초3일 박사홰
가 흉상을 당하여 살아가기가 힘들자 딸 쌍례를 구활노비로 모인(某
人) 댁에 방매하는 수표이다. 박사홰가 일찍 남편이 죽자 의지할 곳이
없어 유리기걸하다가 딸 신묘생 쌍례 일구를 구활 노비로 팔면서
차후에 잡담이 생기면 관에 고해 바로잡을 것과 후소생도 아울러
귀댁이 차지하여도 좋다는 맹세의 내용이다.

이 문서에서 보듯이 하층민들은 살아가기 힘들면 마지막 생계 대책으
로 자식을 '구활(口活)' 노비로 매각하였다. 자식의 생계를 소유주가
책임져 주기 때문에 조선 후기에는 이와 같은 일이 흔하였다.

생계를 잇기 위해 본인 또는 가족의 몸을 파는 문서를 이른 바 '자매명문(自賣明文)'이라 한다. 본 문서는 '자매수표'의 형식이나 넓은 의미에서 자매명문에 속한다. 수결에 우수장을 하고 손가락 마디를 그려넣었다. 수결로 우수장을 한 것으로 보아 박사홰는 노비 출신이 아닌양인 출신으로 보인다. 하층민에서 자매하여 노비가 된 사람들을 '구활(口活)' 노비라 한다. 이들은 '춘궁기를 만나 살아갈 방도가 없어(當此窮春 生理爲難)', '칠십 노부모가 춘궁기를 만나 목숨을 보전할 길이없어(七十老父母 當此窮春 無保命之道)' 혹은 '수많은 채무를 갚을 길이없어서(許多出債 報償無路)' 등의 방매 이유를 들어 스스로나 혹은 자식의 몸을 팔았다. 이 때문에 자매문기는 매매자와 매도자 사이의 이해가 맞아 거래되기도 했지만 노비 자신이 애걸복걸하여 매매가 성사되는 경우도 많았다. 이 문서에서도 자식을 돈을 받고 매각한 것이 아니라 입을 하나 덜기 위해 구활노비로 넘긴 것으로 추정된다.

조선 전기에는 압량위천(壓良爲賤)이라 하며, 양인의 소생을 노비로들이는 것을 법으로 금지하였으나 흉년이 심했던 조선 후기에는 자매(自賣) 행위를 허용하기도 하였다. 청음 김상헌이 계미(1643)년에 쓴글에도 "17일 밤에 먼지를 적실 만큼의 비가 왔다. 가뭄이 이미 심하게 들었다. 이틀간 밤낮으로 마구 헝클어진 머리로 귀신 얼굴을 한굶은 사람들이 사방을 배회하고 다닌다. 길거리에는 자식을 버린 자가 부지기수이다. 대구의 선비 전씨라는 양반이 강물에 자식을 던지는 한 여자를 발견하였다. 전씨가 극구 말리고 방백에게 고하였는데그 어미가 달아났다. 방백이 내버리고 돌아보지 않는 아이를 구활할방도를 찾고자 비용을 마련해 전씨에게 부탁하니 전씨가 받지 않았다고 한다. 차마 두고 볼 수 없어 방백이 거두었다고 한다. 이 말을들은 사람들은 내년에도 또 다를 바 없다고 한다"에서처럼 하민들의삶이 얼마나 곤궁했는지 읽을 수 있다. 18세기 후반에서 19세기 초에는 구활노비로 판 노비들과 주인끼리 노주계를 형성하기도 하였다.

경주 사월 쵸삼 일 슈긔

쇼네 연흉을 당ㅎ옵고 셔방도 죽
ㅅ온즉 의지ㅎ올 슈 업ㅅ와 ㅈ
식을 다리옵고 유리긔걸ㅎ온
니 ㅈ식은 어리옵고 어더 먹을
슈는 업ㅅ옵고 죽을 밧귀 업
ㅅ옵기 싱각다 못ㅎ와 의녀
의 딸 쌍네 신묘싱 일구 물을
구활비로 드리오니 일후 죡
쇽 즁 말이 잇ㅅ옵거든 이 슈긔
로 빙고ㅎ와 영영 듸의 ㅊ지 ㅎ오
되 후쇼싱 아오로 듸의셔 ㅊ지ㅎ
옵소셔

수긔주 소녀 박ㅅ홰 (우수장)

경자(1780 혹은 1840)년 4월 초3일 수기

소녀 연이은 흉상을 당하옵고 서방도 죽은즉 의지할 수 없어 자식을 데리
고 돌아다니며 구걸하여 빌어먹으니 자식은 어리고 얻어 먹을 수는 없고
죽을 수밖에 없기에 생각하다 못하여 이 몸의 딸 쌍례 신묘생 1구 물을 구활
비로 바치오니 이후에 친척 중에 말이 있거든 이 수기로 증거를 삼아 영영

댁에서 차지하되 후소생 아울러 댁에서 차지하소서.

수기 주 소녀 박사홰 (우수장)

3
수표·다짐: 선척 매매수표

임인(1782 혹은 1842)년 김예경이 발급한 선척 방매 수표

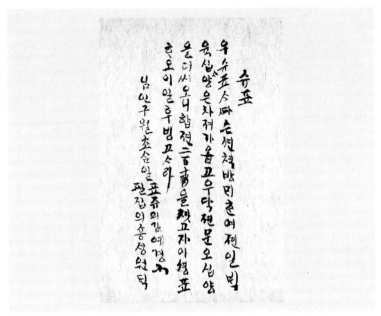

A Supyo check issued in Imin-year) by Kim Ye-gyeong for selling a boat

개인 소장, 77.3×26cm

이 자료는 개인 소장의 문서인데, 임인(1782 혹은 1842)년 9월 초3일 김예경이 선척을 방매한 수표이다.

선척을 방매하는 조건으로 선금 164냥은 이미 받아 갔고 나머지 50냥을 전문으로 받아 도합 214냥으로 선척을 양도한다는 내용이다. 이 자료의 명칭은 수표이지만 내용상 한글로 작성된 선척 매매명문으로 희귀한 자료이다.

슈표

우 수표쓰다는 션쳑 방미흐여 젼 일빅

육십 °ㅅ양은 차져 가옵고 우댝 젼문 오십양

을 더씨오니 합 젼 二百 十四兩을 셧고자

이 셩표흐오이 일후 빙고스라

님인 구월 초슴일

표주의 김예경 (수결)

필집의 숑싱원 딕

수표

이 수표하는 일은 선척[을] 방매하여 돈 164냥 [먼저] 찾아 갔고

이 댁에 돈문서 50냥을 하오니 합하여 돈 214냥을 썼고자 이 성문으로 수표를 하오니 이후에 증거로 삼을 일이라.

임인(1782 혹은 1842)년 9월 초3일

표주 김예경 (수결)

필집 송 생원 댁

4
자문

고종 1년(1864) 회덕 은진 송씨 동춘당 후손가 자문

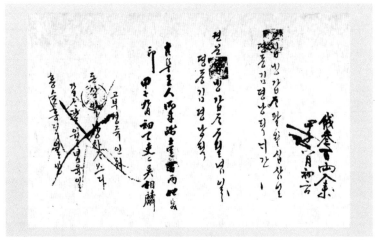

A Jamun document created in Gabja-year and in custody of the Hwedeok area's Eunjin Song House's Dongchun-dang Descendants Residence

대전 선사박물관, 26×87.2cm

이 자료는 고종 1(1864)년에 발급한 자문(尺文)으로, 대전 선사박물관 소장본이다. 발급자는 오상린 등이고 수급자는 정동 김정랑댁과 고부 경주인 등이다. 한국학중앙연구원에서 간행한『고문서집성』83에 실린 자료이다. 이렇게 조선조에 관부에서 발급한 자문(尺文)과 개인 간에 사용되던 수표나 수기가 통합되어 현대의 영수증으로 발전되었다. '수표'가 민간에서 유통되는 거래 영수증이라면 '자문尺文'은 관부에서 발급하는 영수증의 일종이다. 한 자가 못되는 작은 문서라고 하여 자문(尺文)이라는 이두식 명칭이 생겨났다. 관부에서 발급하는 자문은 거의 한문이나 이두로 작성되었으나 민간에서 유통되는 것은 한문이나 한글 형식으로 작성되었다. 조선 후기에 들어서는 민간에서도 물건을 사고팔거나 돈을 빌리거나 갚는 경우 자문 형식의 영수증을 주고받았음을 알 수 있다. 자문에는 '물목과 수량', '봉상인(捧上印)', 연월일, 관서 명을 기재했다.

한글로 작성된 자문에는 「갑자(1864)년 회덕 은진 송씨 동춘당 후손가 자문」(『고문서집성』 83), 「1873년 계유년 옥구 김내윤에게 발급한 자문」 (이정옥교수), 「갑오년 안동 전주 류씨 수곡종택 자문(1)」(『고문서집성』 44), 「갑오년 안동 전주 류씨 수곡종택 자문(2)」(고문서집성』44), 「갑오년 안동 전주 류씨 수곡종택 자문(3)」(『고문서집성』 44), 「경오년 전환분에게 발급한 태화전 자문(2)~(6)」(이정옥 교수), 「경오년 전환분에게 발급한 태화전 자문(1)」(이정옥 교수) 등의 자료가 남아 있다.

원문　　　　　　　　　　　　　　　　　　　　　　　　　원문 ⬇

錢三百兩入來
甲子 六月 初二日

오십 냥 갑ᄌ 팔월 십삼일
졍동 김 뎡낭되 뇌간

젼문 십 냥 갑ᄌ 사월 념일
뎡동 김 뎡낭되

高阜 主人 兩 一百兩 □錢
印
甲子 九月 初이 吏 吳相鱗

고부 경주인 쳐

돈 삼빅 냥 차즈 쓰다

갑즈 팔월 넘육일

홍순홍듸 월방

전 300냥 들어옴
갑자 6월 2일

50냥 갑자 8월 13일
정동 김 정랑 댁 내간

전문 10냥 갑자 4월 염일
정동 김 정랑 댁

고부주인 양 100냥 □전
갑자 9월 초2일 오상린

고부 경주인 쳐
돈 300냥 찾아 쓰다.

갑자 8월 26일

홍 순홍 댁 월방

5
배자

17세기 초
경상도 현풍 곽씨 곽주가 노비 곽상에게 발급한 배자

A Baeja document issued in the early 17th century, from Gwak Ju of the Gyeongsang-do province's Hyeonpung Gwak House, to a Nobi servant named Gwak Sang

국립대구박물관, 19.8×31cm

이 자료는 17세기 초 경상도 현풍(현 대구광역시 달성군 현풍면) 소례 마을에 살던 현풍 곽씨 곽주(郭澍, 1567~1617)가 가노 곽상에게 발급한 배자로 그의 처인 진주 하씨 무덤에서 나왔다. 수기 발급 연월일과 상전의 착성 수결이 없으나 현재까지 알려진 한글 배자 가운데 가장 오래된 자료이다.

현풍 곽씨가 솔거 노비로 추정되는 곽상에게 김흥니마를 불러 병이 든 말을 치료한 다음 상태가 호전이 되면 고목으로 기별 올릴 것을 지시하고 있다. 이를 통해서 17세기 초에 이미 곽상과 같은 신분의 노비들도 한글을 해독할 수 있을 정도로 한글이 민간에 널리 확산되었음을 알 수 있다(백두현의 『현풍 곽씨 언간 주해』 37 참조). 또한 『현풍 곽씨 언간 주해』 39에도 노비 한수에게 "큰금동의 쇼를 몰고 열흔른

날나 자고 이튿날 예 와 빋자 맏다 이러로셔 가게 ᄒ라"라고 지시하는
내용이 있다.

곽샹의게

미야디 병 드럿다
ᄒ니 어늬 미야디
병에 드러 이시며
이제는 엇더 ᄒ엿
ᄂ뇨 일년이 마츰
왓거늘 드러가 고치
라는 ᄒ엿거니와 일
년이 고친 후에도 수
이 됴치 아니 ᄒ거든
김흥니마를 ᄃ려
다가 ᄌ조 고쳐 수이
됴케 ᄒ여라 무
ᄉ히 고쳐 수이 셩
케 되거든 내게 다시
긔별 말고 힝혀 수
이 됴치 아니ᄒ거든
네 친히 내게 와 ᄌ셰 긔
별ᄒ여라 불셔 됴
케 되엇거든 오디 마라

곽상에게

　망아지가 병이 들었다고 하니 어느 망아지가 병이 들었으며, 이제는 어떠한가? 일년이가 마침 왔거늘 들어가 고치라고는 말하였거니와 일년이가 고친 후에도 **빨리** 좋아지지 아니 하거든 김흥니마를 데려다가 자주 고쳐 **빨리** 좋아지게 하여라. 무사히 고쳐 **빨리** 성하게 되거든 내게 다시 기별하지 말고 혹시 **빨리** 좋아지지 않거든 네가 직접 나에게 와서 자세하게 기별하여라. 벌써 좋게 되었거든 오지 마라.

효종 9년(1652)
해남 윤씨 댁 윤인미가 노비 애순에게 발급한 배자

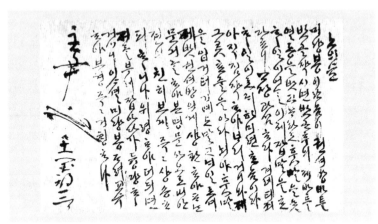

A Baeja document given from Yun In-mi of the Haenam Yun House to a Nobi servant named Aesun around 1652

해남 윤씨 종택, 19.8×31cm

이 문서는 효종 9년(1652) 윤인미(尹仁美, 1607~1674)가 노비 애순(愛順)에게 토지매매와 관련한 일을 위임한 한글 배자로 전남 해남 윤씨 종택(윤형식)에서 소장하고 있다.

미량봉이 권 서방과 밭을 바꾸어 놓고서, 그 밭을 팔려고 하니 윤인미가 미량봉을 괘씸하게 여기고 애순에게 시비를 가리는 일을 시킨 배자이다. 즉, 미량봉은 권 서방에게 확인 문서를 작성하게 하여 분쟁을 막으려고 하고 있다. 상전인 윤인미의 서압이 있으며, 발급 날짜는 '壬閏初三日'로 되어 있다. 배자에 나타난 서압과 애순의 생존 연대를 통해 상전이 '윤인미'임을 알 수 있다. '壬閏初三日'은 "임진년 윤달 3일"로 "1652년 윤달이 든 3일"이다. 조선시대 사민들은 매매 행위에 직접 나서는 것을 꺼려했기 때문에 전답의 매매, 소송의 진행, 각종 청원서의 제출 등의 일은 가노에게 일종의 위임장인 배자를 주어

매매 행위를 대행하게 하였다. 노비의 이름으로 이루어진 매매행위
의 실제적인 주체는 대부분 사민이었다. 해남 윤씨 댁의 노비 매매명
문 가운데 숙종 3(1677)년 사노 억금이 노 천웅(天雄) 1구(口)를 윤 생원
댁 노 애순에게 방매하면서 작성한 명문이 있는데 이때의 노애순이
배자의 애순과 동일 인물임을 확인할 수 있다.

노 이순

미량봉이란 놈이 권셔방 바틀
밧글 쟉시면 밧근 후의 제 바틀
열 동을 밧고 프라도 훗말을 못
홀 일이어늘 이제 잡말을 혼
다호니 ᄀ장 과심ᄒ다 겨레 티죄
홀 일이로ᄃᆡ 하 미련혼 놈이라
아직 짐쟉ᄒ야 ᄇ리거니와 제
그릇혼 줄을 아라뇌야 훗말
을 입거터기예도 말고 늬일로셔
게밧 권셔방의게 샹환ᄒ야 프는
문긔를 ᄒ야 본 명문 아오로 내 안
전의 친히 보게 즉즉 샹송ᄒ
되 홀나나 위령ᄒ야 더듸면
져를 부러 잡아다가 듕댱홀
거시니 이 ᄉ셜 미량봉ᄃ려 교슈
ᄒ야 브경 즉즉 거힝ᄒ라

主 尹 (서압)

壬閏 初三日

노비 애순

미량봉이란 사람이 권 서방 밭을 바꾸었을 것이면 바꾼 후에 제 밭을 열 동을 받고 팔아도 뒷말을 못할 일이거늘 이제 잡말을 한다 하니 매우 괘씸하다. 이번 기회에 죄로 다스릴 일이로되, 하도 미련한 놈이라 아직 짐작하여 버리거니와 제 그릇된 줄을 알아 놓아야 다시 뒷말을 입 밖에도 내지 말고 내일 제 밭을 권 서방에게 상환하여 파는 문기를 만들어 본 명문을 아울러 내 안전에 친히 보게 곧바로 상송하되, 하루라도 명을 어겨서 지체하면 저를 불러 잡아다가 무거운 벌을 내릴 것이니 이 말을 미량봉에게 가르쳐서(알려서) 가볍지 않게 곧 거행하라.

필주 윤(尹) 서압

임윤(1650년 전후) 초3일

숙종 12년(1686) 해남 윤씨 댁 윤이구의 부인 연안 이씨가 노비 일삼에게 발급한 배자

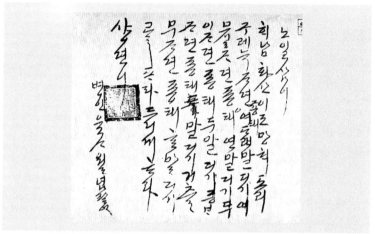

A Baeja document created in Byeongin-year, to be given from the wife(from the Yeonan Yi House) of Yun Ih-gu of the Haenam Yun House, to a Nobi servant named Ilsam

해남 윤씨 종택, 26.5×28.5cm

이 자료는 해남 윤씨 종택(윤형식)에 소장된 배자로 윤이구(尹爾久, 1607~1674)의 부인 연안 이씨(延安李氏, 1631~1705)가 노비 일삼이에게 토지 매매에 대한 권한을 위임하는 내용이다. 상전이 토지, 노비, 가옥 등의 매매임무를 노비 일삼에게 지시한 것이다. '배자(牌旨)'는 '배지', '패자(牌子, 비ᄌ)'라고도 하는데 배자를 받은 노비는 상전의 뜻을 받들어 원매인을 찾아 매매명문(문기)을 작성하여 배지와 구문기를 함께 매수인에게 인도하고 매물가를 받아 상전에게 바친다.

연안 이씨는 노비 일삼이에게 해남 화산 이도 망해도리에 있는 전답 매매 권한을 위임하였다. 매매 대상의 땅은 구레 늑자전 종태 8마지기, 여므실자전 종태 6마지기, 두이자전 종태 2마지기, 등배자전 종태 2마지기, 거츨무 자전 종태 1마지기이다. 이 자료는 기두어가 생략되었으며, 서명 부분에는 "샹뎐 니" 아래에 [尹爾久妻李氏]라고 새겨진 인문이 그려져 있어 이 문서의 발급자를 알 수 있다. 이렇듯 조선조 여성들은 착명이나 수압을 하지 않고 인문(印文)을 사용하였다.

노 일삼이

히남 화산 이도 망히도리
구레늑ᄌ뎐 °종태 여듧 말디기 여
므실 ᄌ뎐 종태 연 말디기 두
이ᄌ 뎐 종태 두 말디기 종ᄇ
ᄌ뎐 종태 두 말디기 거츌
무ᄌ 뎐 종태 흔 말디기
룰 ᄑ라 드리게 ᄒ라

샹뎐니 [尹爾久書堂印, 尹爾久妻李氏]

병인 을ᄉ월 넘 팔일

노비 일삼이

해남 화산 2도 망해원(望海員) 구레늑자 밭 종태 여덟 마지기 여무실자 밭 종태 여섯 마지기 두이자 밭 종태 두 마지기 종바자 밭 종태 두 마지기 거츨무자 밭 종태 한 마지기를 팔아 드리게 하라.

상전 이 [尹爾久書堂印 尹爾久妻李氏]

병인(1686)년 을사월 28일

☆☆☆☆☆

숙종 18년(1692)
은진 송씨 댁 송규렴이 소작노 기축에게 발급한 배자

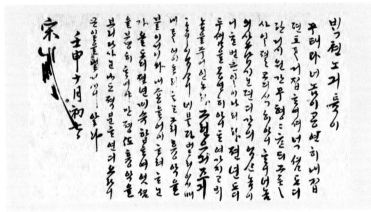

A Baeja document created in Imshin-year and given from Song Gyu-ryeom of the Eunjin Song House to a tenant Nobi servant named Gichuk

경기도 박물관, 33×46cm

이 자료는 숙종 18(1692)년 제월당 송규렴(宋奎濂, 1630~1709)이 소작노 기축이에게 발급한 배자로 은진 송씨 댁 선조 유묵집인 『선찰』 9~10 에 실려 있다. 송규렴이 숙종 15(1689)년에 관직에서 물러나 고향인 충남 회덕에서 지내던 1692년에 노비에게 발급한 것으로 추정된다. 송규렴은 숙종 3(1677)년 집의 시절 신병으로 사직했다가 다시 복직하고 우암 송시열, 동춘당 송준길의 신원을 주장하다가 파직을 당했다. 숙종 6(1680)년 경신환국으로 서인이 집권하자 재기용되었고 숙종 15(1689)년 서인이 몰락하자 낙향하여 학문을 닦다가 숙종 20(1694)년 다시 정국이 바뀌자 동지중추부사 등을 지내고, 숙종 25(1699)년 기로 소에 들어갔다. 학문이 뛰어나 송시열과 송준길과 함께 삼송이라 불 렸으며 회덕 미호서원에 배향되었다.

이 배자는 충남 회덕에 사는 송규렴이 백천에 기거하는 노비 '기축'에게 집안 전답을 독점하여 농사를 관리하면서도 도지를 제때 내지 않았으니 지난해 미수분과 금년 도지를 함께 바치라고 한 일종의 경고문이다. "젼년 도디 두 셤을 공연히 아니 ᄒ여 가지고 빈놈을 주어 인노라"라는 내용을 보면 '기축'이 중간 마름의 역할을 하고 있었던 것으로 추정된다. 특히 이 문서 마지막에 제월당 송규렴의 '착성(着姓)'인 '宋'과 그 아래 '착서(着署)'인 서압을 하여 공문서로서 위엄과 형식을 갖추고 있다. 마치 관부문서의 착관 형식으로 작성한 배자 문서이다. 거짓 문서를 꾸며 상전의 전답을 차지하고 도조를 충실히 납공하지 않는 외거 노비를 꾸짖고, 앞으로 계속 흉악을 부리면 가만두지 않겠다는 경고의 내용을 담고 있어 당시 사회상의 일면을 엿볼 수 있다.

원문

원문 ⇩

빅쳔 노 긔튝이

무태라 너 놈이 공연히 내 집
뎐토를 거집ᄒ여셔 넉 셤 도디
란 거시 원간 무형형ᄒᄃᆡ 그를
사 일졀 고디식히 아니 ᄒ니 너 놈
의 사오납기ᄂᆞᆫ 뎐디간의 업ᄉᆞᆫ 놈이
니 ᄒᆞᆫ 번 큰일이 나리라 젼년 도디
두 셤을 공연히 아니 ᄒ여가지고 빈
놈을 주어 인노라 그런 으긔즈긔
ᄒᆞᆫ 일이 업ᄉᆞ니 네 블과 벌리 이시매
내룰 어이ᄒᆞ리 ᄒ고 그리 흉악을
블이거니와 내죵을 어이 ᄒ려 ᄒᄂᆞᆫ

가 올 도디 젼년 미슈 합ᄒ여 엿셤
을 브경히 ᄒ여야만졍 ᄯᅩ 흉악을
브리다가ᄂᆞᆫ 나도 젹분ᄒᆞ연 디 오라니
큰일을 낼 거시니 알라

壬申 十月 初七日
宋 手決

현대어

백천 노 기축이에게

다름이 아니라 네 놈이 공연히 내 집 논밭을 차지하고 넉 섬 도지란 것이
워낙 미미한데도, 그것(전답)을 가지고 일절 곧이곧대로 [도지를] 바치지
않으니 네 놈이 나쁘기로는 천지간에 없는 놈이니 한 번 큰일 나리라. 전년에
도지 두 섬을 공연히 아니 바치고 [그 땅을] 노비 놈에게 주었노라. 그런
도리에 안 맞는 일이 없으니 네 어찌할 수 없어 다스린다한들 나를 어이하리
하고 그리 흉악을 부리거니와 나중에는 어이하려 하는가. 올 도지(賭地)는
전년에 거두지 못한 것을 합하여 여섯 섬을 불경히(가볍지 않게) 하여야지,
또 흉악을 부리다가는 나도 분한 마음이 쌓인 지 오래되었으니 큰일을 낼
것이니 그리 알라.

임신(1692)년 10월 초7일

송 (수결)

철종 5년(1854)
조 병사 댁 상전이 노비 억쇠에게 발급한 배자

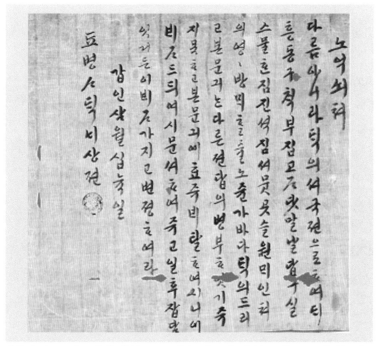

A Baeja document created in Gabin-year and given from the Jo House Byeongsa Residence's master to a Nobi servant named Eokswe

남권희 교수, 43×32cm

이 배자는 『문헌과 해석』 11호에 실린 홍은진(2000)의 논문에 소개한 자료이다. 두 건의 문서 가운데 전자는 상전이 노비에게 발급한 배자로 철종 5(1854)년 3월에 작성한 것이고 후자는 철종 5(1854)년 6월에 작성한 것이다.

그 가운데 3월에 작성한 문서는 적색 테이프로 보정하여 배면이 붉게 보인다. 이 배자의 "일후 잡답잇거든 이 빗즈 가지고 변경ᄒ여라"는 차후 계약 위반 조치로 매매명문의 양식이 뒤섞여 있다.

노 억쇠 쳐

다름아니라 틱의셔 국젼으로 ᄒ여 틱
홍동 구칰부집 고ᄌ 닷말날 답 구실
스물 흔짐 진 셕짐 셔뭇 곳슬 원ᄆ인쳐
의 영영 방ᄆ홀 쥴노 쥰가 바다 틱의 드리
고 본 문긔ᄂ 다른 견답의 병부ᄒ엿기 쥬
지 못ᄒ고 본 문긔예 효쥬 비탈ᄒ여시니
이 비ᄌ 드틔여 시 문셔ᄒ여 쥬고 일후 잡담
잇거든 이 비ᄌ 가지고 변경ᄒ여라

갑인 삼월 십뉵일

됴 병ᄉ 틱 니 상젼 (인장)

노 억쇠에게

다름 아니라 댁에서 국전을 하여 대홍동 구책부의 집을 고자 답 5두락,
구실 21짐을 진답 3짐 3속을 원매인에게 영영 방매하기로 하여 정한 값으로
받아 댁에 드리고 본 문서에 효주로 재산의 첨삭을 하였으니 이 배자에 따라
이것을 문서를 만들어 주고 일후에 잡말이 있거든 이 배자 가지고 바로잡아라.

갑인(1854)년 3월 16일

조 병사 댁 내 상전 (인장)

고종 12년(1875)
노비 방매를 위해 상전이 남돌에게 발급한 배자

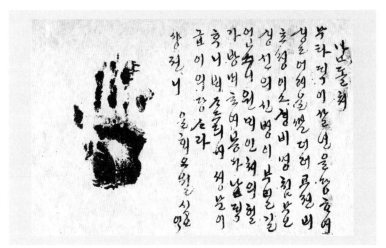

A Baeja document created in Eulhae-year and given from the master to Nam Dol, for a Nobi servant trade

이 문서는 상전이 흉년을 당하자 생계가 어려워 데리고 있던 노비를 방매하기 위해 몸종의 남편인 남돌에게 발급한 배자이다. 영남대학교 중앙도서관에 소장되어 있다.

고종 12(1875)년 작성된 것으로 추정되는데 하인인 '남돌'에게 발급한 것으로 상전의 몸종인 교전비 초정이의 소생인 노비 '명첨'을 방매하기 위해 작성한 배자이다. 명첨이는 무오생이므로 약 17세의 처녀이며, "내 몸으로 부릴 길 없으니 구매하려 하는 사람에게 헐한 값으로 방매(放賣)하여 봉가(捧價)를 집에 받치기"를 바란다는 것과 대신 노비를 팔아 문기를 작성하여 바치라는 내용이다. 수결 대신 사용하는 수장이 아닌 오른 손바닥 도장을 찍은 것이 특기할 만하다.

이 문서는 배자 형식이지만 자매명문에 가깝고 배자와 명문의 양식이

섞여있는 것을 알 수 있다.

원 문   원문 ⇩

남돌 쳐

무타 되이 살년을 당ᄒ여
싱도 어려울 쓴더러 교젼븨
초졍이 소싱비 명첨 무오
싱 신의 신병이 부릴 길
업소니 원ᄆᆡ인 쳐의 헐
가 방ᄆᆡᄒ여 봉가 납되
후니 비즈 드릐여 셩문이
급 이의당ᄉ라

샹젼 니 을히 오월 십오

상전 이 (수도장)

현 대 어   현대어 ⇩

  남돌에게
  다름이 아니라 흉년을 당하여 살아가기가 어려울뿐더러 교전비(轎前婢,
몸종) 초정이 소생의 노비 명첨[이는] 무오생[으로] 내 몸으로 부릴 길 없으
니 사고자 하는 사람에게 헐한 값으로 방매하여 받은 돈은 집에 바친 후에,
배자에 의거하여 명문을 만들어 드리는 것이 마땅한 일이라.

을해(1875)년 5월 15일

상전 이(손도장)

6
고목

현종 14년(1673) 이사원 등이 해남 윤씨 댁에 올린 고목

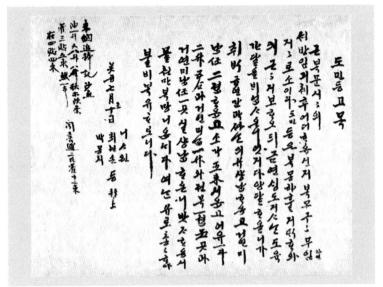

A Gomok document submitted in Gyechuk-year by Yi Sa-weon and others to the Haenam Yun House

해남 윤씨 종택, 33×37cm

이 자료는 전남 해남의 해남 윤씨 어은종택(윤형식)의 고문서로 상전에게 이사원·최천손·박몽치 등이 해산물 등을 상납하면서 올린 고목이다. 필사 연대는 정확하게 소급할 수 없으나 병자호란을 거친 이후의 현종 14(1673)년으로 추정되며 수취인도 '서방님'이라고 지칭하였을 뿐, 미상이다.

이사원·최천손·박몽치 등은 '도민'이라 칭하여 섬에 사는 사람들로 추정된다. 이들의 신분은 외거 노비나 전호일 가능성이 많아 해남

윤선도가에서 소유한 '맹골도' 등지의 어장을 관리하던 노비로 여겨
진다. 따라서 이 고목의 발송인 세 사람과 수취인 사이의 관계를 알
수 없을 뿐만 아니라, 세 사람이 상납한 해산물 따위의 성격도 알
수가 없다. 이 고목은 서두의 투식적인 인사말. 금년 역시 섬이나
육지나 똑같이 살 길이 막막하다는 것. 상납공 물종과 수량. 끝맺는
인사말. 추신 형태의 미납추봉기(未納追捧記)로 구성되어 있다. 상납공
물종과 수량의 내역을 살펴보면, 미역(甘藿)은 정해진 수량대로 상납
하며, 작년도 미납 조 2접, 소각 5속, 어유 1말 2되 5홉, 작년도 미납
조 1되, 전복 1접 5곶, 작년도 미납 조 1곶 등도 모두 납공한다고
하였다.

원문

원문

도민 등 고목

근복문 시시의
셔방임 긔체후 어더ㅎ옵신지 복모구국 무임하셩
지지로소이다 도민 등은 복몽하홀지퇴ㅎ와
근근지보ㅎ오듸 금연 싱도거스는 도육
간달을 빌 업스온니 엇지 다 안달ㅎ올니가
취빅 금연 감곽따는 의슈샹납ㅎ옵고 거연 미
납쏘 二졉ㅎ옵고 소각 五束 니옵고 어유 一斗
二升 五合과 거연 미닙 一升와 젼복 一졉 五곳과
거연 미납쏘 一곳실 샹납ㅎ온니 밧주ㅎ옵시
믈 쳔만복망니옵너다 여는 슈로총총ㅎ야
불비복유ㅎ로니다

癸丑 七月 초十日 니ㅅ원 최천손 박몽치등 拜上

未納追奉記 沙魚
油 一升 又 八升 秋等頭條
藿 三貼 五束 鰒一串
在 四貼 四束
開喜通 二片 藿 十二束

현대어

도민 등 고목

서방님 기체 후 어떠하신지 삼가 간절히 사모하는 마음을 억누를 길이 없습니다. 섬사람들은 돌보아 주신 은택으로 근근이 살아가니 금년 살아가는 방법은 섬과 육지 간을 왕래할 방도가 없사오니 어찌 다 안달을 하지 않겠습니까? 취백 금년 미역 일은 일정한 수대로 바치고 지난해 미납조로 2접과 소각 5속 서고 어유 1두 2되 5합과 지난해 미납한 1되와 전복 1접 5곳과 지난해 미납조 1곳을 상납하오니 받으심을 천만 번 엎드려 바라옵니다. 여기는 물길이 바빠 삼가 생각하건대 여러 가지 미흡합니다.

계축(1673)년 7월 초10일 이사원
최천손 등 배상
박몽치

미납한 것을 추가로 봉상하는 물목
상어기름 1되, 또 8되, 지난 가을 세금조로 미역 3접 5뭇, 전복 1관에 해당하는 4접 4뭇, 문어포 2날, 미역 12뭇

순조 26년(1826)
의성 김씨 천전파 댁 하인 황소가 상전에게 올린 고목

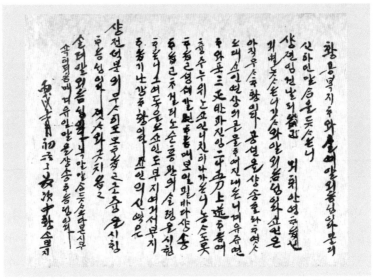

A Gomok document submitted in Byeongsul-year by a servant named Hwang So at the Euiseong Kim House 'Cheonjeon-pa' Descendants Residence, to his master

의성 김씨 천전파 종택, 25×50cm

이 자료는 경북안동의 의성 김씨 천전(내앞)파 종택(김명균)의 고문서로서 순조 26(1826)년 노비 황소가 상전에게 발급한 고목이다.

한글 편지인 '상서'의 양식과 섞여 있는 것을 볼 수 있다. 상전에게 대두법(擡頭法)을 사용하여 예의를 갖추고 상전의 진갑날을 축하하는 인사와 함께 공선(貢善)으로 포 3필 반과 깨 2말 5되를 상송하였으며 충주에 사는 상전의 누이가 농사도 못 지어 가련하므로 포 한 필 받아 상송한다는 내용이다. 또한 순흥관에 사령의 신역까지 담당하기 어렵다고 호소하며, 앞으로 군중(軍中)에 신역을 시행할 것이라는 소식을 담은 있다.

황공복지ᄒ와 슬예 알외옵닝이다 불리

신 하인 말ᄉᆞᆷ을 듯ᄉᆞ온니

[擡]샹젼임 진날 되옵고 긔후 안영ᄒᆞ옵신

긔별 듯ᄉᆞ온니 깃ᄉᆞ와 알외옵닝이라 쇼인은

아직 무ᄉᆞᄒ황이다 공션을 샹송ᄒᆞᆫ다 ᄒᆞ엿ᄉᆞ

오대 쇼인 연상의 골물ᄒᆞ여 진내온니 계유 주변

ᄒᆞ와 포 三疋 반과 진임 二斗五刀 上送ᄒᆞ옵며

츙주 누위ᄂᆞᆫ 쇼인니 친히 나가본니 농ᄉᆞ도 못

ᄒᆞ옵고 셩셰 갈현ᄒᆞ옵매 포 일필 바다 샹송

ᄒᆞ옵고 ᄎᆞ 결픠ᄂᆞᆫ 순흥관의 슬령을 시힝

ᄒᆞ온니 그 여독을 오 쇼인도 부지 여긔셔 부지

ᄒᆞ옵기 난감ᄒᆞ황이다 쇼인의 신역은

[擡]샹젼 덕분의 무ᄉᆞ히 도모ᄒᆞ옵고 군즁을 시힝

ᄒᆞ옵닝이다 졋ᄉᆞ와 그치옵고

슬펴 알의옵닝이다 녹말 말ᄉᆞᆷ 듯ᄉᆞ오다 본시 부

속히 되옵매 겨유 일말을 샹송ᄒᆞ옵닝이다

丙戌 십일월 초육일 發次中 황소 복지

황공하여 땅에 엎드려 사뢰옵니다. 부리시는 하인 말씀을 들으니 상전님 진갑날 되어 기체후 안녕하시다는 기별을 들으니 기뻐서 아룁니다. 소인은 아직 무사합니다. 공선(貢善)을 상송한다 했는데 소인 계속 골몰하여 지내니 겨우 주위를 살펴 포 3필 반과 깨 2말 5되 상송하오며, 충주 누이는 소인이

2부 사인문서   195

직접 가 보니 농사도 못 하고 성세 가련함에 포 한 필 받아 상송하고 다음 모레는 순흥관에 사령을 시행하니 그 여독을 소인도 부지하니 여기서 버티기 난감합니다. 소인의 신역은 상전 덕분에 무사히 도모하였고, 군중(軍中)의 일을 시행합니다. 두려워 이만 그치옵고 살펴 아룁니다. 녹말 [보내라는] 말씀 듣고 부족하여 겨우 1말을 상송하옵니다.

병술(1826)년 11월 초6일 차중을 보내며 황소 땅에 엎드려

☆☆☆☆☆

철종 11년(1860) 유완국이 상전에게 올린 고목

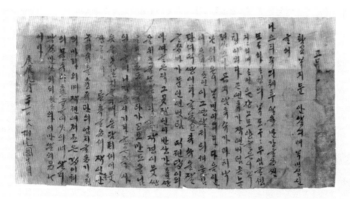

A Gomok document submitted in Gyeongshin-year by Yu Wan-guk to his master

개인 소장, 24.4×47cm

이 자료는 개인이 소장한 것으로 유완국이 답주에게 경외 전답의 추수 공납에 관한 사실을 고해바치는 내용이다. 도지를 담당하고 있는 작인 유완국이 성명을 갖추고 있는 것을 보면 노비나 하인 신분층이 아니라 몰락 양반이나 혹은 양인의 신분으로 사음(舍音: 마름)으로 주인댁 전장 관리를 맡고 있는 것으로 추정된다. "근년 가을 추수량은 작년부터 좀 붙었으나 곤지암 추수는 기대 밖에 되니 엎드려 민망합니다"라고 하여 곤지암의 전답 추수가 부실하였음을 아뢰며, 하층인만 아니라 몰락 양반들도 소작 작인으로 섞여 있어서 중간 도지들이 불평을 하고 또 하인들에게 강제로 이작을 시키는 등 농장 관리의 문제점을 지적하고 있다. 따라서 말을 잘 듣지 않는 작인 가운데 "괴수를 충주관에 고하여 엄하게 다스려 주기를 이 몸이 바라오며"라고 하여 전주에게 강경하게 대처해 달라고 부탁하고 있다. 이 고목은 조선 후기 농장 경영의 실태를 읽을 수 있는 중요한 자료이다. 무인 (1818)년에 유완국 소유의 땅을 주인댁에서 사들여 이 고목을 쓴 철종

11(1860)년까지 약 42년간 유완국이 상전 댁의 마름 일을 맡아 전장을 관리해 준 것이다. 도지와 소작 제도의 현실적인 문제를 읽을 수 있고 격간법과 대두법을 활용한 언간의 형식으로 작성되어 있다.

원 문   원문 ⇩

고목 □□

황공복지 문 [隔]안 알외며 복미심신
ㅎ의
[擡]나으리쥬 긔체후 일슈 만강ㅎ옵씬
모릭와 ㅎ셩의 복모구구 무임ㅎ셩
지지외며 소인은 장노 모양ㅎ온니 복
힝이외다 근연 츄가 작연버덤 좀 불
려쓰오나 곤지암 츄수가 과히 낙
ㄷㅣ이 되온니 복민이외다 다음 안
이오라 소인이 그 쌍 살 듸의 셔울 김
판셔듹 쌍이라 ㅎ옵고 츄슈을 잘
ㅎ옵짜가 문인연벗텀 [隔]듹 뎐답이 되
야 짜ㅎ은직 그곳 작인이 반상간 소인 쌍
을 위ㅎㅎᄂ 말니라 ㅎ고 작경이 뭇쌍
ㅎ면 죠됴 씨을 타가고도 만도을 님
의 쥰ㅎ며 니작을 시기라 ㅎ온 즉 사
음을 못 살기 ㅎ오며 음담 틱셔 이뭇
쌍ㅎ오니 [隔]통쵹ㅎ옵셔 죽인°를 (난)
놈 괴슈을 츙쥬관의 엄치ㅎ옵기 ㅎ졍
의 바라외며 작젼 여지 조은 갑이 쳐의

몰슈이 츌급ᄒ여ᄊᆞ의며 알외
말ᄊᆞᆷ 만ᄊᆞ의되 졋소와 이만 알외옵ᄂ
이다

庚申 九月 二十一日 小人 柳完國 告目

고목

황공하여 엎드려 문안 아뢰며 늘 마음 놓지 못합니다. 나리님 기체후 일수
만강하신지 몰라 소인은 어르신을 삼가 간절히 사모하는 마음을 억누를 길
이 없습니다. 소인은 늙은이 모양이니 복행입니다. 근년 가을 추수 양은 작년
부터 좀 불렸으나 곤지암 추수는 과히 기대에 미치지 못하니 엎드려 민망합
니다. 다름 아니오라 소인이 그 땅을 살 때에 서울 김 판서 댁의 땅이라
하옵고 추수를 잘 하다가 무인년부터 댁의 전답이 되어 [그] 땅은 즉 그곳에
작인이 반상간[에 섞여 있어서] 소인의 땅을 위협하고 비난하는 말이라 하고
작경 2뭇 상납하면 도지로 종자를 받아 가고도 만도(晚稻)를 마음대로 기준
으로 정하여 이작을 시키라고 한즉 사음을 못 살게 하며, 음담 태서답 2뭇을
상납하오니 통촉하옵소서. 작인[가운데] 앞잡이를 충주관에 엄하게 다스리
게 하기를 이 몸이 바라오며 나머지 돈은 좋은 값을 낼 곳에 몽땅 물건을
내어 주시며 아뢰올 말씀 많으나 두려워 이만 아뢰옵니다.

경신(1860)년 9월 21일 소인 유완국 고목

고종 15년(1878) 정학진이 상전에게 올린 고목

A Gomok document submitted in Muin-year by Jeong Hak-jin to a Jinsa figure

개인 소장, 23.8×27.8cm

이 자료는 개인 소장의 자료로 고종 15(1878)년 정학진이 상전에게
올린 고목이다.

일상적인 안부의 내용을 담고 있으며 고목의 양식적인 면이나 내용에
있어서 비교적 정제되어 있다. 한자 투식어가 많이 보이는 점으로
미루어 보아 정학진은 하천인이 아니라 양인 혹은 중인이나 몰락한
양반일 가능성이 높다.

원문 원문

황공복지 문[移]
안하ᄉ로며 복셔심ᄎ시의
진ᄉ쥬 긔체후 일향만안 복° 모구구 무임하
셩지지 小人 복몽하휼지틱으로 모모무양 ᄒ오며[移]

복퇴 문[隔]안 역위 강영ᄒ옵시오니 복
힝 만만이오며 취복빅여믈이 하거하
와 자상이 답품을 ᄒ와셔 삼돌이와 상의
ᄒ여 결쳐ᄒ옵고 협지녹상ᄒ오니
하감ᄒ옵시기 바라오며 ᄂᄂ
진ᄉ쥬 긔체후 만안지의로 젼ᄎ 고과ᄉ라

무닌 이월 이십일 小人 정학진 고목

　황공하여 엎드려 우러러 문안 아뢰며 요즈음 안부를 잘 알지 못하여 마음
이 놓이지 않은 때에 진사님 기체후 일향 만안하신지 엎드려 삼가 간절히
사모하는 마음이 간절하고 그리워하는 마음이 지극하여 견딜 수 없어 소인
아랫사람을 보살펴 주는 은혜의 덕택으로 건강하고 근심이 없으며 복과 혜
택으로 문안 사뢰며 또한 강녕(康寧)시니 복행이 가득하고 넉넉하오며 여쭈
고자 하는 말이 매우 많지만 자상하게 답을 내리셔서 삼돌이와 상의하여
결정하여 처리하고자 편지 쪽지 올리오니 살펴주시기 바라며 내내 진사님
기체후 아주 평안하시기로 또 고해 올리는 일입니다.

　무인(1878)년 2월 20일 소인 정학진 고목

고종 16년(1879) 의성 김씨 댁 산지기가 올린 고목

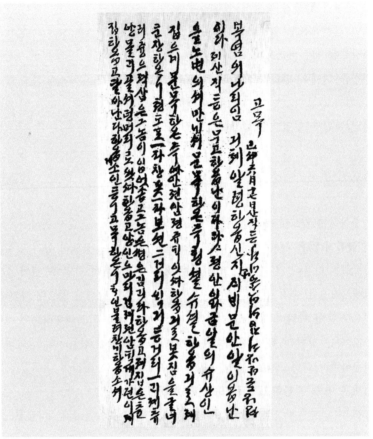

A Gomok document submitted in Gimyo-year by the mountain [family graveyard] guardian
serving the Euiseong Kim House

의성 김씨 천전파 종택, 30×12cm

이 자료는 의성 김씨 천전파 종택(김명균)에서 나온 한글 편지글 가운
데 하나로, 고종 16(1879)년 산지기가 주인댁에게 발급한 고목이다.
발신자가 하인인 산지기임에도 불구하고 '山直段隱'에서처럼 이두 표기를 사용하고 있는 점으로 보아 한글은 물론이거니와 한자와 이두도 알고 있는 듯하다.

상전이 도둑을 맞아 산지기를 의심하여 정소하였기 때문에 누명을 쓴 것을 억울하게 생각한 산지기가 직접 도둑질한 김가를 추적한 것을 보고한 고목이다.

도둑놈 김가가 예안 정주 댁에 머물고 있다는 소문을 듣고 산지기가 직접 찾아가 훔쳐간 봇짐과 분실했던 물건을 찾았다. 그러나 이미 김가는 금제 댁 계집종과 함께 달아나고 없었다는 내용이다. 일종의 추노 이야기로 달아난 하인 김가를 찾기 위해 몇 사람을 길거리에 풀어 조사해 보았으나 별 효과가 없어 달아난 김가의 처를 찾아가서 김가의 거처를 물어보면서 김가가 남겨둔 봇짐을 풀어 보니 소지품에 는 "청도포 1좌, 창옷 1좌, 버선 2거리, 어깨 등거리 1개"가 있었다. 그런데 산지기 자신의 '추리중의 적삼'옷은 그놈이 입고 가 버렸다. 성이 김가라는 하인의 계집은 춘양 몰개골 서정머리로 왔다고 하며, 양인(良人)의 말에 따르면 김가라는 놈은 금제 전남 댁에서 계집을 얻어 달아났다고 한다. 이러한 사정을 상전에게 고목으로 보고하면 서 그 김가를 불러들여 달라고 한다. 또 길을 나선 자신은 "성문을 나선 동안 망쇠집에" 있었다고 전한다. 짧은 한 편의 고목이지만 서사 구조를 갖춘 흥미로운 자료이다.

원문

원문 ⇩

고목

己卯 六月十七日 산직등
복염의 나리임 [隔]긔체 알령하옵신 지 직비 문안 알이옵난
이다 졔 산직등은 무고하옵난이다 하소경안이 와 금일의 슈 삼인

을 노변의서 만닉셔 문목하온즉 횡셜슈셜 하옵긔로 제
집으계 문목하온 즉 예안 전암 경쥬틱 잇짜 하옵긔로 봇짐을 글너
문장하온니 청도포 一좌 창옷 一좌 보션 二거리 익긔둥거리 一기
제 츄
리즁으 적삼은 그 놈이 입엇숩고 그 놈은 썽은 김긔라 하옵고 제 집은 춘
양 몰긔골셔 덩머리로 왓짜 하옵고 양인으 마리 검졔 전암틱게 가
던이 제
집하옵고 달아난다하옵게 소인등니 고목하온니 ᄒ인 불려 창닉하옵소셔
[逆]셩 난 동안 망쇠집의 잇숩난이다

현 대 어   현대어

고목

기묘(1879)년 6월 17일 산지기가

무더운 여름 날씨에 나리님 기체 안녕하신지 재배 문안 아뢰옵나이다.
여러 산지기는 무고하옵나이다. [본인과 무관한] 정소장이 [저에게] 와 오늘
수삼 인을 길거리에서 만나서 수소문한즉 횡셜수설하기로 김가네 계집에게
수소문해 보니, 즉 예안 전남 정주 댁에 있다고 하기로 봇짐을 끌러 살펴보니
청도포 1좌, 창옷 1좌, 버선 2켤레, 어깨 등거리 1개였습니다. 제가 추리하건
데 적삼은 그놈이 입었고, 그놈은 성이 김가라 하고, 계집은 춘양 몰개골
서정머리로 왔다 하옵고, 두 사람의 말이 금제 전남 댁에 가더니 계집하고
달아났다 하기로 소인 등이 고목하오니, 하인 불러 잡아오라고 하옵소서.
성을 나선 동안 망쇠 집에 있겠습니다.

☆☆☆☆☆

7
유서·상서

효종 2년(1651) 해월헌 황여일의 숙부인 완산 이씨의 유서

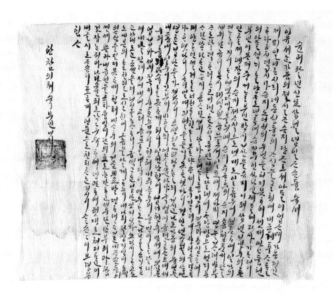

A Yuseo will of Haeweolheon Hwang Yeo-il's wife Wansan Yi, created in the 8th year
of the Sunchi era

한국국학진흥원, 50×52cm

1980년 7월 24일 「문학과 언어연구회」 학술자료 답사팀이 한글로
성안된 유서(遺書)와 소지(所志) 각각 1매를 경북 울진군 기성면 사동
433번지 황의석(黃義錫) 댁에서 발굴하였다. 이 유서와 소지는 조선조
효종 대에 해월헌 황여일(黃汝一, 1556~1622)의 재취인 숙부인 완산
이씨가 대종의 계후자(繼後者) 문제로 야기된 적서간의 종사 갈등 문
제를 해결하기 위해 후손들에게 남긴 유서이다. 현재 이 자료는 한국
국학진흥원에서 위탁 관리되고 있다.

순티 팔년 신묘 삼월 념일 ᄌᆞ손 듕 유셔

이 유셔ᄂᆞᆫ 가옹의 젼실 ᄌᆞ 승지 당ᄌᆞ로셔 아ᄃᆞᆯ이 업ᄉᆞ매
가옹 겨신 제 ᄆᆡ일 니ᄅᆞ시ᄃᆡ 네 동ᄉᆡᆼ 듕의 ᄌᆞ식을 ᄀᆞᆯ희여 대종 계후ᄌᆞᄅᆞᆯ ᄒᆞ라 ᄒᆞ시던 거시나 승지도 어버의 유서을 허디 못ᄒᆞ여 셋재 아ᄋᆞ 듕헌의 아ᄃᆞᆯ 셕ᄂᆡᄅᆞᆯ 양ᄌᆞ로 뎡ᄒᆞ여 승지 부인 사라신 제 ᄃᆞᆯ여다가 기ᄅᆞ더니 부인이 몬져 죽거ᄂᆞᆯ 부인 박시 거상을 승지 니펴 삼년 디낸 후의 혼인ᄒᆞᆯ 제 녜장의 승지 제 ᄌᆞ식으로 녯대로 일홈 두어 셩혼ᄒᆞ여 일가의 며ᄂᆞ리지이 ᄃᆞᆯ여 잇다가 블의예 승지 주근 후의 승지 죵쳡 분개 아ᄃᆞᆯ 셔위란 놈이 본시 패역읫 놈으로셔 일됴애 제 아븨 명을 거ᄉᆞ려 반부ᄌᆞ로 탈적ᄒᆞ려 ᄒᆞ고 미련ᄒᆞᆫ ᄌᆞ식 듕민이ᄅᆞᆯ 달래여 ᄎᆞ당방으로 션ᄃᆡ 봉ᄉᆞ란 아ᄋᆞ라ᄒᆞ고 승지 봉ᄉᆞ란 셔위 달라 ᄒᆞ여ᄂᆞᆯ 듕민이 셔우과 동심ᄒᆞ여 ᄆᆡ양 ᄒᆞ던 셜계ᄅᆞᆯ 너희ᄃᆞᆯ힌ᄃᆞᆯ 모ᄅᆞ랴 손셰 조우딘ᄃᆞ려 내 샹언을 뎡ᄒᆞ라 ᄒᆞ엿다니 ᄉᆞ이 멀매 긔별을 듣디 못ᄒᆞ엿다니 경인년 ᄉᆞ월의 샹언 뎡ᄒᆞᆫ 닙안을 가져 와시니 조션의도 의탁ᄒᆞᆯ ᄃᆡ 겨시고 나도 가옹의 유언을 내죵내 일우니 깃브미 비ᄒᆞᆯ ᄃᆡ 업ᄉᆞᆯ ᄲᅮᆫ 아냐 국법이 금뎐 ᄀᆞᆫᄌᆞ오매 셔우의 흉긔 하슈ᄅᆞᆯ 못ᄒᆞ게 되니 일언 당힝이 업서 쳔츄 만셰예 의심은 업거니와 셔위 지극키 흉ᄒᆞᆫ 놈이나 힝여 내 주근 후의 듕민이ᄅᆞᆯ 달래여 내 말인 톄 지어내여 고텨 흉모ᄅᆞᆯ 낼 쟉이면 우ᄒᆞ로ᄂᆞᆫ 나라ᄒᆞᆯ 소기ᄋᆞᆸ고 아래로ᄂᆞᆫ 조션을 더러이올 ᄃᆞᆺᄒᆞ니 금셕ᄀᆞ튼 닙안 잇거니와 ᄯᅩ 다시 ᄒᆞ고 도로 내 본의ᄅᆞᆯ 친필로 실히여 그놈을 알게 ᄒᆞ노니 내 나히 팔십지인이 됴셕의 ᄉᆞᄉᆡᆼ을 믿디 못ᄒᆞ매 힝혀 내 ᄉᆞ후의 거ᄌᆞᆫ 위조 발뎡ᄒᆞ려 ᄒᆞ거ᄃᆞᆫ 내 ᄌᆞ손 듕의
션셰 ᄠᅳᆮ과 내 유서을 조차 듕민이란 ᄇᆡ효로 논단ᄒᆞ고 셔우란 반부죄과 항것 잡ᄂᆞᆫ 죄과 나라 소긴 죄로 각각 구유ᄒᆞ여 뎡관ᄒᆞ여 졋대로 쳐티ᄒᆞ고 이

내 글시로 주손이 표호게 언문으로 친히 호는 거시니 자자손손이 브경봉
힝수

황참의 쳐 슉부인 니시 (인장)

순치 8(1651)년 신묘 3월 20일 자손 중 유서

이 유서는 가옹의 전실 자식인 승지가 맏아들로서 아들이 없으므로 가옹
이 계실 때 매일 말씀하시되 네 명의 동생 중에 자식을 택해서 대종계(大宗
系) 후자를 삼으라고 하신 것이나, 승지도 아버님의 유서를 헐지 못하여 셋째
아우 중헌의 아들 석래를 양자로 정하여 승지 부인 살아계실 때 데려다가
길렀는데 박씨 부인이 먼저 죽거늘 부인 박씨 거상을 승지가 [석래에게]
상복을 입혀 삼 년 지낸 후에 [석래가] 혼인할 때 예장(禮帳)에 승지가 제
자식으로 예법대로 이름을 두어 성혼하여 한 집에서 며느리를 데리고 살다
가 불의에 승지가 죽은 후에 승지의 종첩 분개의 아들 석우라는 놈이 본래
패역한 놈으로 하루아침에 제 아버님의 명을 거역하여 반부자로 탈적하려
하고 미련한 자식 중민이를 달래어 둘째 아들이 맏이를 잇는 방법으로 선대
봉제사는 아우(중민)가 맡고 승지의 봉제사는 석우가 달라고 하거늘 중민이
가 석우와 동심하여 [봉제사 권한]을 이양(移讓)하려던 흉계를 너희들인들
모르랴? 손서 조우진에게 내 상언을 정소(呈所)하라 하였더니 거리(사이)가
멀어서 기별을 듣지 못하였다[고 하였다]. 경인년 사월에 상언 정소한 입안
(立案)을 가져왔으니 조상에게도 의탁할 데 계시고 나도 가옹의 유서를(그
뜻을) 마침내 이루니 기쁨이 비할 데 없을 뿐 아니라 국법이 금전과 같으므로
석우의 흉기한 많은 수를 못하게 되니 이런 다행이 없어 천추만세에 의심할
일이 없거니와 석우는 지극히 흉한 놈이니, 행여 내 죽은 후에 중민이를

달래어 내가 [한] 말인체 지어내어 고쳐(다시금) 흉모를 낼 적이면 위로는 나라를 속이고 아래로는 선조를 더럽힐 듯하니 금석같은 입안 있지만 또 다시 성문하고 도리어 내 본뜻을 친필로 써서 그놈에게 알게 하노니 내 나이 팔십이 다된 사람이 아침저녁에 생사를 믿지 못하므로 행여 내 죽은 후에 거짓 위조로 정소를 하려거든 내 자손 중에 선세 뜻과 내 유서에 따라 중민이는 배효로 논단하고 석우는 반부죄와 상전 잡는 죄와 나라 속인 죄로 각각 문서를 갖추어 정관하여 죄대로 처치하고자 이 내 글씨로 자손들에게 표가 나도록 언문으로 친히 쓴 것이니 자자손손이 잘 받들어 행할 일이라.

황 참의 처 숙부인 이씨 (인장)

1905년
의원 배만준이 전주 유씨 정재 종택 유연박에게 보낸 상서

A Sangseo letter sent from medical practitioner Bae Man-jun in the Eulsa-year to a person named Yu Yeon-bak of the Jeonju Yu House's Jeongje Residence

전주 유씨 안동 수곡파 정재 종택, 25×24cm

이 자료는 전주 유씨 안동 수곡파 정재 종택(유성호)에서 나온 편지로 한국학중앙연구원에 소장되어 있다. 편지의 발신자는 배만준이라는 의원으로 1905년 12월 15일에 수신자인 유연박(1844~1925)에게 쓴 것이다.

배만준은 유연박(柳淵博)의 부친인 유지호(柳止鎬, 1825~1904)가 죽은 상중에 조제한 약과 함께 이 편지를 보냈다. 한문 어투가 많이 나타나는 것으로 보아 중인 계급인 배만준이 상당한 식자층이었음을 짐작할 수 있다. 글씨체도 세련되어 있어 한글이 중요한 소통 수단이었음을 알 수 있다.

진ᄉ임쥬 젼 샹셔

비옵신 지 슈월의[移]
[壺]이좌 기체후 일향만안 ᄒ옵신지 앙소구구 무
림ᄒ셩지지오며 시싱은 아직 무고이 지ᄂᆡ노
니 복ᄒᆡᆼ이외다 졔ᄉ시의 시싱이 츌타ᄒ옵
다가 올나가 무지 못ᄒ온이 죄송ᄒ옵기 측양
업ᄉ오며 약 十 쳡을 졔송ᄒ여 샹송ᄒ온니
고납ᄒ시고 약가은 四兩이오니 금시 편의 ᄒ송
ᄒ옵기을 쳔만 복츅이외다 여은 불비 복
유

乙巳 十二月 十五─ 시싱 비만쥰 샹셔

진사님 앞에 올리는 글

뵈 온 지 수월(數月)에 상중(喪中)에 기체후(氣體候) 일향만안(一享萬安)하신지 우러러 그리는 마음 가이 없사오며, 시생(侍生)은 아직 아무 탈없이 지내오니 복행(伏幸)입니다. 제사 때에 제가 출타(出他)하였다가 올라가 모시지 못했사오니 죄송하옵기 측양 없사오며 약 10첩(帖)을 조제하여 보내오니 받아 주시옵고 약 값은 4냥이오니 금시 편에 내려 보내 주시옵기를 바라옵니다. 나머지는 (예를) 갖추지 못하였사옵니다. 엎드려 헤아리옵니다.

을사(1905)년 12월 15일 시생 배만준 상서

⇧⇧⇧⇧⇧

8
완의

1907년
나주 임씨 창계 후손가에서 상하 계원에게 발급한 완의

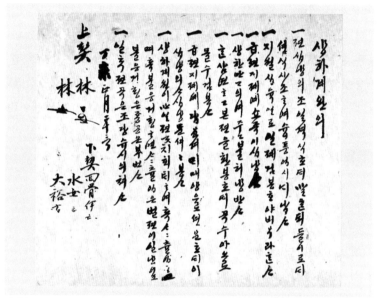

A Waneui document of agreement issued in Jeongmi-year from the Naju Im House's
Changgye Descendants Residence to the senior and junior members of the Gye community

임형택 교수, 32.5×39.4cm

이 자료는 나주 회진에 세거한 나주 임씨 창계 후손 임형택 교수
소장본이다. 1907년 1월 23일에 발급한 것으로 발급자는 계수이고
수급자는 상하 계원이다. 완의는 일종의 합의문의 성격을 띠며 조선
후기 가문과 종족을 중시하던 종중의 친목 도모와 함께 대소사를
논의하기 위해 결성된 계를 중심으로 종계 전답을 마련하여 소출이나

현금을 계원에게 빌려주는 등의 일처리에 사용되었다. 이러한 문중 계는 다시 동계로 발전하게 되었다. 조선후기 농촌 사회의 동과 리는 지방행정의 말단 단위이지만 백성들의 일상생활과 밀접한 자율적인 공간이었다. 농촌의 농경 생활을 영위하기 위한 치수, 치산, 공동 노동, 치안 등의 공공의 일뿐만 아니라 혼례나 상례와 제례와 같은 개인 생활의 협업을 위해서는 자율적이고 자치적인 질서가 필요했다. 그러나 재지 기반이 든든한 문벌 집안이 아닌 경우에는 단일 씨족 집단에서 다양한 씨족 집단으로 확장되고 또 사회신분 체재가 동일하지 않은 혼성 부락으로 변화할 수밖에 없었다. 그러나 문벌 집안인 경우 반상에 따른 향촌 부락이 거리를 두고 인접하여 형성되기도 하였다. 상계는 사민층을, 하계는 하민층을 중심으로 구성된 부락계이다.

상하 계 완의

一 젼 십 냥의 조 일 셕식 ᄒᆞ딕 말 흔 되들이로 딕
셤 식 사조ᄒᆞ여 슝풍업시 ᄂᆡ납 ᄉᆞ
一 지월 십육일로 일졔 검봉ᄒᆞ야 비무라흔 ᄉᆞ
一 급젼 지졔예 쇼죽 이십 냥 ᄉᆞ
一 샹한만ㄱ 의여 주고 불허 냥반 ᄉᆞ
一 흔 삼년 ᄒᆞ고 본젼을 환봉호딕 곡수 아오로
몰수 검봉 ᄉᆞ
一 급젼 지졔예 답문셔 민매양으로 션문호딕 이
십 냥의 ᄉᆞ십 냥 문셔 셔봉 ᄉᆞ
一 샹하 계원이 만일 젼곳치 회퇴ᄒᆞ여 혹 ᄉᆞᄉᆞ 출입ᄒᆞ
여 혹 불응 거힝ᄒᆞ면 ᄉᆞᄉᆞ 출입은 벌젼이 일 냥으로

불응 거힝은 종공논부번 ㅅ
一 일후 젼곡은 조당슈시의 쳐 ㅅ

丁未 正月 二十三日

上契 林 수결
林 수결
下契 回骨伊 수결
水女 수결
大裕 수결

현 대 어

현대어

상하 계 완의

— 돈 10냥에 조 1석씩 하되 말 한 되짜리로 5섬씩 개인별 납부하여 흉년이
나 풍년이나 구분 없이 납부할 일.

— 이달 16일까지 일제히 검봉하여 의무를 지킬 일.

— 급전 [빌려 쓰고 원금과 이자를 상황하지 않고] 지체하면 소죽(미상)
20냥 [납부 할] 일.

— 상환만기에 나에게 주고 양반에게는 불허할 일.

— 한 삼 년 [빌려 쓰고] 본전을 도로 바치고 곡수 아울러 수량으로 검봉할
일.

— 급전 [빌려 쓰고 원금과 이자를 상황하지 않고] 지체하면 전답문서를
매매명문으로 문서를 작성하여 20냥에 40냥 문서를 작성하여 제출할 일.

— 상하 계원이 만일 전과 같이 회피하고 태만하게 하여 혹 사사롭게 금전
출납을 하여 혹 불응하여 거행하면 [안 되며] 사사롭게 금전 출납을 하면

벌전이 1냥으로 [하며] 불응거행하면 공론에 따라 결정할 일.
― 일후 전곡은 때에 따라 관리할 일.

정미(1907)년 1월 23일

상계 임 (수결)

임 (수결)

하계 회골이 (수결)

수여 (수결)

대유 (수결)

9
통문·발기

병오(1846 혹은 1906)년
반수 이두헌이 신 생원 댁에 보낸 사통

A Satong, private correspondence sent from Bansu Yi Du-heon to the Shin Saengweon Residence in Byeongo-year

개인 소장, 24×7.3cm

이 사통문은 개인 소장의 자료로 병인년에 동의 사무로 동수(洞首) 이두헌이 신 생원 댁에 보내는 사적인 통문이다.

동리의 우두머리인 동수가 개인별로 보낸 한글 사통문으로는 유일한 자료이다. 조선 후기 향리에 새로 관원이 도임하면 동민들이 신임 관원을 위해 돈을 모아 주는 것이 관행이었는데 이에 대해 못마땅하게 생각하지만 몹시 애걸하여 돈을 모을 수밖에 없으며 또 "동의 업무

로 절박하다 하니 (돈을) 바치면 엄치하는 뒤탈이 (없으며) 부대로 상을
줄 것"이니 돈을 거출하자는 내용이다.

신 싱원 틱

동무젼 사통

우 문위통유사단 취타사연안이라 들은 즉
요시 모탕슈젼도 안이 헐듸요 쏘한 신치가 상
관인듸 ᄌᆞ하로 슈젼을 달라 헌니 구궐 소위
하면 만만 가통이라 쏘 가셔 말하거든 그 근쳐 동
무로 졀박ᄒᆞ여 밧치면 엄치 후탈 부상헐
거신니 청염거힝 헐사 사통

丙午 元月 十八日 (직인)
班首 李斗憲 (인)

신 생원 댁

동의 사무 일로 전달하는 개인 통문

이 통문을 하는 일은 다른 사람들의 사연을 취합한 안(案)이라. 들어본
즉 요사이 탕감하기 위해 거두는 돈(募蕩收錢)도 아니 없애고 또한 새로 부임

한 자가 상관인데 자기 아래로부터 돈을 거두어 달라고 하니 구걸하는 행위를 하면 점차 고통이 더하니라. 또 가서 말하거든 그 근처 동의 업무로 절박하다 하여 [돈을] 바치면 엄치(嚴治)하는 뒤탈이 생기지 않을 것이니 청렴하게 거행할 일. 개인 통문.

병오(1846 혹은 1906)년 1월 18일 (직인)

반수 이두헌 (인)

연대 미상의 조전발기

A list of people to be assisted in their funerals, and the amount of money allocated to them
(year unknown, a catalogue of the types and number of items)
이정옥 교수, 22.6×186cm

이 「됴젼발기」는 이정옥 교수가 소장하고 있는 대형 문서이다. 특히
이 자료는 조선조 사민층의 상례나 제사에 참여할 사람에게 필요한
경비를 보조해 주던 당시의 풍속을 이해하는 데 매우 중요한 자료이다.
궁중의 의궤에 나타나는 각종 발기나 사민층의 「대전 안동 권씨 유회
당종가 댁 신년 하인 음식 발기」 등과는 달리 독특하고 희귀한 자료이
다. 사민들이 4대 봉제사와 불천위 제사나 시제나 묘제를 비롯한 문중
제사 등에 일일이 참사하기 어려웠던 탓에 봉사조나 윤회봉사조를
정하여 제사의 궐석이나 혹은 불기하지 않도록 하였다. 이는 북방
변방의 임지에 있는 제주가 참사를 위해 길을 떠나기 전에 미리 「됴젼
(弔錢)발기」를 띄워서 제사에 참사하는 가족들의 거마비를 책정하여
보낸 것이다. 이 발기의 발급자는 평안도 지역에 출사해 있는 동생이
고 수급자는 서울에 사는 제주인 형님이다. 이 조전발기는 서울에
사는 제주인 형님을 돕기 위해 기일 이전에 제사에 조문하는 사람들
에게 '조전', 곧 상가에 찾아가는 데 필요한 경비를 보조해 줄 대상자
명단과 그 금액을 기록한 문서로 「조전발기(됴젼발긔)」와 함께 이와

연대 미상의 조전발기

A list of people to be assisted in their funerals, and the amount of money allocated to them
(year unknown, a catalogue of the types and number of items)

이정옥 교수, 22.6×186cm

관련된 한글 편지로 구성되어 있다.

원 문   원문

됴젼발긔

빵계딕 닷 냥

복동딕 석 냥

[擡]두분 셔방딕 두 냥

본딕 안방 닷 냥

본딕 아리방 닷 냥

거느방 녁 냥

[擡]도령 두 냥

진스딕 녁 냥

[擡]아기 흔 냥

셔되 두 냥

니되 두 냥

[擡]아기 흔 냥

박되 두 냥

쇼실 두 냥

[擡]권집등 두 냥

박진스 형뎨 두 냥

초도령등 두 냥

효개아기 흔 냥

예가 밧긔구는 원영보

다 나아도 속은 셩쳔만

도 못ᄒ니 당ᄒ야 갈는

지 뇨젼발긔룰 이리 내

엿ᄉ 그리로 다 보내여는

셔울노 도로 왕ᄂ의 폐 될

거시니 셔울노 보낼 거시

니 수되로 츠자 무명 명

지룰 샤셔 옷시 되게 ᄒ

읍 삼월 졔ᄉ 젼

ᄉ당 뫼소면 큰아ᄌ마님 겨

오셔는 오실 것이오 증샹

모ᄌ 와두 가마만 오고 그

외는 ᄉ월 오월노 극열

젼 ᄎᄎ 의논ᄒ여 노량으

로 [隔]형님긔는 낫ᄎ로 다

말ᄉᆷᄒᆫ 일이옵 머지 아니

니 별노 대단치 힝이 업ᄉ

되 불가불홀 거슨뇨젼
을 가지고 영통ᄒ여 ᄒ시
고 부죡ᄒ거든 몬져 오시
ᄂ 힝츠의ᄂ 긔별ᄒ시
ᄂ대로 두어 둘뇨젼을
몬져 츄이ᄒ여 보내드리
이다 죵들을 ᄹ로 뇨 다라
줄 것 업ᄉ오ᄃ 돈 셕 냥
보내오니 돈돈식 ᄂ화 주
지 말고 힝츠의 ᄹ라 올
것들 몸 덤플 것 업ᄂ
거슬 긴흔ᄃ로 ᄒ여 주시
게ᄒ옵 먼ᄃ 긔구 잇ᄂ고
을 아니 니ᄂ러은 옷 셜아 닙
고 오기ᄂ 냥반이라도 그리
ᄒ량으로 ᄒ게습이 압히
ᄎᄎ다 올젹 가마가 각기 업
ᄉ니 그거시 어렵습 복셩
동과 박셔방집 보셩이
ᄂ 진ᄉᄂ 효개아희
뇨젼은 게셔 분파홀 거
시기 이번 브미옵 효긔아
희 거슨모화 두엇다가 무
ᄉ옷 가지ᄅᄒ여 보내면
됴케습

조전발기

쌍계 댁 5냥

복동 댁 3냥

두분 서방 댁 2냥

본댁 안방 5냥

본댁 아랫방 5냥

건너방 4냥

도령 2냥

진사 댁 4냥

아기 1냥

서씨 댁 2냥

이씨 댁 2냥

아기 1냥

박씨 댁 2냥

소실 2냥

권집등 2냥

박진사 형제 2냥

초도령등 2냥

효개아기 1냥

예(도지 수곡의 제도)가 바뀌고는 '원영'보다 나아도 속은 '성천'만도 [도지 수입이] 못하니 [기제일을] 당하여 갈는지 [몰라서] 길을 가기 전 발기를 이렇게 내었습니다. 그리로 다 보내면 서울로 왕래하는 데 도리어 폐가 될 것이니 서울로 보낼 것이니 수대로 찾아서 무명과 명주를 사서 옷이 되게 하시오.

　삼월 제사를 앞두고. 사당에 [신주를] 모시면 큰 댁 형수님께서는 오실 것이오. 증상 모자가 와도 가마로만 오고 그 외에는 4월 5월로 매우 덥기 전에 차차 의논하여 [올] 요량으로 [압니다.] 형님께서는 낱낱이 상세하게 다 말씀한 일이옵니다. 멀지 아니 하니 별로 대단한 행사가 없으되 불가불한 것은 조전을 가지고 융통하여 쓰시고 부족하거든 먼저 오시는 행차에는 기별하시는 대로 두어 달 조전을 먼저 추이하여 보내드리겠습니다. 종들은 따로 조전을 보태어 줄 것 없으니 돈 3냥만 보내오니 따로 따로 나누어 주지 말고 [종들의] 행차에 따라 올 것들에게 몸 덮을 것 없는 것은 긴요한 대로 처리하여 주시게 하소서, 먼 데 기고(忌故)가 있는 곳을 아니 이르러서는 옷을 빨아 입고 오기는 양반이라도 그렇게 하량(下諒)으로 하겠습니다. 이곳에 차차로 모두 다 오시면 가마가 각각 없으니 그것이 어렵습니다. 복성동과 박 서방집 보성이네 진사네 효개 아이의 노전은 거기서 분파할 것이기에 이번뿐입니다. 효개 아이 것은 모아 두었다가 무슨 옷가지를 만들어 보내면 좋겠습니다.

☆☆☆☆☆

한글 고문서를 통해 본 조선 사람들의 삶

1. 한글 고문서란

찬란했던 조선조의 기록 문화는 단연 한문 글쓰기가 그 중심을 이루었다. 세종대왕께서 훈민정음을 창제한 이후에도 공공 언어로서 한글 글쓰기에는 많은 제약이 따랐다. 그러나 한문을 모르는 백성들의 일상생활에서는 한문보다 한글을 사용하기가 간편했기 때문에 조선 후기(16세기 이후)에 들어와서는 궁중은 물론이거니와 여항에 이르기까지 한글이 널리 확산되었다.

문자 기록물은 시간과 공간을 초월하여 지식정보 전달뿐만 아니라 개인의 의견이나 생각과 판단을 보존하거나 전달하기 위해서 사용되었다. 그 다양하고 많은 한글(한자나 이두를 포함하는) 기록 자료 가운데 한글 고문서란 어떻게 정의될 수 있을까?

한글 고문서는 주로 종이(한지)로 기록한 자료이며, 표현 문자에 따라 '한문, 한문+이두, 구결, 향찰, 한글, 한글+이두, 한글+한자, 한글+한자+외래어 한글 표기' 등으로 기록된 자료이다. 고문서는 표기 문자를 기준으로 하여 '한문 고문서'와 '이두 고문서', '한글 고문서'로 분류할 수 있으며, 통상 이두로 작성된 고문서를 한문 고문서에 포함시키면 '한문 고문서'와 '한글 고문서'로 크게 둘로 구분할 수 있다.

문서를 작성하는 데 사용된 문자 차이만으로 한글 고문서와 한문 고문서를 따로 분류해야 할 필요가 있는 것일까? 지금까지 한문 고문서는 여러 학자들과 연구기관에서 매우 정교하게 분류하고 디지털아카이브로 구축하여 자료를 제공하고 있다. 그러나 수적으로 한문 고문서에 비해 영성한 한글 고문서는 한문 고문서의 일부로 여겨 별도의 분류를 시도하지 않았다. 상대적으로 한글 고문서는 한문 고문서에 비해 관리나 수집, 정리 전반에 걸쳐 소홀하게 취급한 것 또한 사실이다. 정부의 각급 박물관에도 한글 자료를 전담하는 전공자 인력이 거의 없어 한글 전적이나 고문서를 효율적으로 관리하는 온전한

시스템이 갖추어지지 않았기 때문에 한글 자료는 관리의 손길이 미치지 않고 있다.

한문 고문서와 한글 고문서의 개념은 엄격하게 분리할 필요가 있다. 예를 들어 한문 '유서'와 한글 '유서'가 다르듯이 '고목'과 '단자', '배자'가 한문 고문서와 한글 고문서, 역시 서로 다른 개념으로 규정될 수 있다.

한문 고문서와 한글 고문서는 문자적 기준뿐만 아니라 문서 양식이나 내용에 있어서도 현격한 차이가 있다. 한글 소지 문서의 경우 문서의 격식에서 벗어나 한글 언간의 형식으로 변모한 경우도 있다. 그러니까 한글 고문서의 독자적인 문서 양식적 특징이 명확하지 않다. 한글 문서가 여항에 어떻게 확산되었는지, 그 문서 양식이 시대의 변화에 따라 어떤 변화를 겪었는지 또한 연구되지 않고 있다. 더 큰 문제는 한문 자료에 비해 한글 고문서를 경시하여 벽을 바르거나 폐지로 없애 버림으로써 귀중한 한글 문화유산 자료가 엄청나게 소멸되었다.

한글 고문서는 단순히 한문 고문서의 일부로만 처리할 수 없다. 따라서 한글 고문서학은 별도의 학문 영역으로 수립되어야 한다. 그러기 위해서 한글 고문서 자료는 별도로 수집 정리하여 디지털 자료로 관리해야 할 것이다. 특히 한글박물관을 건립한 이후에 한글 판본 자료와 함께 한글 고문서와 기록물을 정밀하게 수집하고 분류 보관해 나가야 할 것이다.

고문서는 공공성을 띠기 때문에 반드시 일정한 규범적인 양식을 갖추고 있으며, 서사의 제약이 있는 기록물이다. 양식을 갖추지 않은, 개인이 쓴 일회성 기록물이 비록 어떤 효력을 가진 것이라고 하더라도 문서라고 할 수는 없다. 따라서 문서와 기록은 구분할 필요가 있다. 문서란 타동적인 힘이 미치지만 기록물은 특정의 수급자를 전제하지 않은 일기나, 치부, 각종 안과 같이 타동적인 힘이 미치지 않을 뿐만 아니라 공공성 역시 매우 취약하다. 박병호(2006: 2)는 "문서는 사람이 어떤 기호로써 의사 표시를 하여 상대방에게 전달한 것을 말하며, 고문서라 함은 문서가 그 사명을 다하여 과거의 것으로 된 것이다. 기록은 후일의 증거로 하고 또는 비망을 위하여 어떤 사실을 필사하여 보존한 것으로 일기나 등록 및 각종 안을 말한다"라고 규정하면서 고문서의 범주에 '기록물'은 제외되어야 한다[1]고 판단하고 있으나 한글 고문서의 경우에는 기록물을 고문서의 범주에서 제외시키더라도 자료로서 함께 다룰 필요가 있다. 따라서 본고에서는 협의의 개념으로서 한글 고문서에 기록물이 제외되지만 광의의 개념으로서 한글 고문서는 전통적인 개념의 고문서와 기록물을 포함시켜 논의할 수도 있다.

고문서의 발급자(발급처)와 수급자(수급처)의 기준은 고문서를 규정하는 매우 중요한 요건이다. 발급자나 수급자가 개인이거나 또는 집단일 수도 있으며, 발급자와 수급자가 동일인일 수도 있기 때문에 문서의 성격을 규명하는데 이 요건을 충분히 고려할 필요가 있다.

일본의 고문서학 이론을 근거로 한 김동욱(1972: 2)은 "고문서에 있어서는 학자들이 그 작성 및 효력에 있어서 '타동적 힘'이라는 것을 제일 요건으로 삼았다. 그 타동적인 힘이라 함은 그것이 반드시 대상을 요구하고 이 문서에 표현된 것이 어떤 작용을 미치는 공적인 성질을 가지고 있다는 뜻이다. 즉 고문서는 이 타동적인 성질을 갖추고 있는 문서이다. 이수건(2006: 9)도 문서의 '타동적인 힘'을 고문서 범주를 정하는 기준으로 삼고 있으나 관부문서에 초점을 둔 관점이라고 할 수 있다. 홍윤표(2006)는 "주체(발급 주체)와 객체(수급자)가 존재해야 하고 그 사이에 '관계성이 내재'되어야 한다"[2]는 요건을 제시하였

---

1) 박병호, 「고문서 연구의 현황과 과제」, 『고문서연구의 현황과 과제』, 경북대학교 영남문화연구원, 2006.

다. '타동적인 힘'이라는 기준 대신 '관계성 내재'라는 기준은 한글 고문서의 폭을 확장시킬 수 있는 근거가 될 수 있다. 구체적인 수급자가 없는 '행장, 일기' 등과 같은 기록물을 한글 고문서의 범주에 포함시키기 위해서는 '관계성 내재'라는 근거가 유효할 수 있다.

문서의 통용 기간의 문제는 임의적일 수밖에 없다. 문서의 시효성이 끝난 시점으로 잡는다거나 연구자의 임의에 따라 그 하한 시점을 정하기도 한다. 정구복(2002: 5)은 "한국에서 고문서는 1910년까지 작성된 문서를 말한다"라고 하한 시기를 한정해 두고 있다.[3] 또 박병호(2006: 2)도 "대한제국 시대 이전 즉, 주로 19세기까지로 한정하는 것"이 타당하다고 규정하고 있다.[4] 그러나 홍윤표(2006)는 한글 고문서는 그 양이나 종류 면에서 자료의 숫자가 적기 때문에 한글 표기성의 특수성을 고려하여 고문서로서의 시대적 상한선을 현대까지로 확장하였다.[5] 위에서 제기한 시효가 끝난 문서라는 관점에서는 현재에도 고문서는 지속적으로 생성되고 있다고 볼 수 있기 때문에 고문서의 하한 시기를 긋기란 쉽지 않다. 그런 면에서 한글 고문서의 시대적 하한선 문제는 홍윤표의 견해와 같이 상당히 융통성 있게 설정할 필요가 있다.

홍윤표(2006)는 "성책되지 않은 고문헌 이외의 필사 기록으로 사료적 가치가 있는 모든 문서"라는 기준은 고문서의 범주를 좀 더 개방하고 통용 시점은 자료의 성격에 따라 유동적으로 해야 할 것이라는 견해이다. 그런데 가문별로 유전되어 오던 수적을 장첩으로나 문서철로 보관한 사례들이 많이 있기 때문에 성책된 자료를 결코 고문서

---

2) 홍윤표, 「한국 고문서의 연구 현황과 과제」, 『영남학』 제10호, 경북대학교 영남문화연구원, 2008.
3) 정구복, 『고문서와 양반사회』, 일조각, 2002, 5쪽.
4) 박병호, 앞의 글, 2쪽.
5) 홍윤표, 「어문생활사」, 『세계 속의 한글』, 박이정, 2008.

의 범주에서 배제할 수 없다. 예를 들면 한글로 작성된 유일한 완문이 성책으로 되어있으나 이를 고문서에서 제외할 수 없는 일이다. 가문 별로 널리 유통된 필사 세계(世系)나 한글 언간, 고소설, 내방가사와 같은 자료는 성책이나 장첩된 자료 속에 고문서 기록물들이 많이 들어 있기 때문에 고문서에서 제외해서는 안 된다. 상당한 분량의 성책된 한글 언간이나 한글 가사집 안에 실린 고문서 자료가 매우 많기 때문에 성책이라는 기준이 고문서의 범주를 판단하는 절대적인 기준은 아니다. 한국학중앙연구원의 「왕실도서관 장서각 아카이브」 에서는 '성책고문서'를 별도의 항으로 처리하고 있는 점은 이러한 점을 고려한 분류 방식이다.

고문서학에서 '고문서'와 '고기록물'은 문서의 요건과 관련하여 엄 격하게 분리되어야 할 개념이지만 본고에서는 기록 문자가 한글이고 한지나 기타 재료에 쓴 자료인 '한글 고문서'와 '한글 기록물'을 포괄 하여 광의의 개념으로 '한글 고문서'로 명명해 둔다. 이 문제는 여러 이론이 제기될 수 있지만 한글 고문서의 폭이 너무나 좁기 때문에 보다 광범위한 한글 표기 자료를 통합하기 위한 방편임을 밝혀 둔다.

한글 고문서는 특정한 목적으로 다른 사람에게 전달하거나 혹은 개인의 기억을 뛰어넘기 위해 기록한 공적인 자료로 발급자와 수급자 가 존재해야 하고 그 사이에 관계성이 내재되어 있어야 한다. 그리고 이미 그 관계성의 효력이 다한 한글로 쓴 문서를 한글 고문서라고 규정한다. 결론적으로 한글 고문서의 범주는 한문 고문서와 달리 "표 기의 중심이 한글이며, 일상생활에서 실용되었던 고문서 전반"으로 규정할 수 있다.

한글 고문서의 개념을 정의하기 위해서는 몇 가지 전제될 조건을 바탕으로 이상의 논의를 요약하면 다음과 같다.

첫째, 한글 고문서는 한글(이두, 한자 포함) 중심으로 작성된 고문서 를 말한다. 한문으로 쓴 문서는 한문 고문서라고 할 수 있지만 한글로 쓴 문서는 한글 고문서라고 할 수 있다.

둘째, 문서는 반드시 일정한 양식을 갖추어야 한다. 사회에서 통용되는 일정한 문서 양식과 공식(투식)어를 사용한 경우의 문서라고 할 수 있지만 그러한 공공성을 띤 양식을 갖추지 못한 것도 기록물이라고 할 수 있다.

셋째, 문서는 반드시 발급자와 수급자가 전제되어야 한다.

넷째, 문서의 효력이 반듯이 구비되어야 한다. 곧 발급자와 수급자 간에 '관계성이 내재'되어 있어야 한다.

다섯째, 통용된 기간이 끝난 지난 시대의 문서를 말한다.

여섯째, 고문서는 낱장으로 작성되거나 혹은 성첩된 것도 포함한다.

2. 고문서의 분류

한글 고문서로서의 요건을 갖춘 한글 고문서는 어떤 것들이 있으며, 어떻게 분류할 수 있는가? 한글 고문서는 문서에 명기된 문서 명칭이나 발급 주체나 수급자의 신분, 문서 행이 절차나 문서의 내용 등 다양한 분류의 기준이 있을 수 있으며, 그러한 기준에 따라 더욱 미세하게 하위분류할 수 있다. 지금까지의 고문서 분류 방식은 문서의 발급자(처)와 수급자(처)의 기준이나 문서 양식의 특징에 따라서나 혹은 내용에 따라 중층적으로 분류해 왔다. 시대에 따라 고문서의 종류가 다양할 뿐만 아니라 내용이나 양식적인 면에서도 시대의 흐름에 따라 혼류가 일어나고 행이 절차가 매우 복잡했기 때문에 고문서 분류는 그 기준을 아무리 정밀하게 설정하더라도 실재로 고문서 양식을 분류하는 일은 결코 쉬운 작업이 아니다. 본고에서는 보다 다양한 한글 고문서의 실증적 자료 중심으로 그 범주를 분류하였다. 한문 고문서 분류의 일부로 한글 고문서를 분류하는 방식에서 벗어나 새로운 분류 방식과 기준이 필요하기 때문이다.

고문서 분류는 지금까지 한문이나 이두로 쓴 자료를 대상으로 하여 김동욱(1972), 최승희(1981), 이수건(1997), 서울대 규장각의 「한국역사정보통합시스템 디지털아카이브」, 한국학중앙연구원의 〈왕실도서관 장서각 디지털아카이브〉에서 고문서를 '상위-중위-하위' 분류 체계로 구축하였다. 고문서의 양식을 보다 미시적으로 분류한 논의로는 전경목(2004), 김경숙(2001, 2004, 2006), 김현영(2006), 김소은(2004),[6] 김혁(2008)[7] 등이 있다. 전경목(2004)은 고문서의 분류 기준인 연대, 유형, 주제에 따라 ① 왕실 및 관료 문서, ② 민원 및 공증 관련 문서, ③ 분재 관련 문서, ④ 매매 관련 문서, ⑤ 공동체 관련 문서, ⑥ 기타 문서로 분류하였다. 그리고 고문서의 작성 주체를 기준으로 하여 ① 관부문서, ② 공문서, ③ 사인문서로 분류하였다.[8] 이해준(1991)은 고문서의 내용, 곧 민속학적 관점에서 미시적인 분류를 하였다.[9] 고문서의 사용 문자를 중심으로 분류한 예는 박성종(2004)과 백두현(2006), 이상규(2011)[10] 등이 있다. 박성종(2004)[11]은 이두 자료를 중심으로, 백두현(2006)[12]과 홍윤표(2006)는 한글로 작성된 고문서만 한정하여 그 범주를 분류하였다는 점에서 그 의의를 찾을 수 있다.

---

6) 김소은, 「16세기 매매관행과 문서 양식」, 이수건 외, 『16세기 한국 고문서 연구』, 아카넷, 2004.

7) 김혁, 『특권 문서로 본 조선사회』, 지식산업사, 2007.

8) 전경목, 「16세기 관부문서의 서식 연구」, 이수건 외, 『16세기 한국 고문서 연구』, 아카넷, 2004.

9) 이해준, 「지방 고문서의 조사·수집과 과제」, 『고문서연구』 11, 1997.

10) 이상규, 『한글 고문서 연구』, 도서출판 경진, 2011.

11) 박성종, 『조선초기 고문서 이두문 역주』, 서울대학교출판부, 2006.

12) 백두현, 『한글문헌학』(미간행본), 경북대학교, 2009.

1) 한문 고문서 분류

초창기 고문서 연구자인 김동욱(1972)은 우리나라의 고문서를 ① 국왕문서, ② 궁가문서, ③ 관민체 상국왕 문서, ④ 관 상호 수수 문서, ⑤ 관대민 문서, ⑥ 민대관 문서, ⑦ 민대민 문서, ⑧ 신(무)-불-유가문서, ⑨ 결사문서, ⑩ 외교문서, ⑪ 국말문서로 분류하였다. ①~⑦까지는 문서의 발급자와 수급자를 기준으로 한 분류였다면 ⑧~⑩까지는 문서의 주제나 내용을 기준으로 한 분류이며 ⑪은 문서 발급 시기를 중심으로 한 다면적 중층 분류 방식이다.13)

최승희(1981)는 고문서의 분류 기준으로 ① 시대, ② 발급자 신분, ③공-사 기준, ④ 문서의 내용이나 성격 등을 제시하고 있다. 또한 발급자를 중심으로 ① 국왕문서, ② 왕실문서, ③ 관부문서, ④ 사인문서로 구분하고, 그 하위분류를 수급자나 내용에 따라 중층 분류를 한 경우이다. 이러한 분류 기준을 근거로 하여 ① 국내문서, ② 국외문서로 구분하고, 국내문서는 ① 국왕문서, ② 왕실문서, ③ 관부(관리)문서, ④ 사인문서, ⑤ 사사인문서, ⑥ 서원문서, ⑦ 도관부문서, ⑧ 결사인문서, ⑨ 봉신불문서로 하위 구분을 하고 있다.14) 최승희(1981)는 고문서의 다양한 유형을 발급자와 수급자를 1차 기준으로 하고 그 내용이나 발급자와 수급자의 위계 관계에 따라 중분류를 하고 있다. 우리나라 고문서의 분류를 본격적으로 체계화한 성과라고 할 수 있다. 국왕문서나 왕실문서, 그리고 관부문서에서는 한글로 작성된 사례를 거의 찾아보기 힘들지만 조선 후기로 내려오면서 왕실문서에서 많은 한글 기록 자료를 확인할 수 있다. 특히 사인문서로는 16세기

---

13) 김동욱, 『고문서의 양식적 연구』(1)~(2), 연세대학교 인문과학연구소, 1972, 12쪽 참조.
14) 최승희, 『한국고문서연구』, 한국정신문화연구원, 1981.

이후 한글 고문서를 다량 확인할 수 있어서 앞으로 한문 고문서와 한글 고문서와의 상호 관련성에 대한 연구와 함께 문서 양식의 변형 과정을 추정할 수 있을 것이다.

한국학중앙연구원의 〈왕실도서관 장서각 디지털아카이브〉에서는 고문서를 발급자를 기준으로 하거나 혹은 문서의 내용이나, 문서의 발급 시기 등 다양한 특성을 분류 기준으로 하여 수립한 고문서 분류 체계는 아래와 같다.

① 교령류
·교지: 유서, 교서, 유지, 고신, 임명장, 홍패, 백패, 추증, 녹패, 교첩, 녹권, 하선장, 차첩, 차정첩, 절목, 훈령, 사송기, 인장

② 소차·계장류
·전문상소: 소초, 상소초
·계정사: 계문, 계목, 장계
·단자: 포폄단자, 단자
·소지류: 상서, 상언, 원정, 소지, 고소장, 소장, 소지단자, 발괄, 등장, 의송, 증거서, 청원서, 애원서, 도형, 신고서, 시청서, 신청서, 기타 소지류
·호적류: 공신세계단자, 호구단자, 준호구, 민적부, 호적, 세계, 광무 호적

③ 품목품고류
·품목: 품고

④ 첩관통보류
·관문류: 관문, 전령

·통보류: 첩보, 첩정, 정문, 해유, 서목, 수본, 보장, 보초, 고목, 첩, 감결, 망기, 군관좌목, 기타 통보류

⑤ 증빙류
·증빙류: 자문, 척문, 표문, 노문, 행장, 입안, 입지, 제사, 조흘첩, 완문, 다짐, 수표, 수기, 완의, 입의, 화해문서, 초사, 입후성문, 사통, 절목, 차용증, 보관증, 계약서, 영수증, 기타 증빙류

⑥ 명문문기류
·분재기: 분재기, 화회문서, 깃급문서, 별급문서
·명문류: 명문, 노비문서, 노비 매매명문, 자매명문, 토지문서, 토지 매매명문, 가사인문서, 가옥문서, 가사 매매문서, 가사토지 매매명문, 매몽명문, 염분문서, 곽전문서, 선척문서, 우마문서, 시장 매매명문, 전당문서, 매도증서
·배자류: 배자

⑦ 서간통고류
·통문류: 통문, 회문
·서간류: 위장, 제수단자, 혼서, 간찰, 기타 서간류

⑧ 치부기록물
·치부류: 치부류, 전답치부, 노비치부, 사성록, 문복록, 문부록, 기일록, 제기부, 시도기, 물목, 기타 치부류
·기록물: 홀기, 계회록, 집사기, 깃기, 불망기, 일기, 봉선록, 관안, 기타 기록물

⑨ 시문류
· 사부
· 시: 만사, 시
· 문: 기문, 서문, 후설, 발문, 변파문, 상량문, 제문, 고유문, 애사, 행장, 유사, 비문, 묘표, 묘문, 시권, 문

⑩ 서화류
· 서화류: 서화
· 성책고문서: 성책고문서

⑪ 근대문서
· 근대문서: 근대문서

〈왕실도서관 장서각 디지털아카이브〉에서는 ① 교령류는 발급자를 기준으로, ② 소차·계장류, ③ 품목품고류, ④ 첩관통보류, ⑤ 증명류, ⑥ 명문문서류, ⑦ 서간통보류, ⑧ 치부기록물, ⑨ 시문류, ⑩ 서화류는 고문서의 행이 절차나 용처, 내용을 기준으로, ⑪ 근대문서는 발급 시기를 기준으로 분류함으로써 전체적으로 분류 기준의 일관성이 부족하다. ⑤ 증명류나 ⑥ 명문문기류는 발급자와 수급자 중심으로 개인과 개인, 집단 합의 등의 기준으로 분류했다. 명문류 내부에서도 하위 항목의 분류 기준이 명확하지 않기도 하지만 대분류의 측면에서 증빙류도 일부 문서 간에 혼재되어 있어 분류 방식의 교차 오류가 나타난다. 예를 들어 '다짐, 수표, 수기'는 증빙류에 속하지만 '명문'을 별도로 분류함으로써 분류 방식의 교차적 오류가 있으며 '수표'와 '수기'는 문서명만 다르지 동일한 문서이다. 치부기록물 가운데 '분재기(깃기)'는 분재기에 첨부되어 있는 경우와 단순한 기록으로서의 '깃기'는 치부류로 문서 분류를 달리해야 한다.

한글 '고목'은 사인문서로 주로 사용되었다.15) 곧 발급자는 아랫사람이고 수급자는 윗사람이라는 제약이 따르기 때문에 관부에서 사용된 한문 '고목'과는 양식이나 내용이 다를 수밖에 없다. 일부 한글 고목은 '상서'나 한글 언간과 다를 바가 없이 문서 양식이나 내용이 혼재되기도 한다. '배자'도 한문 배자와 한글 배자는 차이를 보이는 문서이다. '배자'는 발급자가 사민층이고 수급자는 하민이지만 문서 사용 목적이라는 면에서 한글 '고목'과 '배자'는 매우 밀접한 관계가 있는 것이다. 그럼에도 불구하고 한문 고문서를 중심으로 '고목'은 첩관통보류로 처리하고 '배자'는 매매문서로 처리하여 교차 분류의 오류를 범하게 된다. 한글 배자는 한문 배자와 달리 매매를 의뢰하는 명문 양식에서 개인적인 소식과 안부를 묻는 한글 언간의 형식과 혼류된 모습을 보여주고 있다. 한글 고문서가 한문 고문서의 일부로 처리하는 경우 이처럼 분류 체계상 모순이 생겨날 수밖에 없는 것이다.

2) 발급자를 기준으로 한 고문서 분류

규장각 한국학연구원의 「한국역사정보통합시스템 디지털아카이브」에서의 고문서 분류는 최승희(1981)의 분류 체계에 따라 ① 국왕문서, ② 관부문서, ③ 왕실문서, ④ 사인문서로 4대 범주로 구분을 하고 그 문서 명칭에 따라 병렬적으로 나열하여 '상위-중위' 분류와 같은 중층 체계로 분류하고 있다.

---

15) 관부문서로서 한글 '고목'은 매우 희귀하다. 그러나 의성김씨 학봉파 종택 자료인 「무신(1848)년 하리 안영록이 의성 김씨 학봉파 종택 원주 현감 김진화에게 발급한 고목」(183×18cm)(한국학중앙연구원 MF35-3715_9766)이 있으나 이미 한글 언간 형식인 '상서'와 같은 양식으로 바뀌었다.

① 국왕문서

옥책문, 오공신회맹록, 교서, 비답, 윤음, 봉서, 유서, 수교, 유지, 전지, 교지·교첩·차첩, 녹패, 은사장, 치제문

② 관부문서

전문, 하문, 상소초, 차자, 계본, 계목, 초기, 계문, 장계, 서계·서계초, 시호망단자, 망단자, 포폄(동의)단자, 진상단자, 지수단자, 달문, 관, 첩정, 첩정(기타), 첩정(신식), 서목, 해유, 차첩, 물금첩, 개명첩, 납속첩 허급첩, 마첩, 감결, 전령, 훈령, 차사첩, 익호서경, 녹표, 노문, 초료, 척문, 문장, 문장서목, 고목, 품고, 방위사통, 행하, 고풍, 입안(계후), 입안(정려), 입안(토지), 입안(노비), 입안(가사), 입안(기타), 초사(토지), 초사(노비), 초사(기타), 입지, 제사, 전준, 등급, 조홀·직부첩, 첩문, 고시, 준호구·호구단자·호적표(준호구), 준호구·호구단자·호적표(호구단자), 준호구·호구단자·호적표(호적표), 준호구·호구단자·호적표(장적편), 조보, 절목, 사목, 완문

③ 왕실문서

뇌문, 전문, 영서, 영지, 휘지, 효유, 수본·계목, 도서배자, 제문

④ 사인문서

소지류(산송), 소지류(노비), 소지류(토지관계), 소지류(정려·증직 등), 소지류(서원·사우·향교), 소지류(족보), 소지류(전결세), 소지류(신역·호역), 소지류(환곡·진휼), 소지류(진상·공물), 소지류(잡역·잡세), 소지류(주인권), 소지류(관개·보), 소지류(어전), 소지류(가사), 소지류(채무), 소지류(장시), 소지류(우·마·응·호), 소지류(풍속·토색)

　　규장각 한국학연구원의 고문서 분류 체계에서는 '배자', '고목' 등

을 포함한 일상생활 자료를 제외시켜 일괄 '소지류'로 처리한 점은 상당히 문제가 있다. '사인문서'를 일괄해서 송사 관련 문서인 '소지류'만 포함시킨 것은 한문 고문서 자료를 위주로 분류한 결과이다. 한글 고문서의 분류를 전제한다면 이 분류 기준은 많은 문제점을 안고 있다고 할 수 있다.

3) 민속학적 관점에서 고문서 분류

다음으로는 민속학적 관점에서 고문서를 분류한 이해준(1991)의 분류 체계와 문제점에 대해 살펴보자. 이해준의 분류는 일상 생활사의 관점에서 매우 다양한 고문서 자료를 제시한 면에서 상당히 의의가 있는 작업이었다. 지금까지 고문서류를 가장 다양하게 체계화했다는 장점은 있지만 분류 체계상의 기준 문제는 심각하게 제기될 수 있다.[16]

① 생업과 경제
·농업: 농사력, 농가일기, 권농절목, 금양절목, 간평기, 추수기, 고역기, 감관부문서, 양안, 전답안
·거래 관행과 상공업: 명문(전답 매매문서, 노비 매매문서, 우마문서, 배자, 전당문서), 수기·수표, 상고주인문서, 여각문서, 공인문서, 공계문서, 육의전문서, 보부상문서
·어염: 선착문서, 어장문서, 염분문서, 어보

---

16) 이해준, 「생활문화와 옛문서」, 『민박학술총서』 10, 국립민속박물관, 1991.

② 의-식-주
·의생활: 의양, 물목단자, 심의 모형, 홀기, 버선본, 수본, 서간문, 옷본, 생활백과전서류, 신종록, 당사주책, 의궤, 혼구목록
·식생활: 식품재료생산서, 생활백과서류, 조리서, 주서, 향토음식서, 구황서, 민간요법·양생서
·주거 건축: 가옥도, 가좌대장, 마을도, 읍성도, 가옥문서, 중수, 중건기, 건축일기, 건축용하기

③ 평생의례
·출산의례: 태교서, 명다리
·관례: 관례홀기·축문, 관례착시물종기, 동상안
·혼례: 청혼서, 사주단자, 연길단자, 의제록송장, 예장지, 혼인택일지, 사돈지, 혼수물목, 혼례홀기, 혼구물목, 부조록
·회갑 및 회혼례: 청첩장, 수연시
·상례: 부고·부고발송기, 만사·조기문·수창록, 제문상례고사, 집사분전기, 부의록, 조객록·조위록, 장사택일지, 부사고역기, 신종록
·제례: 진설도, 기제축문, 제례홀기, 기안·기일생신첩, 집사분전기, 제수기, 시도기, 산수도·형국도

④ 신앙의례
·무속: 무경, 무신도, 무당내력, 관상도, 당사주책, 토정비결, 장사문복문서, 부적·부적책, 신청선생안, 수영문서
·동제: 동제문서, 제관록, 동제회유문, 동제홀기, 동제축문, 소지문, 제수물목기, 금고부의책, 제당창건기
·불교: 사찰지·사적기, 중창불사기록, 주지선생안·부임록, 불계안, 양안·전답안, 전장기, 모연문·권선문, 도첩

⑤ 교육
·조직과 운영자료: 절목·완의, 유안, 선생안·집강안, 고강록, 고강단
　　　　　　　　 자·괴강단자, 과지·백일장답안지, 과거채점지,
　　　　　　　　 급제교지, 선적악, 천장, 삼강천양문·표장문, 통
　　　　　　　　 문, 심원록, 학계
·연혁 및 경제자료: 상량문·중수기, 향교도·서원도, 전답안, 노비안,
　　　　　　　　 보노안, 도서목록, 전자익, 향교촌·서원촌문서,
　　　　　　　　 용하기·부역기, 원납기·별곡기
·교과서·가정교육서: 교과서, 계녀서·내훈, 가훈, 행실도, 사례편람,
　　　　　　　　 태교서, 생활백과전서류
·교육의례: 향음주례·향사례, 석전례, 서원 제향례, 진설도

⑥ 신분·사회제도
·호적: 호구단자, 준호구, 호적중초, 호적대장, 신호적, 가좌대장
·신분: 향리자료, 노비안, 노비문서
·과거: 시권, 홍패, 백패, 방목, 동방안, 연계안
·관리임용: 교지, 유지, 교첩, 유서, 녹권, 녹패·봉름패, 차첩, 망기,
　　　　　 납속첩, 공명첩
·명령 및 보고: 교서, 장계, 서계, 전최문서, 해유문서, 절목, 감결,
　　　　　　 전령, 관문, 첩정, 첩문, 서목
·민원·소송: 상소, 상언, 소지, 등장, 의송, 고음, 입안, 통문, 완문,
　　　　　 완의, 품목, 국안·공초
·부세: 면역 관련 문서, 민고절목, 군정 관련 문서, 동중 공전 분전기,
　　　 부역기, 읍지사례

⑦ 가족과 친족
·족보류: 가승, 내외보, 팔고조도, 파보, 대동보, 만성보, 향보, 족보수단

·문중자료: 문중계 규약, 문중 계안, 문임록, 중계일기, 문중완의·입의, 문중통문, 전곡출입기, 묘위답문서, 재산문서, 양자입안, 선영도
·상속자료: 분급문서, 별급문서, 분재기, 유서, 화해문서

⑧ 촌락
·촌락 조직 관련 자료: 동계·동약, 동약언해, 동중완의, 동계안, 동계치부책, 동중 전답안, 동중 공전분전기, 동계수조록, 청원계, 주현향약, 향규, 향안, 향회, 촌계, 동상례안, 오가작통기, 호포전분전기, 이임문서, 두인문서
·농업 관련 노동조직: 두레문서, 진세책, 농계류
·계조직 : 족계, 서당계, 송계, 보민계, 상두계, 상계, 식리계, 친목계

⑨ 개인생활사
·문집·년보·전기, 행장·일기·유서·간찰·평생사주·백수문

⑩ 기타
·가사·고악보·승경도·람승도·윤도·천문도·경혈도·읍지·면지·고지도·진법도·노정기·여행기·답산가·단방문

이해준(1991)의 고문서 분류 체계는 '상위-중위' 분류 체계로 되어 있으나 분류 기준의 일관성이 결여되어 있다. 대분류의 기준으로 제시된 '의, 식, 주'와 '가족과 친족'과 그리고 '개인생활사'는 상호 포함 관계를 갖고 있어 이를 계열적으로 대등분류 방식으로 제시한 것은 교차분류의 오류에 빠질 수밖에 없다. '개인생활사'와 '기타'는 중분류만 제시하고 하위분류는 하지 않은 점 등, 분류 체계상의 결함도

지적될 수 있다. 다만 매우 다양한 자료를 민속학적 관점에서 선상적으로 분류하였다는 점에서는 그 의의를 찾아 볼 수 있으나 고문서와 기록물이 뒤섞여 있을 뿐만 아니라 '생활백과서류'가 여러 중분류 체계에 들어 있으며 '유서'를 '상속 자료'에 배치한 것 등은 치명적인 오류라 할 수 있다.

4) 이두 고문서 분류

한문 고문서가 이두로 된 경우가 많다는 점에서 이두 고문서는 한문 고문서와 크게 다를 바가 없다. 그러나 고문서의 표기에 기준을 두고 이두 고문서를 별도로 분류한 것은 장점이라고 할 수 있다. 앞에서 살펴본 한문 고문서의 분류나 민속학적 분류 체계에서 한글로 기록된 고문서가 유별로 골고루 분포되어 있는 것이 아니라 특정한 생활사와 밀접한 부류에 집중적으로 나타난다. 이두로 작성된 고문서와 한글 고문서의 유별 분포가 유사하다는 점에서 그 사용자층이 한글의 확산 과정과 관련성이 있음을 알 수 있다. 곧 이예(吏隷)들이 주로 사용하였던 이두 고문서와 여성이나 하층민들이 많이 사용하였던 한글 고문서의 분포가 밀접한 연관 관계를 맺고 있다. 그런 점에서 박성종(2006)의 이두 고문서 분류 체계는 한글 고문서 분류에도 활용될 수 있는 잣대를 제공해 준다. 박성종의 이두 고문서의 분류 체계에 대해 살펴보자.[17]

① 관료 관련 문서
·고신류: 홍패, 백패, 고신교지(추증, 교첩 포함), 증시, 교지, 사패교지 등
·교령류: 교서, 유서, 유지, 전교, 봉서, 비답

---

17) 박성종, 앞의 책.

·소차장계 및 관첩 통보류: 상소, 장계, 첩정

② 민원 및 공증 관련 문서
·소지류: 소지, 상서, 단자, 원정, 의송, 등장 등
·입안류: 결송, 계후, 매매, 분재 등
·호적류: 호구단자, 준호구, 기타 호적

③ 분재 관련 문서
·허여문서
·화해문서
·별급문서
·유서 및 기타

④ 매매 관련 문서
·노비 매매문서
·토지 매매문서
·기타: 배자, 수표 등

⑤ 기타
·공동 관련 문서: 완의, 향안, 동안, 동약 등
·기타: 혼서, 제문, 시권, 사초, 사마방목 등

　박성종(2006)의 이두 고문서의 분류 방식은 '상위-중위' 분류와 같
은 2단 체계를 취하고 있으며 중위 분류를 유별로 기준을 삼고 있다.
관부문서에서 주로 나타나는 이두는 지방 향리나 서리가 주로 사용했
던 문자이기 때문에 한글 소통 층과 거의 일치할 가능성이 매우 높다.
관부문서 가운데 왕실에서 발급하는 공식 문서는 대개 한문으로 작성

되었다. 지방 관아에서 발급한 법제와 관련이 있는 고문서에는 이두로 작성된 것이 많이 있다. 관부문서 중에는 한글로 작성된 고문서는 거의 없다고 해도 과언이 아니다. 대민 창구 역할을 하였던 이예들은 한글을 이해하고 있는 사람들이 많았을 가능성이 크다.

5) 한글 고문서 분류

백두현(2006)은 처음으로 한글 자료를 중심으로 하여 한글 고문서의 체계 분류를 시도하였다. 분류 방식은 '상위-중위'로 구분한 2단 분류 체계인데 일상생활 문화의 관점에서 분류한 결과이다. ①, ⑥, ⑦은 발급자를 기준으로 ②, ③, ④, ⑤는 사용처나 문서의 내용을 기준으로 한 분류인데, 분류 기준의 일관성을 보완할 필요가 있다.[18] 그러나 한글 고문서를 중심으로 분류한 성과이며, 이를 통해 한글 고문서를 새롭게 인식시키는 데 중요한 기여를 하였다.

① 관부문서
·고령류: 관에서 작성한 각종 훈령, 윤음, 권농윤음 등
·청원소지류: 소지, 청원문
·호적과 호구단자: 호적

② 매매계약문서
·노비 매매문서
·전답 매매문서
·계약문서

---

18) 백두현, 『한글문헌학』(미간행본), 경북대학교, 2009.

③ 의례문서
·혼례: 혼수 물목, 홀기 등
·상례: 상례물목, 제문
·제례: 제수기, 제수물목
·관례: 관례 홀기, 축문, 관례착시물종기, 동상안

④ 신앙·종교문서
·무속·동제·불교 관련 문서

⑤ 의식주문서
·의류: 의양, 물목단자, 심의 모형, 홀기, 버선본, 옷본
·식류: 음식조리서, 양조법
·가류: 가옥, 건물, 기와에 쓰인 한글

⑥ 가족·친족문서
·가계류: 가승, 가계
·문중류: 문중계, 문중계안, 중계일기, 회문, 재산문서, 선영도
·상속류: 분급문서, 별급문서, 분재기, 유서, 화해문서

⑦ 공동체 생활문서
·촌락조직문서: 동약, 계문, 동계, 동약언해, 동계안
·농업 관련 노동조직문서: 두레문서, 진세책, 농계류
·계문서: 족계, 서당계, 송계, 보민계, 상부계, 친목계

⑧ 개인생활문서
·고목
·일기, 장부, 치부, 추수기

현재 전해오는 한글 자료를 총체적으로 분류하면서도 분류 체계가 한문 고문서의 분류 체계보다 훨씬 단조로워졌다. 그러나 배자나 시문과 한글 언간이 빠진 점은 매우 아쉽다. 또한 분류 기준의 교차적 모순이 없지 않다. 매매명문도 내용면이나 개별적인 문서 명칭에 따라서도 그 하위분류가 가능하다.

이상에서 현재 고문서의 분류 방식이나 범주에 대해 살펴보았다. 앞에서도 지적했지만 고문서 분류는 아무리 정밀한 잣대를 가졌더라도 완전히 체계화하기는 매우 어렵다는 사실을 알 수 있다. 다만 한문 고문서의 분류 체계로 한글 고문서를 전면적으로 분류할 수 없다는 점을 확인할 수 있다.

3. 한글 고문서의 분류 체계

본고에서는 한글 소통 층의 확산이라는 관점에서 현재 남아 있는 한글 고문서 자료를 중심으로 실증적으로 그 분류 체계를 수립하고자 한다. 한글 고문서의 체계적 분류를 위해 그동안 수집한 각종 자료와 학계에 보고된 성과와 그리고 각종 박물관에서 간행한 도록 자료 등을 총괄하여 그 한글 고문서와 한글 기록물의 분류 체계를 요약하면 다음과 같다.

1. 한글 고문서: (1) 한글 관부문서: ① 한글 관부문서
   　　　　　　　 (2) 한글 사인문서: ② 한글 사인문서
2. 한글 기록물: (1) 왕실관부 기록물: 사송기, 교육서, 의궤, 발기, 홀기 등
   　　　　　　　 (2) 개인 사실기록물: 행장, 세계, 단자(일기·생일록), 병록, 노정기, 기행록
   　　　　　　　 (3) 일상생활 기록물

① 생업-노비치부(노비안, 노비치부), 전장기록, 양안·
  전답안·추수기
② 혼례-발기, 혼수 물목, 홀기 등
③ 상례-발기, 상례물목, 제문
④ 제례-발기, 제수기, 제수물목,
⑤ 관례-관례 홀기, 축문, 관례착시물종기, 동상안
⑥ 신앙, 종교문서-무속·동제·불교·성경 관련 기록물
⑦ 의식주문서-(의류)-의양, 물목단자, 심의 모형, 홀기,
  버선본, 옷본, (음식류)-음식조리서, 양조법, (가옥
  류)-가옥, 건물, 기와 등 명문
⑧ 놀이-승경도, 윷놀이판, 언문뒷풀이
(4) 시문류-시문-시조, 가사, 내방가사, 제문, 산문: 필사
  소설(한글소설, 번안소설), 서화

　한글 고문서의 발급자를 기준으로 한글 고문서는 ① 한글 관부문
서, ② 한글 사인문서로 2대 구분할 수 있다. '왕실문서'와 지방관청에
서 발급한 문서를 통합하여 '한글 관부문서'라 하고 발급자가 개인
혹은 향중 등을 포함한 집단 문서를 포괄하여 '한글 사인문서'로 구분
한다. 관부문서나 사인문서는 모두 발급자와 수급자가 반드시 구비
되어야 하며, 수급자가 없거나 문서의 '관계성 내재'라는 효력이 없는
문서의 경우도 '한글 기록물'로 구분한다.
　한글 고문서는 1차로 문서의 요건 가운데 하나인 '관계성 내재'이
며, 발급자와 수급자를 갖춘 문서 형식인 '발급·수급문서'와 발급자
나 혹은 수급자의 요건을 갖추지 않은 '한글 기록물'로 구분할 수
있다. 발급자와 수급자의 요건을 갖추었더라도 '타동적인 힘'이 반드
시 작용하는 것은 아니기 때문에 '관계성이 내재'된 문서로서 발급자
와 수급자가 구비되지 않은 자료는 기록물이라고 정의한다.

1) 한글 관부문서

한글 관부문서는 왕실을 포함한 중앙 및 지방 관아에서 발급하는 '교령문서, 통고문서, 인증문서, 소지·청원문서'와 같이 4가지 유형으로 구분된다. '교령문서'는 왕실에서 발급한 문서이며, '통고문서, 인증문서, 소지·청원문서'는 관부에서 발급한 문서이다. 그 내용별 하위분류 체계는 다음과 같다.

> ① 교령문서: 어제, 유서, 전유, 교서, 전교, 국서, 칙령, 사송기, 성책윤음
> ② 통고문서: 고유, 조칙, 고시, 효유문, 전령, 감결,19) 조회
> ③ 인증문서: 완문, 제사
> ④ 소지·청원문서: 상언, 원정격쟁, 의송, 소지, 원정, 발괄, 단자(언단), 등장, 청원·진정·고소장

이 4가지 유형은 문서의 발급자와 수급자와의 관계에 따라 '왕실⇒(개인)백성' 간에 수수 전달되는 문서가 '교령문서'이다. '관부(중앙·지방)⇒개인·백성'에서 일방적으로 전달되는 문서는 '통고문서'이다. '관부⇔개인·백성' 간에 수수 전달되는 문서는 '통고문서, 인증문서, 소지·청원문서'로 구분할 수 있다.

소지는 계후자나 노비 및 전답 분재를 한 후 관부로부터 입안을 받아 내기 위해 제출하는 문서이다. 그러나 사적으로 억울한 일이 발생하면 자신의 요구의 정당성이나 주장을 관부에 올려 판정을 요구

---

19) 감결(甘結): 관부 내부의 문서는 한글로 작성된 사례는 거의 없다. 조선 후기에는 대민문서로 '전령'이나 '감결'이 한글로 작성된 사례를 확인한 바가 있다. 한글로 작성된 '감결' 자료는 미도민속관에 보관된 것으로 「감결」이라는 제목으로 "ᄌ세 붉키 잃너 알게 ᄒ라 우리 샹감ᄒ신 유지 밧ᄌ와"로 시작되는 19.7×148cm 크기의 문서 1건을 확인하였으나 아직 내용에 대한 검토는 못하였다. 또 한편의 자료로 "순영문 감결의"로 시작되는 세 조각 난 「감결」문서가 있으나 역시 내용에 대한 검토는 못하였다.

하는 원정, 발괄, 언단(언문단자)도 관부에 제출하는 경우 소지라고 부르기도 한다. 그러나 엄격한 의미에서 소지는 관부의 입안을 전제로 한 입증고문서이고 원정, 발괄, 언단(언문단자)는 청원문서에 속한다.

2) 한글 사인문서

한글 사인문서는 개인이나 사회 결사체나 문중 간에 수수 전달되는 문서를 말한다. 개인과 개인 혹은 사회 결사체나 문중과 개인 사이에 수수 전달되는 문서로 '약속·계약문서, 통고문서, 집단생활문서'가 있으며, 향촌기구와 개인 혹은 문중사회 간에 수수 전달되는 문서에는 공고문서가 있다. 그 내용별 하위분류 체계는 다음과 같다.

① 약속·계약문서: 분재기, 명문, 수표, 다짐, 자문, 전문, 계약서
② 상하달문서: 배자, 고목, 화제, 유언
③ 집단공고문서: 완의, 동계, 문중 문서(문중계, 문중계안, 종계일기, 회문), 촌락 관련 문서(동약, 계문, 동계, 동계안), 계문서(족계, 상부계, 친목계)
④ 한글 새김글: 금속, 목재, 도자기 등

한글 기록물은 발급자나 혹은 수급자가 전제되지 않으며 동시에 문서의 '타동적인 힘'이 미치기도 하고 그렇지 않을 수도 있다. '기록물'은 사용처에 따라 (1) 관부기록, (2) 사인기록, (3) 시문류, (4) 한글 새김글로 분류가 가능하다.

이상에서 논의된 한글 고문서의 하위분류 체계는 〈표-1〉과 같다. 한글로 쓴 각종 고문서들을 체계적으로 분류하고 또 여기저기 흩어져 있는 자료들을 종합적으로 수집하여 연구 사료로서 그리고 한글문화 유산으로서 보존해야 한다. 앞으로 한글 고문서를 디지털아카이브로

구축하는 일 또한 매우 시급한 과제이다. 한글 고문서 자료에 대한 종합적인 수집 대책을 마련하고 이를 체계화하여 한글기념관에 전시하는 동시에 상세한 해설을 붙인 보고서를 꾸며야 할 것이다.

〈표-1〉 한글 고문서 하위분류체계

구분	발급자	문서 유형	발급자와 수급자
발급·수급문서	관부문서	·교령문서: 어제, 유서, 전유, 교서, 전교, 국서, 칙령, 사송기, 성책윤음	왕실⇔관부·백성
		·통고문서: 고유, 조칙, 고시, 효유문, 전령, 감결, 조회	관부(중앙·지방)⇒백성
		·인증문서: 완문, 제사, 자문	관부⇔백성
		·소지·청원문서: 상언, 원정격쟁, 의송, 소지, 원정, 발괄, 단자(언단), 등장, 청원·진정·고소장	
	사인문서	·약속·계약문서: 분재기, 명문, 수표, 다짐, 자문, 전문, 계약서	개인⇔개인·집단(문중) 향촌기구⇒개인·문중사회
		·상하달문서: 배자, 고목, 화제, 유언	
		·집단공고문서: 완의, 동계, 문중 문서(문중계, 문중계안, 중계일기, 회문), 촌락 관련 문서(동약, 계문, 동계, 동계안), 계문서(족계, 상부계, 친목계)	
기록물	관부기록물	·왕실문서: 사송기, 교육서, 의궤, 발기, 홀기 등	왕실⇔백성
	사인기록물	·사실기록문서: 행장, 세계, 단자(일기·생일록), 병록, 사행기록	사인 사실 및 치부기록
		·치부기록문서: 노비치부(노비안, 노비치부), 전장기록(양안·전답안·추수기), 물목·발기(혼례, 상례, 제례), 홀기, 의류단자(의양, 물목단자, 심의모형, 버선본, 옷본, 궁합지), 음식방문(음식조리,	

	양조법), 신앙(무속·동제·불교·점술서 등), 치부장부, 일정·노정기·기행문	
시문류	·시문: 시조, 가사, 내방가사, 제문 ·산문: 필사 소설(한글소설, 번안소설) ·서화: 서화	창작류
성책 고문서	·장철 및 성책 고문서	
한글 새김글	·죽간, 금속, 자기: 그릇, 옹기, 가사 (기구, 가옥, 건물, 기와에 쓰인 한글)	

　본고에서는 한글 고문서를 고문서학적인 측면의 접근 대신 기록적인 관점에서 사료의 통합화를 위해, 그 범주를 좀 더 확대하여 분류 체계를 수립하였다. 앞으로 새로운 자료가 발견될 가능성이 얼마든지 있기 때문에 본고의 분류 체계가 절대적인 것은 아니지만 필자가 조사과정에서 직접 체험한 자료를 대상으로 분류 체계를 새롭게 수립하였다는데 그 의의를 찾고자 한다.

4. 한글 고문서 명칭 표준화

　한글 고문서의 분류 기준에 따라 그동안 조사한 한글 고문서 자료를 중심으로 그 유형을 분류하였다. 그런데 동일한 문서가 학자에 따라 여기저기에서 다양한 이름으로 지칭되고 있어서 매우 혼란스럽다. 그뿐만 아니라 고문서를 아카이브로 구축한 각종 사이트에서도 고문서의 명칭이 통일되지 않았기 때문에 자료를 검색하는데 많은 어려움이 따른다.

　분류된 한글 고문서의 문서 명칭을 어떻게 표준화시킬 것인가라는 문제는 문서의 효율적인 관리를 위해서나 이용자에게 검색의 편리함을 제공하기 위해서 선결해야할 과제이다. 앞으로 학계에 소통될 수 있는 고정된 문서 명칭을 확정지울 필요가 있기 때문에 한글 고문서의 명칭 표준화 방안을 제시하고자 한다.

예를 들어 「계사(1593)년 선조가 백성에게 발급한 국문유서」의 경우에도 김일근(1986: 318)과 김종택(1975)은 「선조대왕의 언교」, 이병근(1996)은 「선조 국문 유서」,[20] 국립국어원 디지털 박물관에서는 「선조 국문 교서」라는 명칭 등으로 달리 부르고 있어 매우 혼란스럽다. 또한 문화재청에서는 이 자료를 보물로 지정하면서 「보물 제951호 선조국문유서(宣祖國文諭書)」라고 명칭하고 있다. 이렇듯이 하나의 문서가 여러 가지의 명칭으로 통용되는 것은 이용자들에게 혼란을 야기시킬 수 있다. 이외에도 고문서의 명칭이 통일되지 않는 사례는 비일비재하다. 이처럼 문화재청에서 정한 문서 명칭이 제대로 통용되지 못한다는 것은 상당한 문제가 있다고 본다. 문화재청뿐만 아니라 각 시도 문화재위원회에서도 문화유산을 효율적으로 관리하기 위해서는 문화재의 명칭 선정 문제에 좀 더 신중한 결정을 해야 할 것이다. 임형택(2004) 교수가 「김씨 부인의 국문 상언」이라는 명칭으로 학계에 보고한 자료가 있다. 서포 김만중의 딸이자 이이명의 부인 광산 김씨가 영조에게 올린 상언이다. 이 문서에 기록된 명칭은 「튱쳥도 부여현 거 고 녕부ᄉ 신 니이명 쳐 김시」이다. 문서에 기록된 명칭을 그대로 사용하기에는 적절하지 않기 때문에 본고에서는 이 문서를 "「옹졍 5(1726)년 충청도 부여현에 사는 고 영부사 이이명의 처 김씨 부인의 상언」"이라는 명칭으로 고정함으로써 언제 누가 누구에게 발급한 문서인지 문서 명칭만 보더라도 알 수 있도록 했다.

통상적으로 문서 자체에 기록된 명칭을 사용하고 있는데 대부분 문서의 발급 시기나 발급자와 수급자의 관계가 드러나지 않을 뿐만

---

20) 이병근, 「선조 국문 유서의 국어학적 의의」, 『관악어문연구』 21, 1996.

아니라 심지어는 문서 자체의 명칭이 그 내용과 성격이 다른 경우도 있기 때문에 문서 명칭의 표준화 작업은 반드시 필요한 과정이다. 이와 함께 문서의 약칭도 전혀 통일되지 않은 경우가 많다. 동일한 자료가 다른 이름으로 혹은 약칭으로 분류되어 있어 검색하기가 용이하지 않다.

따라서 앞으로 발굴하거나 이미 발굴된 한글 고문서의 명칭을 표준화함으로써 문서 관리의 효율화를 꾀할 수 있을 뿐만 아니라 이용자들에게 혼란을 줄일 수 있는 방안 모색이 필요하다. 본고에서는 한글 고문서 명칭 표준화 방안을 다음과 같이 제시하고자 한다. 한글 고문서의 명칭을 확정짓기 위해서는 몇 가지 기준이 필요하다. 먼저 한글 고문서의 발급 연호(왕조, 간지) 및 연월일, 둘째, 발급 처 또는 지역이나 발급 가문, 셋째, 발급자와 수급자, 다섯째, 문서에 기록된 한글 고문서의 명칭으로 구성되는 표준화된 문서 명칭을 확정해야 할 필요가 있다. 물론 자료 관리를 위한 명칭뿐만 아니라 관리 번호와 디지털화된 이미지 자료에 대한 분류 번호도 기관별로 또는 개인별로 달리 사용할 것이 아니라 통용될 수 있는 표준안을 마련할 필요가 있다.

1) 한글 고문서의 발급 연호(간지) 및 연월일

고문서 명칭을 정하는 기준 다섯 가지를 잣대로 하여 명칭을 정한 사례는 다음과 같다.

(1) <u>건용 3(1765)년</u> (2) 발급 지역/가문 (3) <u>김명선이</u> (4) <u>조원처에게 발급한</u> (5) <u>전답가사 매매명문</u>

위에 예를 든 매매명문의 명칭은 먼저 발급 연호(간지) 및 연월일 모두를 밝혀두면 좋겠지만 너무 복잡할 가능성이 있기 때문에 연호와 해당 서기력을 밝혀 '건융(1765)년'으로 정한다. 문서에 따라서는 연호 또는 연호와 간지를 함께 쓴 경우도 있고 연월일이 없는 경우도 있다. 따라서 연호가 있는 경우에는 정확한 서기력의 추적이 가능하기 때문에 연호만 밝혀도 문서의 발급 시기를 정확하게 확인할 수 있다.

경우에 따라서는 「기묘년 월오 동면 산성리에 사는 김과부 원정」과 같이 간지만 있는 경우 간지를 밝혀주도록 한다. 간지인 경우 정확한 서기력을 추적하기 힘이 들지만 문서의 표기법이나 지질 상태를 통해 추정이 가능한 경우 「경오(1870) 연대 공주 정안면 도현리 미망인 정씨 원정」와 같이 '간지(서기력)년'과 같이 나타낸다. 고문서의 발급 연대의 추적이 불가능한 경우 「연대 미상 전주동에 사는 이흥선의 처 과부 김씨의 원정」과 같이 '연대 미상'이라고 나타낸다. 한글 고문서 가운데 정확한 연도를 필요로 하는 매매명문의 경우 대부분 '연호(간지)'를 밝힌 자료가 많이 있어 서기력 연대 추정이 용이하다.

2) 발급처 또는 지역이나 발급 가문

한글 고문서 가운데 관부에서 발급한 경우 발급처가 나타나는데, 관부에서 발급한 한글 고문서는 매우 귀한 편이다. 「임오(1882)년 장방청 발급 계방수호 완문」 같은 문서의 경우에는 '장방청'이라는 발급 기관을 명시한다. 명문이나 수표의 경우 「을묘년 공주 진두면 야곡리에 사는 미망인 유씨 원정」에서처럼 '공주 진두면 야곡리'와 같은 발급 지역의 명칭을 명기할 필요가 있다. 원정 문서에서는 대부분 "~에 거居하는"이라는 표현이 들어가기 때문에 발급 지역을 문서 명칭에 밝혀 줄 필요가 있다. 매매명문인 경우 상전이 하인에게 배자를 내려 간접으로 문서를 작성하기 때문에 발급 가문이 드러나는 경우가 많다. 「정해(1767)년 광주의 경주 손씨 댁 양후성이 구잉애에게 발급한 전답 매매명문」과 같이 '광주 손씨 댁'과 같이 문서 소장 가문이나 발급 집안을 문서 명칭에 반영해 준다.

3) 발급자

다음으로는 문서 발급자의 이름을 밝혀야 한다. 「가경 16(1811)년 정복수가 노비 상춘에게 발급한 가옥 매매명문」에서처럼 '정복수가' 와 같이 발급자의 이름을 밝힐 필요가 있으나 발급자를 확인할 수 없는 경우에는 「연대 미상 풍산 하회 류씨 한글 노비 매매명문」과 같이 발급자를 생략할 수밖에 없다. 「병신년 부안 김씨 댁 상전이 개쇠에게 발급한 전답 매매명문」이나 「경자(1900)년 분례가 상전 댁 작은 아씨에게 발급한 전답 이양명문」에서처럼 '상전이', '분례가'와 같이 발급자의 이름이나 신분을 밝혀 명시할 필요가 있으나 신분이 분명하지 않는 경우에는 발급자의 성명만 나타낸다. 「경자(1900)년 분례가 상전 댁 작은 아씨에게 발급한 전답 이양명문」에서 '분례'가 분명히 하인 신분으로 추정되지만 이미 19세기 말에서 20세기 초에 는 세전 신분 체제가 무너진 관계로 신분을 나타내기 어려운 경우에 는 성명이나 이름만 나타낸다.

4) 수급자

문서의 수급자가 나타나는 경우에는 「을유년 구례 문화 류씨 댁 상전이 노비 치위에게 발급한 전답 매매명문」의 경우 '노비 치위에게' 와 같이 수급자의 신분을 밝혀준다. 「광서 8(1882)년 와란 댁에서 홍원 댁 노비 이석인에게 발급한 산지 전당 명문」에서처럼 '홍원 댁 노비 이석인에게'처럼 수급자가 귀속된 집안을 나타낼 필요가 있다. 이런 경우 수급자가 상전 댁의 상전을 대행한 문서 수급자임을 알 수 있다.

수급자가 나타나지 않는 경우 「연대 미상 차점손이 발급한 수표」에서 처럼 수급자를 나타내지 못하는 경우도 있다.

소지의 경우 수급자가 수령인 경우, 발급자가 노비면 '안전주(案前主)'로 양인인 경우 '관주(官主)' 또는 '관사주(官司主)' 양반인 경우 '성주(城主)' 관료인 경우 수령의 공식 직함을 사용한다.[21] 이처럼 문서 명칭에 수급자를 밝혀 줌으로써 문서의 발급자와 수급자의 직위나 신분이 반영될 수 있다.

5) 한글 고문서 하위분류 명칭

한글 고문서의 문서 명칭은 대체로 문서 서두에나 본문 또는 말미에 '원정', '소지', '언단', '명문', '수표', '쾌' 등과 같이 나타나는 경우가 일반적이다. 따라서 「임오(1892)년 전라 순창 팔등면 고유」, 「기묘년 계말 한효덕이 청중에 발급한 소지」, 「갑오(1894)년 충청도 홍성군 은하면 상국리 김과부 원정」, 「임자년 안진옥이 동내 첨존에게 발급한 언문단자」와 같이 '고유', '소지', '원정', '언문단자(언단)'과 같이 한글 고문서의 하위분류 명칭을 밝혀 준다. 그러나 「계유(1873)년 충청도 정산현 청면 지곡리 과부 김씨 원정」에서처럼 본래 문서에 나타난 명칭은 "셩쥬젼 은단 청면 지곡이 거 민과 김씨 원졍"으로 되어 있는데 '셩쥬젼 은단'에서는 '언문단자'로 '김씨 원졍'에서는 '원정'으로 되어 있어 한 문서 안에 두 가지 명칭이 뒤섞여 있는 경우도 있다.

다만 문서의 내용을 확인할 수 있는 경우 「임오(1882)년 장방청 발급 계방수호 완문」, 「기축(1889)년 지평 현민 노상 발괄」, 「정해(1767)년 광주 경주 손씨 댁 구백화가 발급한 전답 매매명문」과 같이 '계방수호 완문', '노상 발괄', '전답 매매명문'과 같이 문서의 내용적 성격

---

21) 정구복, 『고문서와 양반사회』, 일조각, 2002, v쪽 참조.

을 간략하게 드러낼 수 있는 경우 하위분류 명칭에 내용적 정보를 표시해 줄 필요가 있다.

앞으로 한글 고문서의 효율적인 관리와 문서 명칭의 통일을 기하기 위해서 문서 명칭의 고정 기준을 다음과 같이 정리할 수 있다.

(1) <u>연호(0000)년</u> (2) <u>발급 처, 지역/가문</u> (3) <u>발급자 성명(~가)</u> (4) <u>수급자 성명(~에게) 발급한</u> (5) <u>(어떤 내용의) 문서 하위 명칭</u>

위과 같은 형식으로 한글 고문서의 명칭을 표준화함으로써 문서의 관리의 효율성과 통일성을 꾀할 수 있다. 한글 고문서의 관리를 위한 문서 명칭의 표준화를 위한 방안이기는 하지만 이를 약칭으로 부를 때는 어떤 정도로 줄일 것인지 포괄적인 논의가 있어야 할 것이다.

6) 디지털 문서 명칭

한글 고문서의 아카이브 구축을 위해서도 원본 1차 자료이냐 다시 필사한 복사나 복제된 2차 자료이냐 또는 이미지 문서인가 그러한 자료의 성격에 따른 명칭 문제도 논의를 할 필요가 있다. 특히 이미지 자료로 구축된 문서관리 번호의 부여 방식도 표준화할 필요가 있다.

「임오(1882)년 장방청 발급 계방수호 완문」(국사편찬위원회(MF 01520))
「가경 16(1811)년 정복수가 노비 상춘에게 발급한 가옥 매매명문」(국립민속박물관 소장(No. 10949))」
「임인(1902)년 천동면 왕전에 사는 김소사 과부 원정」(규장각 한국학연구원(No. 235479))
「갑진(1664)년 유정린이 누나인 전주 류씨에게 보낸 분재 편지」(한국학중앙연구원 No.35-3208_648)

계해(1803)년, 하회 북촌 댁 억술이가 발급한 가축 매매문기(한국국학진흥원(No. 205, KS03-3038-207416-09253))

7) 한글 고문서의 약칭

위와 같은 방식으로 한글 고문서의 명칭을 정할 경우 문서명이 길어질 가능성이 많다. 저서나 논문을 쓸 경우 일일이 긴 문서명을 사용할 경우 불편함을 줄 수 있다. 따라서 한글 고문서의 줄인 명칭 곧 약칭에 대한 규정도 필요하다. 이 문제에 대해서는 학계의 합의를 얻어 표준화 방안을 마련하여야 할 것이다.

(1) 연호(0000)년 (2) 발급자 성명(~가) (3) (어떤 내용의) 문서 하위 명칭

"(1) 연호(0000)년 (2) 발급자 성명(~가) (3) (어떤 내용의) 문서 하위 명칭"으로 줄이는 방안도 고려할 필요가 있다.

문화재청, 국립중앙박물관, 국립민속박물관, 국사편찬위원회와 규장각 한국학연구원, 한국정신문화연구원 등에서 이미 구축한 디지털 이미지 문서의 고유 번호를 부여하는 방식은 위와 같이 표준화되지 않음으로 인해 이미지 자료를 검색하거나 활용하는 데 매우 불편하다. 동일한 기관 내에서도 관리 번호가 통일되지 않고 있는 실정이다. 고문서 자료의 분류체계에 따라 문서 명칭과 고유 관리 번호의 표준화 방안을 모색해야 할 필요성이 크다.

5. 한글 고문서의 유형

1) 한글 관부문서

한글 관부문서는 왕실을 포함한 중앙 및 지방 관아에서 발급하는 1) 교령문서, 2) 통고문서, 3) 인증문서, 4) 소지·청원문서'와 같이 4가지 유형으로 구분된다. '교령문서'는 왕실에서 발급한 문서이며, '통고문서, 인증문서, 소지·청원문서'는 관부에서 발급하거나 사인이 작성하여 관부를 경유하는 문서이다.

① 교령문서

왕실의 교령문서는 '전유, 유서, 교서, 유지, 고신, 임명장, 홍패, 백패, 추증, 녹패, 교첩, 녹권, 하선장, 차첩, 차정첩, 절목, 훈령, 사송기 등이 있으나 대부분 한문으로 작성되었다. 왕이 국사를 처리하는 과정에 담당 승지를 통해 관부나 사인에게 하달하는 문서로는 '유서, 교서, 교지, 비답' 등이 있으며 사찰이나 서원 또는 도관에 내리는 결사 문서로는 '사패, 사액, 교지' 등이 있다. 국왕이 신하에게 관직, 관작, 자격, 익호, 토지, 노비 등을 내려주는 '교지'와, 죽은 자에게 관작을 승급시켜 주는 '추증', 향리에 면역을 인정하거나 토지와 노비를 내려주는 '사패' 등이 있다. 중앙 관부에서 왕지를 받들어 등급에 따라 '교첩, 교지, 녹패, 녹권 등을 발급하였으나 거의 대부분 한문으로 작성되었다.

그 역으로 신료들이 왕에게 상진하는 문서로는 '상소, 계본, 계목, 초기, 장계, 차자, 서계, 초기'와 같은 문서를 사용하였다. 왕이 관부에 하달하는 문서나 신료들이 상진하는 문서는 예외 없이 한문으로 기록하였으나 백성에게 직접 하달하거나 승지를 거쳐 하달하는 '교서, 교시, 윤음'은 한글로 작성된 몇몇 예들이 보인다.

'전유'는 왕실 문서인데 왕이나 왕비 등이 각사의 대신들에게 전달하는 문서이다. 그러나 왕실에서 한문으로 소통이 불가능한 왕비나 대왕대비가 대신들에게 정사를 하달할 때 내리는 경우 주로 한글을 사용하는 고문서가 있었다. '전유(傳諭), 계청(啓請), 품계(稟啓), 의지(懿旨), 밀서(密書), 유교(遺敎)' 등 각종 교령문서 가운데 특히 한글을 첨부하거나 한글로 작성된 사례는 주로 왕후나 대왕대비들이 사용하였다. 세종의 혜빈 양씨는 단종의 유모 노릇을 하면서 한글로 '계청'을 올렸으며 정희왕후(세조비)도 조정사를 '품계'를 올렸다. 정희왕후는 한글 '의지'로 수렴청정을 하였으며 문정왕후는 인종 즉위 때부터 명종 8년까지 근 10여 년 동안 수렴청정을 하면서 한글 '밀서'와 '유교'를 대신들에게 내렸다. 임란 이후에는 사민층이나 하민 층에까지 한글 언간을 사용한 것을 보면 선조 이후는 궁중에서부터 사민층과 민간에 이르기까지 한글이 비공인 소통 문자로 활발하게 사용되었음을 알 수 있다. 인목왕후(선조계비), 인원왕후(숙종계비), 정순왕후(영조계비), 순원왕후(순조비), 신정왕후(익종비)가 궁중에서 수렴청정을 하면서 한글로 정사를 대신들에게 지시하였고(以諺文下敎于…) 품의 문서에는 반드시 한글 번역을 첨부하도록 하는 등 궁중에서도 '한글' 소통이 묵인되었다.

교령문서 가운데 발급자와 수급자와의 관계에 따라 '왕실 개인·백성'에서 수수 전달되는 문서를 '교령문서'라고 할 수 있다. 「1464년 오대산 상원사 중창 권선문의 어첩」과 「1593년 선조가 백성에게 발급한 국문유서」, 「1680년 명성대비가 송시열에게 발급한 전유」, 「1802년 정순왕후가 신귀조에게 발급한 전교」 4편의 한글 교령 문서가 있다.

② 통고문서

통고문서는 관부를 통해 관부나 백성에게 전달되는 문서인데 한글로 작성된 것으로는 고유, 조칙, 고시, 효유문, 전령, 감결, 조회 등이 있다. '고시'란 "글로 써서 게시하여 널리 알림. 주로 행정 기관에서 일반 국민들을 대상으로 어떤 내용을 알리는 경우를 이른다"는 말뜻 그대로 근대문서로의 이행과정에 나타난 관부의 통고문서 양식이다. 이는 오늘날 정부 부처의 '담화문'의 내용과 형식과 유사하다.

왕이 직접 백성들에게 하달하는 경우는 '교서', '교시', '윤음'의 양식이었지만 왕이 관부를 경유하여 지방관이 이를 전달하거나 혹은 지방관이 단독으로 관부의 입장을 전달하는 경우에는 '고시'나 '고유'의 이름으로 분류할 수 있다. 1892년 전라도 순창 군수가 지방민에게 35개조항의 '고유'를 작성한 문서가 있다. "郡守 告諭 八等面大民庶民…"으로 시작되는 고유는 목민관이 직접 작성한 문서라는 측면에서 본 '고시'와 차이를 보여 주고 있다. '고시'는 황제가 하달한 '조칙, 칙령'을 지방관의 행이절차를 거쳐 지방관이 발급하는 문서로서 고문서의 양식을 구비한 근대문서의 일종이라고 정의할 수 있다. '고시'는 지방관이 왕의 조칙을 받아 다수의 백성을 수급 대상자로 한 비상시적으로 발급한 문서이라면 '고유'는 지방관이 직접 다수의 백성을 수급 대상자로 한 비상시적으로 발급한 문서이다.

③ 인증문서

인증문서는 관부나 혹은 사회 결사체에서 결의하여 합의한 사항을 인증해 주는 문서인데 '완문', '완의'를 비롯한 각종 입안문서에 관부의 입장이나 판정 결과를 기록한 '제사'가 있다. '완문'의 '完'은 "오랜 시간이 흘러도 변함없이 준행한다."는 의미를 담고 있다. 곧 완문은 관부에서 사회 구성원의 이해관계가 얽힌 문제에 대해 상호 합의한 결과나 내용을 보증하고 또 그 합의한 사실을 준행하여 완수한다는 내용을 명시하여 관부에서 입증해 주는 문서라는 뜻이다. 완문의 발생은 지방 향촌사회에서의 사민층의 지배권이 확산되는 과정과 밀접한 관계가 있다. 지방 사민층의 각종 이해관계를 관부로부터 보장을 받기 위해 제출한 완문에 보장을 받는 절차를 거쳐 그 결과를 완문의 형태로 수급하였다. 완문의 요청은 대체로 지방 사민층의 의사를 결집하는 매개인 서원, 향교, 각종 결사집단 등이 중심이 되었다. 후대로 내려오면서 하민 층의 개인이나 집단의 권리를 보장받는 것까지로 확산되었기 때문에 개인적 요청 사항을 담아내던 '완의'와 고문서로서의 개념 구분이 모호해질 수 있었다. 완문은 공식적으로 관부문서로서 표준화된 양식은 없었다.

완문의 문서 양식은 1) 표제와 제목, 2) 기두사, 3) 본문, 4) 결사, 5) 증빙대상, 6) 발급 일자, 7) 발급자 착명, 서압, 관인, 8) 후기의 형식적 단락으로 구성되어 있다. 완문은 문서의 발급자와 수급자의 관계에서, 발급자가 관부이기 때문에 '하달문서' 양식인 동시에 행이 절차상 수급자의 청원에 따라 발급자가 완문을 작성하여 다시 수급자에게 전달되는 '전달문서'이다. 수급자의 입장에서는 관부의 보증이라는 '보장문서'의 성격을 띤다. 또한 완문을 발급받기 위해 관부에 제출한 소지 발급자의 이해관계를 최종 판단하여 관부에서 처분을 발급한 의지가 담겨 있는 '특권문서'(김혁, 2007: 43)로서의 특성도 지니고 있다.

완문은 관부에서 사회 구성원 간 사이에 이루어지는 약속이나 약조를 보증하는 문서로서 '완의'나 '계문'과 함께 16세기 이후 조선조 사회에서 폭넓게 사용된 고문서 양식이다. '완문'의 발급자는 중앙 관부인 비변사, 의정부, 충훈부, 예조, 병조, 호조 등 상급관청으로부터 지방 관부의 수령을 비롯한 하급 기관인 향청, 질청, 장방청에 이르는 최말단 하급 관청을 포함하여 향촌의 서원이나 문중에 이르기까지 그 사용 폭이 매우 넓었다. 수급자도 궁방, 감영, 읍사, 이청, 서원, 향교, 사찰에서 사민 및 중인과 평민 천민에 이르기까지 하급 관부를 포함한 각종 사회조직의 집단이나 혹은 개인까지 그 폭이 매우 넓었다.

완문은 대체로 16세기에 사민층이 지역 향토를 기반으로 하여 재지 기반이 강화되던 시기와 함께 나타났다가 조선의 멸망과 함께 소멸되었는데 초기의 완문은 주로 사민층 내지는 향반 층의 권익을 보장하기 위한 내용이 주류를 이루다가 조선 후기로 내려가면서 각종 이해관계가 얽힌 다양한 사회 조직의 요청을 보장하는 쪽으로 확산되었다. 서원이나 향교 또는 문중 또는 동리의 이해관계를 보장받는 반대급부로 관부에서 필요로 하는 각종 재정적 지원을 해 주었다. 이러한 관계가 지속됨으로써 발생할 수 있는 지방 토착 세력과 지방 관아의 서리나 향리들의 유착 관계로 인해 발생되는 많은 문제점이 나타나기도 하였다.

'완의'나 '계문'은 성원, 향교, 혹은 동계 등 사회 집단에서 구성원 간의 약속이나 약조를 보증하는 문서로 '완문'과 차이를 보인다. 개인에서부터 사회 집단에 이르기까지 생겨날 수 있는 각종의 이해관계를 관부로부터 법적인 공인을 받기 위해 관부에 소지나 원정 등의 청원 문서를 제출하면 해당 관부에서는 이를 검토한 결과를 '제사'를 기재한 처분문서로나 혹은 정식 '입안' 문서로 작성하여 되돌려 주었다.

④ 소지·청원문서

조선조에 개인과 개인 혹은 개인과 관부 사이에 나타나는 각종 이해관계에 따른 갈등과 분쟁의 문제를 관부에 정소하는 문서를 일괄하여 '소지·청원' 문서라고 한다. 오늘날로 말하자면 소장과 같은 것이다. 한글 소지·청원문서로는 '상언, 원정격쟁, 의송, 소지, 원정, 발괄, 단자(언단), 등장, 청원·진정·고소장' 등이 있다.

'소지'는 관부문서로 중앙 관서나 지방 관아에 입안 발급, 사민층의 기득권을 유지하기 위한 각종 제안, 관직 임명 청원 등과 같은 비소송 용으로 사용되는 문서와 상속 관련 분쟁, 전답 관련 분쟁, 노비 관련 분쟁, 산송 관련 분쟁, 채무 관련 분쟁 등 소송과 관련된 정소 문서로 구분된다. '단자류, 고목류, 문권류, 통문류'는 모두 관부에 제출하는 관부문서들인데 이들 모두 한문 형식으로 문서 양식을 갖춘 것들이다. '소지'라는 용어는 대단히 광범위한 개념으로 사용된다. 사민에서부터 하민에 이르기까지 억울한 사정이 생기면 중앙 관부를 비롯해서 지방 관부에 정소하는 문건을 통상 소지류라고 한다. 이 소지류에 속하는 고문서로는 '소지, 원정, 발괄, 언단' 등이 있다. 사송과 관련된 문서는 입안 절차를 거쳐 관부의 제사 처분을 받게 되는데 성주로부터 1차 심의에서 승소하지 못하면 다시 의송(議送)으로 순찰사에게 2차 심의를 요구하게 된다. 노비나 전답 분깃이나 호구단자(戶口單子)나 계후자 입안의 경우 반드시 관부에 입안절차를 거치게 되어 있다. 소지, 원정, 발괄은 수급자가 관부이고 또 관부의 행이 절차를 거쳐 다시 발급자에게 귀속되는 문서이다.

여성들이 한글로 쓴 소지, 원정, 발괄 가운데 관부의 제사를 받은 자료들이 많이 있다. 이들 문서는 한글 언간 양식과 결합하여 한문 고문서와의 양식적 차이를 보여준다. 특히 '발괄(白活)'은 조선 후기에 들어서면서 개인이 아니라 집단의 민원 형식인 '등장(等狀)'의 방식으로 발전된다. 본고에서는 이 자료에 대한 판독과 더불어 당시의 사민의 일상생활의 단면을 조명하는 데 초점을 두고 있다.

노비나 재산 분재문서는 반드시 관부에 입안을 청구하는 소지와 함께 관련 문서를 해당 관부에 제출한다. 입안 절차는 1) 입안 신청 문서인 소지, 2) 매매명문, 3) 공함(여성인 경우 서신을 보내 받은 답변서), 4) 중인의 진술서인 초사(招辭), 5) 입안 소지를 작성하여 점련하여 보관한다. 따라서 소지는 입안 문서로도 사용되었으나 한글로 작성된 입안 소지 문서는 단 한 건도 발견되지 않았다.

소지는 임금에게 직소하는 '상언'과 '격쟁'이 있으며, 집단 정소 문서로 '단자'가 있다. 사족 층에서 제출하는 문서는 대체로 '등장(等狀)',

상언(上言), 소지, 단자(單子)'라는 문서로, 양인이나 하민 층에서는 '소지, 원정(原情·冤情·怨情), 발괄(白活), 언문단자'의 양식을 주로 사용하였다. 또한 문서 양식이 아닌 구두로 제소를 하는 경우 '격쟁(擊錚)'이라는 방식을 사용했다.

'상언'은 사민층에서 주로 임금이나 중앙 관부에 올리는 문서 양식으로 선조의 효행을 정려하거나, 선조를 충신으로 정려하기 위해, 전조의 열려 정문을 요청하거나 효행을 증직하기 위해, 선조의 충절의 증직을 요청하거나, 자손들의 학행 증직을 요청하기 위해 올리는데 이와 관련된 한글 자료는 전무한 상황이다. 그러나 한글 언간 '상언'은 한문 고문서 '상언'과는 전혀 다른 성격의 문서이다. 조선 후기에 아랫사람이 윗사람에게 올리는 한글 언간을 '상언' 또는 '상서'라하여 한문 고문서의 '상언'과 차이를 보여준다.

일반 백성들의 정소 문서로는 '소지, 원정, 언단(언문단자), 발괄'이 있다. 백성들이 임금 거둥 시에 길거리에서 왕에게 직접 구두로 올리는 '원정격쟁'이 있는데 이러한 정소 문서를 통틀어 '소지'라고 부르며, 이들은 소지·청원류 문서에 속한다. 정소 문서는 발급자의 신분과 직역에 따라 문서의 양식이 달랐다. 또한 문자 사용적인 측면에서 사민층에서는 한문으로 작성한 '소지, 원정'을, 일반 백성들 가운데 특히 여성들은 한글 문서를 선호한 것으로 보인다. 한글 소지나 원정은 뚜렷하게 구분되지 않지만 한글 소지에 비해 한글 원정이 더 많이 남아 있으며 주로 여성들이 제출한 경우가 많다. 백성들 간에 발생하는 제반의 분쟁 문제를 해결하기 위해 관부에 제출하는 소지는 제출 방식에 따라, 그리고 제출자의 신분이나 직역에 따라 문서의 양식적 차이를 보인다.

소지·청원류는 관부문서이면서 일반 백성이 자신의 요구나 정당성을 담아 관에 정소하는 문서로 ① 문서 제목에 따라 '소지, 원정, 등장, 상서, 단자, 의송, 발괄, 등장' 등으로 분류할 수 있으며, ② 소지의 발급 횟수에 따라 1차 소지와 2차 소지 등으로 구분되지만 1차 이후의 소지는 추정소지(追呈所志)라고 한다. ③ 발급자가 사민층인 경우 한문으로 쓴 '상언, 단자, 소지, 원정'을, 하민들이나 여성들은 한글로 쓴 '소지 원정, 발괄, 언문단자'를 주로 사용하였다. ④ 정소의 성격에 따라 민원을 정소하는 문서와 소송을 위한 정소 문서로 구분된다. 곧 비소송 관련 소지는 조선조 후기에는 청원서로 발전된다. ⑤ 발급자가 개인이냐 집단이냐에 따라서도 구분된다. 집단이 발급하는 '단자'가 있으며 '언문 단자'는 주로 여성의 소지였다. ⑥ 수급 관청에 따라 중앙 관부 소지와 지방 관아의 소지로 구분되며 1차 소지냐 2차 소지 곧 의송으로 구분된다. ⑦ 사용 문자에 따라 한문(한문+이두)과 한글(한글+이두어) 등으로 다양하게 구분된다.

'원정'은 선조의 원통함을 씻기 위해 올리는 격쟁원정, 선조의 원통함을 씻은 뒤 관직의 복원을 위해 올리는 원정, 입후를 위해 올리는 원정, 산송을 해결하기 위해 올리는 원정 등의 유형이 있다. 민원정소는 주로 입양 양자, 충, 효, 열, 학행 포양, 세금 군역 환곡 등의 부세 문제가 주요한 내용을 이루고 있다. 그 외에도 관료의 휴가, 물품의 도난, 도축 등 자잘한 문제도 포함된다. 소송 정소는 사회생활 속에서 발생된 갈등 문제를 해결하지 못하고 관아에 의뢰하여 법적 판단을 요청하는 절차이다. 노비, 전답, 산송, 채무, 구타, 풍속 등의 갈등을 해결하기 위해 관부에 제출하는 문서를 포괄적으로 소지라고 한다. 이러한 송사 문제를 중앙에서는 한성부, 의금부, 형조, 사헌부, 장예원에서 담당하였다. 한양에서는 한성부에서 송사 사건을 담당하였는데 관내의 토지, 호구, 농상, 등과 관련된 사건을 담당하였다. 의금부에서 는 왕명을 받아 역모나 윤상 사건 등 국가 공권력과 관련된 중죄인을 잡아들여 추국하는 일을 주로 맡았다. 형조는 지방 수령이 관장하는 일반 사건에 대한 상소심 기관으로 지방 8도에서 올라오는 '의송'을 재심하였다. 사헌부는 감찰이나 각사나 지방 관리들의 부정을 적발하여 처리하는 기관이다. 장예원은 노비와 관련된 송사를 관장하는 기관이다. 한편 지방에서는 관찰사(순사, 도사)와 지방 성주인 목사, 부사, 군수, 현령, 현감 등 지방의 수령이 송사 사건을 관장하였다. 일차적으로 목사, 부사, 군수, 현감 등의 성주가 해결하지 못하는 문제는 중앙의 형조로 의송을 바로 이관하지 않고 관찰사나 암행어사에게 의송을 제출하였다. 조선 후기에는 지방 관아에 제출된 송사 사건은 대체로 지방의 아전들이 재판을 주도함으로써 색리들의 침책이 커져 조선사회의 국가적 권위가 무너지는 하나의 요인이 되었다.

　백성들의 민소는 시대의 흐름에 따라 그 내용이나 형식이 조금씩 차이를 보인다. 조선 초기에는 신문고 제도가 있었으나 특정 신분이나 지역의 제약성 때문에 활성화되지 못했다. 16세기에 들어오면서 아랫사람이 국왕에게 올리는 글인 상언이나 임금의 거둥 시에 북이나 꽹과리를 울려 국왕의 이목을 집중시킨 다음 원억을 호소하는 격쟁이 민원 해결을 위한 새로운 정소 수단으로 활성화되었다. 사민들은 대부분 한문으로 작성된 소지, 원정, 단자, 상언(상소)이라는 문서를 사용했지만 한문소통이 불가능한 사민층의 여성이나 중인, 그리고 하민들은 한글로 된 소지, 원정, 언단(언문단자)의 형식을 사용하였다. 「옹정 5(1726)년 충청도 부여현에 사는 고 영부사 이이명의 처 김씨 부인의 상언」은 국왕에게 올린 한글로 작성된 '상언' 자료이다. 훈신들의 영향력으로 지방관의 송사 처결이 공정성을 잃게 되면서 백성들의 민원이 직접 국왕에게 몰려 상언이나 격쟁이 급격하게 늘어나게 되었다. 이처럼 16세기 이후 상언이나 격쟁이 급격하게 늘어나자 이를 규제하는 전교를 내리는 동시에 상언할 수 있는 내용도 '살인죄, 부자분간(分揀), 적첩분간, 신천분간'에 해당하는 네 가지 사건으로 제약을 두게 되었다.

　'발괄'은 이두어로 '白活'로 '사뢰다'의 의미를 가진 문서 명칭이다.

문서 명칭에서도 알 수 있듯이 아랫사람이 윗사람에게 원억을 호소하는 소지 문서이다. 문서의 하단 좌우에 사또가 처결할 내용을 한문 초서로 쓰고 처결 관인은 비스듬하게 찍는 '빗김(題音)' 방식을 취하고 있다. 우측의 제사와 좌측의 제사의 초서체가 차이를 보이고 있다. 우측의 제사는 이 공문을 처리하는 주무 형리의 문서 처리 날짜를 쓴 것이고 좌측 제사는 결송관인 사또가 처결한다. 문서 발급자의 신분에 따라 노비인 경우 '案前主', 양인은 '官主', 양반은 '성주', 관부 사람은 '수령의 공식 직함'을 사용하는데 이 문서에서는 '사또'라는 표현을 쓰고 있다.

'상언'이나 '격쟁'과 더불어 신문고 제도는 백성이 직접 국왕에게 전달하는 방식이다. '상언'은 사민층에서 원억을 해소하기 위해 국왕에게 직접 올리는 문서이다. 백성들의 원억을 해결하기 위해 지방의 성주를 거쳐 관찰사나 암행어사에게 의송을 거쳐 중앙 관부를 통해 해결하도록 법적 장치가 마련되어 있었다. 그래도 해결하지 못한 억울함이 있는 경우 임금 거둥 시에 직접 호소할 수 있도록 상언이나 격쟁이라는 보장 장치를 마련해 두었다. 상언은 사민층에서 주로 문서로 직소하도록 한 제도이며, 격쟁은 일반 백성들이 직접 구두로 직소하는 절차였다. 따라서 격쟁은 문서로 제작되지 않았다. 그러나 격쟁원정의 경우 문서로 남아 있는 사례가 있다. 한글본 『청구야담』에 실린 자료로 순조 대에 경북 영주에 사는 충직한 하인 만석이 임금님의 행차 길에 꽹과리를 울리며 상전의 억울함을 호소하여 상전의 원혼을 달랜 격쟁원정(擊錚寃情)이 2차 문서 자료로 남아 있다. 격쟁원정의 방식도 확장되는데 조선 후기로 내려오면 관찰사나 암행어사가 순력을 할 때 격쟁원정을 하는 사례로 「기축(1889)년 지평 현민 노상 발괄」이 있다. 격쟁원정의 대상이 국왕이 아닌 관찰사나 암행어사 등으로 제도적 확장이 이루어진 사례다.

조선 시대의 소원제도는 『경국대전』을 법제화한 15세기부터 확립

되었는데 국왕에게 직접 소원하는 '상언'이나 '격쟁'과 함께 '신문고' 제도가 있었다. 그리고 중앙 관부인 사헌부, 충훈부, 사헌부, 형조, 예조 등과 지방에는 관찰사나 성주에게 소지·청원을 제출할 수 있었으며, 조선 후기에는 동주나 문장까지로 확대되었다. 소지는 관부에 제출하는 신청서로 입안이나 정소를 신청할 때 사용되는 관부문서이다. 조선 사회도 오늘날과 마찬가지로 엄격한 법률에 따라 국가와 사회가 운영되었다. 중국의 『대명률』에 의거하여 조선의 형편에 맞춘 『경국대전』(1469), 『속대전』(1746), 『대전통편』(1785), 『대전회통』(1865) 등의 전율에 따라 국가의 사회 질서를 유지하는 준거로 삼았다.

2) 한글 사인문서

한글 사인문서는 개인이나 사회 결사체나 문중 간에 수수 전달되는 문서를 말한다. 한글 사인문서는 1) 약속·계약문서, 2) 상하달문서, 3) 집단공고문서로 구분된다.

① 약속·계약문서

사인 간에 약속이나 계약의 내용을 담은 한글 고문서로서는 분재기, 명문, 수표, 다짐, 자문, 전문, 계약서 등이 있다. 상속인에게 재산을 물려주는 문서인 분재기는 '화해문서, 별급문서, 허여문서' 등으로 구분한다. 분재기의 양식은 '서'와 '본론', '서명' 세 부분으로 구성된다. 서는 분재기의 작성 일자, 분재 사유, 부모의 유언, 후손들이 지켜야 할 도리, 분재 원칙 등으로 구성되며 본문은 개별분재 대상자들에게 나누어 줄 재산의 내역이 기록되어 있다.

'분재기'는 사인문서로 개인이나 문중의 재산 소유를 입증할 수 있는 기록 문서로 별급문기, 분급문기, 화회문기, 허여문기, 별폭 성문, 유서, 분식문서, 분급성문 등의 다양한 명칭으로 불리고 있다.

조선조 사대부가의 주요 재산 목록으로 노비와 전답 및 가사가 분재의 중요 대상이었는데 조선 전기에는 노비 분재기가 많았으나 조선 중후기로 내려오면서 노비 분재는 줄어들고 전답 분재가 더 많은 비율을 차지하였다. 분재기의 기록 관리를 위해서 수수 전달된 편지, 호구단자와 양자, 계후 관련 자료나 외거노비의 전답 배당을 위한 분깃 등도 넓은 의미에서 분재기로 다룰 수 있다.

이들 분재기의 형식은 대체로 분재 혹은 별급하게 된 사유가 서문으로 나오고, 다음에 분재, 별급의 구체적인 목록이 자녀의 출생 순에 따라 기재된다. 마지막에 재주(허여와 별급문기), 혹은 상속 참여자(화회문기), 글쓴이(筆執), 증인 등이 착함(着銜) 수결(手決)함으로써 문서로서의 요건을 갖추게 된다. 물론 재주가 사대부가의 부녀자라면 도장을, 평천민의 경우라면 손마디를 그려 확인 증명하게 된다. 분재의 대상은 대체로 토지와 노비, 가옥이 주를 이루나 솥 등 가재도구가 포함되기도 한다. 이러한 분재기는 대체로 형제자매 수만큼 작성되어 각기 보관되었으며, 노비와 토지를 별도의 문서로 작성하기도 하였다.

분재기의 유형은 대체로 문서 첫머리의 제명에 허여, 화회, 별급 등으로 표기되는 것이 일반적이어서 쉽게 식별된다. 설사 이러한 표기가 없다 하더라도 그것은 쉽게 구별된다. 우선 허여와 화회문기의 경우에는 대부분 재주의 전 재산을 대상으로 하기 때문에 일부만을 대상으로 삼는 별급문기에 비해서 문서가 큰 편이다. 물론 재산의 많고 적음에 따라 크게 차이가 있지만 3~4m에 이르는 것들도 종종 볼 수 있다. 그리고 분재기의 마지막 부분에 재주(財主)가 착함을 하고 있는지, 아니면 형제자매가 모두 착함을 하고 있는지에 따라서도 구별된다. 전자라면 당연히 허여와 별급의 경우이고, 후자는 화회문기가 된다.

분재 내용에 있어서 노비인 경우 노비 이름, 부모 등의 출생 관계와 나이 및 생년을 간지로 기록하며, 노비의 매득 사실은 부변전래(父邊傳來: 아버지로부터 물려받음), 모변전래(母邊傳來: 어머니로부터 물려받음), 가옹부변전래(家翁父邊傳來: 조부로부터 물려받음), 가옹모변전래(家翁母邊傳來: 할머니로부터 물려받음), '가옹변 전래(家翁邊傳來: 조부로부터 물려받음)' 등과 같이 누구로부터 물려받았는지 그 연유를 기록한다. 다만 노비의 모가 양처인경우 '병산(幷産)'을 첨기하였다. 전답의 경우 '지명(장소)+전답 면적', '인명(소유자)+전답면적'의 방식으로 기재하였으며 면적은 '두락지, 전수'로 표기하였다. '전수'는 전답을 일괄하여 상속하는 것을 의미하기 때문에 전답의 면적이 누락되기도 한다. 이러한 분재기는 '노비 분재기'와 '전답 분재기' 혹은 '노비·전답분재기'의 형식이 있으며, 분재기의 문서 양식을 갖춘 경우도 있으나 언간의 말미에 유언의 형식으로 첨기한 사례나 별도로 마름이나 노비들에게 전답을 배당하는 분정기의 내용을 치부로 기록한 문서가 있다. 「17세기 초 현풍 곽주가 쓴 노비 명부」와 같은 분재 결과인 노비명단을 치부 형식으로 남긴 자료라든가 전답의 작인을 교체할 경우 그 내용을 기록한 「연대 미상의 나주 회진 나주 임씨 댁 창제 후손가의 분재기」와 노비나 양인에게 분전을 배당한 「갑진년 적모 이씨의 작개 분전기」등이 있다. 이와 같이 온전한 분재기의 문서 양식을 갖추지 못한 것은 치부 자료로 분류될 수도 있는 성질의 것이다.

조선조 전통사회에서는 노비, 전답, 가사 등의 물건 거래를 위해 매도자와 매수자가 거래대상을 확인한 다음에 거래가 이루어지면 그것을 확인하고 보증하기 위해 문서를 주고받는 증서를 '문기(文記)' 또는 '명문(明文)'이라 한다. 명문은 원래 매매 당사자들 간에 분쟁의 소지를 애고 매매의 사실 관계를 분명히 하기 위한 글이라고 할 수 있다. 곧 명문은 쌍방간 또는 다자간 합의에 의해 거래를 확인하고 보증하는 내용을 약정하여 기록함으로써 서로의 권리와 의무 관계를 지니게 되는 문서를 말한다. 곧 명문은 물건의 매매를 위해 작성한 문서이다. 이 명문은 소유권 이전에 중요한 증거 문서였기 때문에 개인이나 가문별로 보존의 중요성이 강조될 수밖에 없었다. 매매명문에서는 노비나 전답, 가옥의 매매는 매도인과 매수인이 쌍방 합의에 의해 대금을 전달하고 대상물을 인도하는 내용을 담고 있다. 그 이전에 작성된 구문기(舊文記)나 상전의 배자가 있으면 이와 함께 점련하여 양도함으로써 매매가 성립된다. 그런데 이러한 매매가 단순한 거래가 아니라 전당이나 혹은 물물교환과 같은 거래 내용과 방식이 다양해지면서 문서 양식도 상황에 따라 자연스럽게 변할 수밖에 없었다. 구문기의 점련 조건은 전답의 매매 경험이 없는 경우에는 해당될 수 없지만 여러 차례에 거래가 반복되면서 구문기의 점련은 필수적인 문서 요건이 되었다.

18세기 이후 눈에 띄는 변화는 한글로 작성된 매매명문의 증가와 문서 양식의 변화이다. 문서의 공증과 보증을 위해서는 전주와 필집, 증인이 반드시 있어야 하지만 차츰 이들 요건을 갖추지 않거나 착명의 방식도 거래자의 신분이나 남녀 성별에 따라 변화되는 모습을 보여준다. 명문의 내용을 중심으로 살펴보면 '토지, 가사 및 가옥, 전당, 자매, 우마, 가축, 염분·곽전·선척 매매' 등 그 종류가 매우 다양하다. 전답이나 노비 매매명문의 필수적인 기재 사항은 ① 매매 연월일, ② 매수인과 문서명, ③ 기두어와 매매의 사유와 물건 소유 경위, ④ 물건의 소재지인 사표나 노비인 경우 거주지와 나이, ⑤ 매매 가격과 지불 방법과 여부, ⑥ 매도 사실에 대한 보증 문구 및 구문서의 유무와 점련여부, ⑦ 담보의 말과 결사, ⑧ 답주·필집·증인의 착명과 서압 등으로 구성된다.

'수표'는 문서 명칭은 '수기, 수긔, 수푀, 슈푀, 푀, 수장(手掌), 슈쟝표'등 다양하게 나타난다. '수표(手標)'는 사인문서로서 쌍방 간에 합의에 의해 이루어진 약속·계약문서이다. 수표는 내용상으로나 양식 면에서 '분재기, 명문, 수표, 다짐, 자문(영수증)'과 상호 연관성이 있는 명문이다. 수표는 ① 문서명, ② 기두어, ③ 작성 연월일(연호·간지), ④ 본문(수기의 사유), ⑤ 약정으로 매도 사실에 대한 보증 문구 및 구문기의 유무와 점련 여부, ⑥ 담보의 말과 결사, ⑦ 답주·필집·증인의 착명과 서압 등으로 구성되어 있어 매매명문 양식과 흡사하다. 문서명은 '수표, 수긔, 슈긔, 슈푀, 수푀, 수표라, 푀'로 밝히지만 대체로 '손싱원 댁 슈긔', '건륭 이십일년 병즈 초일일 싀오촌 신경힝 젼 슈(표)' 등과 같이 명문의 양식과 유사하게 "간지+수급자(전, 처)+수기"와 같은 형식이나 "우 슈푀ㅅ쯘은"처럼 기두어에 '수표'임을 밝히기도 한다. 이 부분에서 상전의 지시에 의해 이루어진 경우와 하인이 직접 자신의 재산을 처리하는 경우 차이가 있을 것으로 판단된다. 수표는 단순한 쌍방 약속의 기능만을 가지는 것이 아니라 매매, 전당, 약속, 이행 등의 관계를 확약하며 필요에 따라서는 관부의 정소 과정에 증거로 삼는 이행문서로의 기능도 한다. 수표는 매매명문과 마찬가지로 처음으로 거래하거나 약속할 경우 본문기를 작성하고 그 다음의 매매나 전당을 하는 경우 본문기를 구문기로 인정하고 새로 작성하는 신문기에 점련하여 넘겨준다.

수표의 일종인 '다짐'은 돈을 갚는다는 약속이나 투장으로 인한 산송이 발생했을 때 이굴 약속 등을 명기한 수표의 일종이다. 특히 조선 후기에는 산송 문제가 빈번하게 발생되었는데 정소로 번지기 전에 미리 이굴을 약속하는 문서로서 혹은 정소가 되었더라도 관아로부터 이굴을 약속하는 수표를 제시함으로써 문제를 해결하는 데 이용되었다.

수표가 민간에서 유통되는 거래 영수증이라면 '자문(尺文)'은 관부에서 발급하는 일종의 영수증이다. 관부에서 발급하는 자문은 거의 한문이나 이두로 작성되었으나 민간에서 유통되는 수표는 한문이나 한글 형식으로 작성되었다.

② 상하달문서

한글 고문서 가운데 비교적 다량의 자료가 남아 있는 '고목(告目)'과 '배자(牌旨/牌子)'는 발급자와 수급자가 제한된 문서이다. 곧 고목은 관아에 하급자가 상급자에게, 혹은 사민들 사이에서도 아랫사람이 윗사람에게 부여된 임무를 수행한 결과나 혹은 문안을 올리는 형식의 고문서이다. 마찬가지로 배자는 상급자가 하급자에게 혹은 윗사람이 아랫사람에게 내리는 형식의 고문서이다.

'배자'는 '牌旨, 牌字 牌子, 背子, 背旨, 빈즈, 빈지' 등의 이름으로 불리는데 관부문서로서 배자와 사인문서로서 배자가 있다. 배자는 지위가 높은 사람이 낮은 사람에게 권한을 위임하거나 어떤 임무를 위임하는 문서이다. 관부에서 발급한 한글 배자 자료는 몇 건이 남아 있으나 사인문서로서의 한글 배자는 다수 남아 있다. 관부문서로서의 '배자'는 지방관이 공납, 호세, 역 등의 면제하는 내용을 일반 백성들에게 발급한 것으로 '관배자(官牌字)'라고 한다. 관배자는 한문으로 작성됨으로써 한글 배자와 차이를 보인다. 사인문서로서 배자는 윗사람인 상전이 아랫사람인 하인이나 노비, 전호 등에게 지시할 내용을 담은 고문서이다. 한문 배자의 사례는 많이 남아 있는데 주로 전답이나 가사의 매매나 전당을 의뢰하는 내용이 주종을 이루고 있다.

전답 방매를 위임하는 배자는 매매명문과도 문서 양식이 흡사하다. 다만 기두어로 '무타라'와 결사에서 '명문성급'과 같은 투식어의 차이가 있으며, '전주, 증인, 필집' 대신에 상전의 착성과 서압을 한다. "남싱원의 ᄒ신 유무과 죵들게 빈즈ᄒ셔 일가 힝ᄎ 간ᄂ 듸 곡셕들 뫼화 굶디 아니케 ᄒ라(남 생원께 보내신 편지와 종들에게 배자 내려서 일가 행차 가는데 곡식을 모아 굶지 아니 하게 하라)"(『병자일기』, 1637.4.4)를 보면 배자가 어떤 성격을 띤 문서인지 알 수 있다.

배자의 내용은 실로 다양하다. 배자에는 전답이나 가기(家器), 대지, 가축, 산지 등의 매매를 위탁하거나 추노를 비롯한 집안 대소사의 일 처리, 운송 등 사민의 가사 생활 전반에 필요한 다양한 일을 지시하는 내용이 담겨 있다. 특히 조선조 사민들은 상행위에 가담하는 일을 금기로 여겼기 때문에 이러한 일은 당연히 아랫사람의 몫이 되었다. 상전의 배자가 하달되면 그 지시 사항을 이행한 결과를 고목의 형식으로 보고하게 된다. 따라서 '배자 고목'은 매우 긴밀한 관계가 있다. 사인문서로서의 배자는 이처럼 한글 언간과 문서 양식상의 혼효를 일으키고 있으며 실제로 한글 언간의 내용 속에 '비즈'라는 어휘가 많이 나타난다. '배자'는 상전이 하인에게 어떤 임무를 부여하거나 매매를 위탁하는 경우에 주로 사용되었다. 특히 매매와 관련된 '배자'는 '명문'이나 '수표'와 혼류되는 모습을 보여주고 있어서 이 두 문서의 변형 양상을 추적해 보는 일도 매우 흥미 있는 작업이 될 것이다.

전답의 방매를 노비에게 지시하는 내용의 배자의 문서 양식은 먼저 ① 이 배자의 수취인은 '奴 永錄 處(노 영록에게)'로 문서의 앞머리에 표시한다. ② 기두어로는 '無他(다름 아니라)'라는 투식어로 나타난다. 배자 외에도 매매명문과 문서 양식이 혼용되면서 '무타, 무타라'라는 투식어가 나타나는데 이 기두어가 배자 문서의 양식적 특징을 나타낸다. 지시 내용은 ③ 매매 사유, ④ 매매대상, ⑤ 매매방식, ⑥ 매매가, ⑦ 매매 후 절차를 차례로 밝히고 있다. ⑧에는 발급 날자를 기재하는데 매매명문에서는 "연호+간지+월일"이 나타나 서기력을 확인하기 용이하나 배자에는 "간지+월일"만 나타나 서기력을 확인하기 어렵다. ⑨에는 '상전'이라는 착명과 서압을 한다. 이처럼 전답, 가사, 산지, 우마 등 각종 매매를 지시하는 배자는 매매명문이나 수표와 문서 양식이 흡사하다. 그러나 전답 위탁 매매를 지시하는 배자가 아닌 경우에는 이미 17세기경부터 한글 언간 형식과 결부되어 편지로 양식화 되었다.

'고목'은 아랫사람이 윗사람에게 올리는 문서이다. 관부에서 사용되는 고목은 주로 한문으로 작성되며, 사인문서로서의 고목은 한글 혹은 한문으로 작성된다. 그러나 한글로 작성된 고목이라고 해도 일부 한글 언간 형식으로 혼효된 자료를 제외하고는 한자 투식어가 다량으로 남아 있다. 넓은 의미에서 한글 고목과 배자는 한글 언간으로도 분류될 수 있으나 발급자가 일상적일 안부를 묻는 것이 아닌 특정한 임무를 부여하거나 부여받은 임부를 보고하는 형식이기 때문에 별도의 문서로 구분할 필요가 있다. 각사의 서리들이 상급자에게 올리는 '고목'이라는 문서 양식은 한문형식으로 유지되었다. 노비나 하인들이 노주나 상전에게 문안을 올리는 내용이거나 배자의 지시 내용을 이행한 결과를 보고하는 사인문서로서의 '고목'은 한문 투식에서 차츰 벗어나 한글 언간 양식인 '상언'이나 '상서'로 통합되었다. 고목과 배자는 어떤 주어진 임무를 수행하라는 지시와 그 결과에 대한 보고 형식이라는 측면에서 매우 밀접한 관계를 맺고 있다. 특히 한글문서로서 고목과 배자는 발급자의 요건에서 분명한 차이가 있다. 고목은 아랫사람이 윗사람에게 올리는 문서이고 배자는 윗사람이 아랫사람에게 발급하는 문서이다. 문서의 양식적 특징으로는 '고목'은 일정한 문서 양식이 있으며, 사용하는 어휘도 한자어나 이두어가 많이 나타난다. 중인이나 하리들이 한문 투식어를 상당히 숙지하고 있었기 때문에 가능한 것이다. 그에 비해 배자는 문서 양식의 고목보다 제약이 그만큼 적다는 점에서 차이를 보인다.

관부문서로서의 고목은 각 관부의 하급관리가 상급관리에게 올리는 간단한 보고서나 문안 인사를 드리는 문서이지만 사인문서로서의 고목은 말 그대로 윗사람이 발급한 '배자'의 지시 사항을 이행한 결과를 보고하는 문서이거나 아랫사람이 윗사람에게 올리는 문안 인사의 형식을 띤다. 사인문서로서의 배자의 내용은 주로 상전이 노비나 전답의 매매나 도망노비를 잡아오라는 명령이나 혹은 도지 수세의 공납, 물건의 운송이나 농지 경작 등을 지시하는 내용으로 매우 다양하게 나타난다. 한편 문안류의 고목은 문서 양식에서 상당히 이탈하여 단순한 문안 편지의 모습으로 변형되었다.

한글 고목은 '惶恐伏地, 伏未審厄下, 氣體候, 一向萬康是白乎喩,伏慕 區區, 無任下誠之至, 伏蒙 下恤之澤, 氣體候 對時萬康'과 같은 한자 투 식어가 많이 나타나는 점에서는 문안 고목인 '상서'와 차이를 보인다. 문서 명칭은 '고목'으로 차이가 없다. 서두 형식을 비교해 보면 "氣體 候, 伏慕區區, 無任下誠之至, 伏蒙下恤之澤, 근근지보ᄒ오듸"와 같은 투식어가 사용되는 점 이외에는 나)와 같이 이미 한글 언간의 모습으 로 바뀌었음을 알 수 있다. 고목의 문서 양식은 ① 문서명과 서두, ② 문안 인사와 시후와 안부, ③ 발급자의 안부 전하기, ④ 아뢸 일, ⑤ 발급 일자와 발급자 (소인) 이름으로 되어 있다. 고목의 문서명, 서두 양식과 결사 양식의 특징에 대해 살펴보자.

③ 집단공고문서

집단공고문서로는 완의, 동계, 문중 문서(문중계, 문중계안, 중계일기, 회문), 촌락 관련 문서(동약, 계문, 동계, 동계안), 계문서(족계, 상부계, 친목계) 등이 있다.

'완의'는 발급자와 수급자가 사전에 합의된 내용을 문서화하여 완 문은 관부에서 완의는 결사체에서 발급하는 문서이다. 이처럼 문서 의 발급과 수급 과정에 어떤 행이 절차를 거치는 지도 문서 분류의 한 기준이 될 수 있다. 완문은 관부에서 사회 구성원 간 사이에 이루어 지는 약속이나 약조를 보증하는 문서라면 '완의'는 사회 결사체의 구성원 간에 이루어진 약속이나 약조를 보증하는 사인문서이다. '완 의'나 '계문'은 성원, 향교, 혹은 동계 등 사회 집단에서 구성원 간의 약속이나 약조를 보증하는 문서로 '완문'과 차이를 보인다. '완의'는 사민층의 종중이나 서원 등 그들의 집단사회에서 발생되는 갈등 문제 를 합의하여 명문화한 문서인데 지금까지 한글로 작성된 '완의'는 나주 회진 나주 임씨가 후손가에 소장된 "정미년 정월 상하 계원에게 발급한 완의" 단 한 건만 발굴되었다. 지방 향리 색리色吏들이 재정 확충의 방법으로 완의를 통해 계방을 형성하고 일정한 재물을 수취하는 조건으로 잡세를 물침하거나 탈역을 도모해 줌으로써 지방 관아와 지방 토호세력 간에 상호 상부상조하는 이해관계가 맞아 떨어졌다. 그러나 이 계방은 조선 후기 사회가 부조리화 하는 폐단의 근원이 되지 않을 수 없었다. 동계에서 집단적으로 합의한 내용을 문서화한 것을 동중 '완의, 완문, 입의, 입안'이라고 한다. 이처럼 향촌 사회의 공동 운영에서 파급되는 상계안, 하계안을 비롯하여 동계치부책, 각종 전답안, 추수기, 수조안 등의 문서들이 한글로 작성된 사례가 대량으로 나타난다. 또한 향촌사회에서는 노동의 협업을 위한 '촌계, 두레' 등 농경의 공동 협력과 길흉사에 상호 부조를 위한 각종 계 조직이 활성화되고 마을 공동행사인 동제나 당제 등을 위한 결사체로 발전되었다.

조선 후기 향촌 사회의 공동체의 이익을 보장 받고 그들 간의 결속을 강화하기 위해 각종의 계가 매우 활발하게 결사되었다. 계원간의 친목을 도모하기 위해 결성된 친목계는 '동갑계, 방회, 유계, 대종계, 종계, 족계, 상계, 학계, 송계'를 비롯한 '군포계, 호포계' 등을 결성하여 공동으로 세금납부를 하였다. 관부에 소속된 관료들의 '청계'와 부상들의 결속체인 보부상'의 결사 등도 이와 동일한 맥락에서 형성된 결사조직이라고 할 수 있다. 이들 각종 결사조직은 반드시 계원 간에 합의한 '완의좌목, 절목, 계칙'을 만들고 그 조직을 운영할 '도유사, 유사'를 정하여 조직을 운영하였다.

향촌 사회의 여론 수렴을 위해 자체적으로 합의를 이루어낸 '완의'나 이들 여론 수렴을 위한 각종 집회를 통고하기 위해서 '통문'을 돌렸다. '완의'는 향촌 사회의 결사체에서 합의된 내용을 정리한 문서라면 '통문'은 각종 결사에서 어떤 합의를 모으기 위해 돌리는 문서이다. 곧 문중이나 동리 단위에서 집단적으로 합의된 사항을 발급하는 문서이다. 완의나 통문은 문서 작성의 주체는 그만큼 다양할 수 있다. 서원이나 향교에서부터 문중이나 동중 등을 비롯하여 향촌사회 각종 결사체에서 발급하였으며 이들은 모두 수급자의 합의 결과를 그 대표들이 다시 수급자에게 알리는 문서이다.

향촌 지배층이었던 사민 양반들은 '향안'과 '향규'를 만들어 스스로 자체의 질서를 유지하면서 철저한 향촌 사회의 신분 계층의 지배질서의 권위를 유지하였다. 문장이나 동주가 향촌에서 생겨나는 각종 민원을 처분하는 권한도 갖게 되었다. 이러한 사민 중심의 결사체와 관련된 고문서는 한글로 작성된 사례는 거의 찾아보기 힘이 든다.

그러나 19세기 이후에는 몰락 양반이 늘어나고 재지 기반이 강화된 비사족층이 대거 사족층으로 신분 상승이 이루어지면서 향촌의 지배질서가 문란해졌다. 이에 따라 사민층의 규제가 약화되고 또 향안의 권위도 무너지는 과정을 겪었다. '향약'은 '향헌, 약조, 입의' 등의 이름으로 사민들이 향촌 하민들의 교화와 질서의 안녕을 유지하기 위해 만들어지게 되었다. '동계'는 '동약, 동규, 입의' 등의 자체 조직 운영을 위한 '동안, 좌목'을 두고 운영을 하였다. '향약'과 '동계'는 향촌 사회 공동체의 제반 문제를 해결하고 상호 협조하기 위해 조직된 결사체이다. 사민들도 향촌 사회에 하민들의 협력과 협조 없이는 농업 경영을 온전히 꾸릴 수 없게 되자 향촌 사회 제반 문제를 해결하기 위해 사민 중심으로 결성된 '상계'와 하민 중심으로 결성된 '하계'가 결합한 '동계'를 결성하여 의사 결정을 통합해 나갈 수밖에 없었다.

특히 16세기 이후 사민층에서는 향교와 서원을 중심으로 한 공동체의 결사와 함께 문중을 중심으로 한 '종계'를 형성하여 족보나 세보를 만들며 그들끼리의 결속을 강화해 갔다. 그와 더불어 향촌 사회의 여론과 공동체의 이익을 위해 '상소, 유소, 통문, 품목'을 지방 관아나 중앙 관부로 제출하여 그들의 공동체 이익을 확보하는 동시에 때로는 국정에도 관여하였다. 이와 함께 향교나 서원의 운영을 위한 유생의 명단인 청금록이나 향교나 서원의 전답 양안, 노비명부 등의 고문서가 있으나 대부분 한문으로 작성되었다. 서원이나 향교의 창건이나 중수에 대한 기록, 배향 인물에 대한 자료, 서원 운영의 임원록, 절목, 입안, 학규, 홀기 등의 자료도 거의 대부분 한문으로 작성되었다. 조선 후기에 들어서서 전국적으로 확산되었던 동계는 양반 중심으로 운영되었던 상계와 하민 중심으로 운영되었던 하계가 따로 운영되다가 상호 협력이 필요할 경우 동계로 공동운영을 하기도 하였다. 상계는 '족계'라고 할 만큼 사민들의 가문 중심으로 결사된 조직이었다. 동계에서 집단적으로 합의한 내용을 문서화 한 것을 동중 '완의, 완문, 입의, 입안'이라고 한다. 이처럼 향촌 사회의 공동 운영에서 파급되는 상계안, 하계안을 비롯하여 동계치부책, 각종 전답안, 추수기, 수조안 등의 문서들이 한글로 작성된 사례가 대량으로 나타난다. 또한 향촌 사회에서는 노동의 협업을 위한 '촌계, 두레' 등 농경의 공동 협력과 길흉사에 상호 부조를 위한 각종 계 조직이 활성화되고 마을 공동행사인 동제나 당제 등을 위한 결사체로 발전되었다. 조선 후기 향촌 사회의 공동체의 이익을 보장받고 그들 간의 결속을 강화하기 위해 각종의 계가 매우 활발하게 결사되었다. 계원간의 친목을 도모하기 위해 결성된 친목계는 '동갑계, 방회, 유계, 대종계, 종계, 족계, 상계, 학계, 송계'를 비롯한 '군포계, 호포계' 등을 결성하여 공동으로 친목을 도모하고 또 공동으로 세금납부를 하였다. 관부에 소속된 관료들의 '청계'와 부상들의 결속체인 '보부상'의 결사 등도 이와 동일 한 맥락에서 형성된 결사조직이라고 할 수 있다.

'완의'가 향촌 사회의 결사체에서 합의된 내용을 정리한 문서라면 '통문'은 각종 결사에서 어떤 합의를 모으기 위해 돌리는 문서이다. 곧 완의는 문중이나 동리 단위에서 집단적으로 합의된 사항을 발급하는 문서이다. 완의나 통문의 문서 작성의 주체는 그만큼 다양할 수 있다. 서원이나 향교에서부터 문중이나 동중 등을 비롯하여 향촌사회 각종 결사체에서 발급하였으며 이들은 모두 수급자의 합의 결과를 그 대표들이 다시 수급자에게 알리는 문서이다.

3) 한글 고기록물

한글 고기록물은 앞에서 한글 고문서의 분류 방식에서 밝힌 바와 같이 매우 다양하게 분류될 수 있다. 엄격한 의미에서 고문서의 범주에서 제외되어야 하기 때문에 '발기'에 대한 내용만 간단하게 살펴보고자 한다.

'발기'의 개념은 『표준국어대사전』에서는 "발기(-記) (명) 사람이나 물건의 이름을 죽 적어 놓은 글. ≒건기01(件記)"로 뜻풀이를 하여 매우 폭넓게 정의하고 있으며, '네이버백과사전'에서는 '발기(撥記, 件記)'는 "조선 시대 궁중 문서로 남아 있는 물품명과 그 수량을 적은 글발"로 정의하면서 구체적으로 "불기·발긔 등으로 표기되며, 건기·단자라고도 한다. 어떤 계제에 물품을 장만하거나 주고받을 때 첨부하는 물목이므로, 이것으로 궁중의 각종 행사, 절후에 따라 소용된 복식, 기물의 종류와 건수를 알 수가 있다"라고 정의하고 있다. 한글 고문서 분류 체계에서는 사인 기록 문서로 '치부', '단자(單子)' 또는 '건기(件記)'로 분류하고 있는데 이 '단자'와 '물목'과 '발기', 그리고 사민층에서 물건명이나 수량을 기록한 '치부'류와의 고문서 분류상 상호 관련 체계에 대해서는 지금까지 깊이 있는 논의가 없었던 것으로 알고 있다. 따라서 '단자'나 '발기'와 관련되는 고문서의 하위분류를 위해서는 ① 발급자가 왕실을 포함한 관부냐 사인문서냐의 기준, ② 발급자와 수급자의 기준, ③ 문서 내용에 따른 분류 기준이 필요하다.

'발기'는 상례나 혼례 혹은 특별한 접빈을 위한 준비 과정에서 사람이나 물건의 이름을 죽 적어 놓은 글로서 이두어로 '건기(件記)'라고 부르기도 한다. '발기'는 궁중이나 일반 사가에서 국가 행사나 혹은 혼례 때 행사 물목이나 혹은 사돈댁에 보낼 물건의 명칭이나 전례를 담당할 역할을 기록한 고문서이기도 하다. '발기'와 '물목'은 물건의 종류와 치수, 숫자를 기록한 것으로 매우 비슷하지만 공공성의 유무에 따라 차이를 보인다.

이상에서 한글로 작성한 고문서 50종을 유형별로 구분하여 자료집으로 엮었다. 이를 계기로 하여 한글에 대한 이해의 폭을 넓히고 앞으로 한글 고문서와 기록물 자료의 보존 관리를 위한 기회가 되기를 기원한다. 한글 자료는 세계 문화유산이라고 할 수 있다. 지속적으로 양질의 고문서 자료를 수집 정리하는 동시에 한글 고문서를 관리할 수 있는 인력을 양성하고 또 한글 자료를 디지털아카이브로 구축하여 연구자들뿐만 아니라 일반인들에게 제공될 수 있는 기회가 되기를 바란다.

6. 한글 고문서 자료

1) 한글 관부문서(왕실·중앙 및 지방관부)

① 교령문서(어제·유서·전유·교시·전교·국서)

No.	발급일	문서명	크기(cm)	소장처
1	갑신(1464)년	오대산 상원사 중창 권선문과 세조 어제	28.5×60	상원사
2	계사(1593)년	선조가 백성에게 발급한 한글유서	80×40	부산시립 박물관
3	천계(1622)년	왕비 유씨의 상소문 사본	미확인	장서각
4	경신(1680)년	명성대비가 송시열에게 발급한 전유 (모사본)	33×19	우암 종택
5	임술(1802)년	정순왕후가 신귀조에게 발급한 전교	미확인	고 김일근 교수
6	경자(1840)년	순원왕후 김씨가 대왕대비 시절에 쓴 언문 전교 사본	미확인	개인소장

7	임자(1852)년	김명희가 자부에게 전한 인원왕후 어서 표제	12.5×28.4	개인소장
8		대한제국 국서	78×17.5	개인소장
9	광무 11(1907)년	황제 유서	51×38	개인소장

② 통고문서

□ 고유·조칙·고시·전령

No.	발급일	문서명	크기(cm)	소장처
1	병인(1890)년	전라도 남원부에서 순사도가 발급한 발급한 전령	20.8×18.5	개인소장
2	임오(1892)년	전라 순창 팔등면 고유	미확인	국립민속박물관
3	을미(1895)년	각촌 대소민에게 내리는 고유	173×25	국민대학교
4	신축(1901)년	전라도 흥양군수 박지양이 군민에게 발급한 조칙	미확인	개인 소장
5	미상	경상도 관찰사 박중양이 발급한 전령	25.5×87.5	개인 소장
6	융희 1(1907)년	순종 칙령, 함창 군수가 군민에게 발급한 고시	31.1×81.9	개인 소장
7	미상	집강에게 발급 전령	20×34	개인 소장

□ 감결·조회

No.	발급일	문서명	크기(cm)	소장처
1	미상	계유년 순사도 감결	25.7×238	개인 소장
2	가경 을해년	감결	19.7×148	개인 소장
3	광무 10(1906)년	안산 진주 류씨 댁에서 순천 군수에게 발급한 조회	49×31	한국학중앙연구원

③ 인증문서

□ 완문

No.	발급일	문서명	크기(cm)	소장처
1	임오(1882)년	충청도 홍성 장방청 발급 계방수호 완문	23×19.8	국사편찬위원회

④ 소지·청원문서

No.	발급일	문서명	크기(cm)	소장처
1	광무 4(1900)년	상주 진주 정씨 우복 종택 정 안동 댁 노비 영근이 경상도 관찰사에게 발급한 의송	41.7×26.5	우복 종손가

□ 상언·격쟁

No.	발급일	문서명	크기(cm)	소장처
1	옹정 5(1726)년	충청도 부여현에 사는 고 영부사 이이명의 처 김씨 부인의 상언	153.5×79	개인소장
2	신유(1801)년	이찬 부인 조씨의 상언	150×34	개인소장
3	미상	하인 고만석이 올린 격쟁 원정	16.9×24.3	『청구야담』

□ 소지

(의송)

No.	발급일	문서명	크기(cm)	소장처
1	병신(1656)년	황중윤의 숙부인 완산 이씨 소지	50×70	국학진흥원
2	기묘년	계말 한효덕이 청중에 발급한 소지	67×47	개인소장
3	무인(1878)년	청마을 권노실이 대정중에 발급한 소지	64×45.6	개인 소장
4	병자(1900)년	서산 대교 경주 김씨 노비 광록이 부여 군수에게 발급한 소지	34.3×53.3	개인소장

(소지)

(원정)

No.	발급일	문서명	크기(cm)	소장처
1	갑술년	몽도면 수락리에 사는 미망인 최성이 성주에게 발급한 원정	52×35	규장각 한국학연구원
2	갑오(1894)년	충청도 홍성군 은하면 상국리 김과부가 성주에게 발급한 원정	71.2×58.7	개인 소장
3	경자년	서면 반곡리에 사는 김소사가 관주에게 발급한 원정	62×39	규장각 한국학연구원
4	계미년	해안면 망하에 사는 정소사가 관사에게 발급한 원정	63×37	규장각 한국학연구원
5	계미년	홍산 해안면 망하에 사는 정소사가 수의사또에게 발급한 원정	63×40	규장각 한국학연구원
6	기묘년	도내 공주 진두면 야곡리에 사는 미망인 유씨가 순상에게 발급한 원정	64×41	규장각 한국학연구원
7	기묘년	월오 동면 산성리에 사는 김과부가 성주에게 발급한 원정	58×36	규장각 한국학연구원
8	기묘년	진두면 야곡리에 사는 미망인 유씨가 성주에게 발급한 원정	64×41	규장각 한국학연구원
9	병자(1816)년	구례에 사는 류 풍천 손부 조씨가 순상에게 발급한 원정(1)	58×102	
10	병자(1816)년	옥수 류진억의 처 조씨가 성주에게 발급한 원정(2)	72×105	
11	병자(1816)년	구례에 사는 류 풍천 손부 조씨가 순찰사에게 발급한 원정(3)	49×86	
12	계유(1873)년	충청도 정산현 청면 지곡리에 사는 김씨가 성주에게 발급한 원정	71.2×58.7	개인 소장
13	기유년	신곡리에 사는 장조사가 동주에게 발급한씨 원정	56×48	규장각 한국학연구원
14	기유년	용화동 신곡리에 사는 장소사가 사또주에게 발급한 원정	55×34	규장각 한국학연구원
15	기축년	이곽삼의 모 유씨가 성주에게 발급한 원정	50×101	국민대학교
16	기해년	과부 김씨가 성주에게 발급한 원정	14.5×22	홍윤표 교수
17	미상	전주동에 사는 고학생 이홍선의 처 과	229.5×33.4	

		부 김씨의 원정		
18	무진년	해평에 사는 김 조사가 동주에게 발급한 원정	55×55	규장각 한국학연구원
19	병자(1876)년	공주 정안면 도현리 미망인 정씨 부인이 순사도에게 발급한 원정	97.5×56	개인 소장
20	신미년	북변면 미망인 구씨가 성주에게 발급한 원정	58×38	규장각 한국학연구원
21	신축(1901)년	충청도 천안 원이면에 사는 백씨 과부가 시찰사또에게 발급한 원정(1)	65×41	규장각 한국학연구원
22	신축(1901)년	충청도 천안 원이면에 사는 백씨 과부가 사또주에게 발급한 원정(2)	52×35	규장각 한국학연구원
23	신해년	모인이 성주에게 발급한 혈서 원정	77.6×46	개인 소장
24	을축년	서천 장항면 기동리에 사는 이씨가 성주에게 발급한 원정(1)	61×40	규장각 한국학연구원
25	을축년	서천 장항면 기동리에 사는 이씨가 전주에게 발급한 원정(2)	61×40	규장각 한국학연구원
26	임인년	천동면 왕전에 사는 김소과가 범사주에게 발급한 원정	34×42	규장각 한국학연구원
27	정미(1907)년	중매장이 이용규의 원정	38×36	개인 소장
28	정유(1837, 1897)년	남중면 가경리에 사는 윤씨가 성주에게 발급한 원정	79×52	국립민속박물관

(발괄)

No.	발급일	문서명	크기(cm)	소장처
1	기축(1889)년	지평 현민 노상 발괄	53×51	고 김일근 교수
2	갑진(1904)년	충청도 노성에 사는 백씨 여인이 여산 군수에게 발급한 발괄(1차)	43×69	전북대학교
3	갑진(1904)년	충청도 노성에 사는 백씨 여인이 여산 군수에게 발급한 발괄	44×35	전북대학교
4	갑진(1904)년	충청도 노성에 사는 백씨 여인이 여산 군수에게 발급한 발괄	36×29	전북대학교
5	경술(1910)년	포곡면 수하동 조오월쇠 어미 박소사의 발괄	미확인	고 김일근 교수

No.	발급일	문서명	크기(cm)	소장처
6	병인(1926)년	청주 북문안에 사는 강순복이 대동에 발급한 발괄	61×38	규장각 한국학연구원
7	신축년	서상면 중강리 김소사가 안전주에게 발급한 발괄	63×39	규장각 한국학연구원

(언문단자)

No.	발급일	문서명	크기(cm)	소장처
1	기사(1689)년	한성 남부동에 사는 조지원의 처 정씨가 예조에 발급한 언문단자	57.5×83	개인소장
2	병오(1906)년	북삼면 모곡리 미망인 윤과부 언문 단자	54×36	개인 소장
3	신사년	내산내면 마전리에 사는 정소사가 관사에게 발급한 언문단자	50×34	규장각 한국학연구원
4	을묘(1915)년	권희수가 청중에 첨존 이상좌에게 발급한 단자	미확인	개인소장
5	임자년	안진옥이 동중내 첨존에게 발급한 언문단자	41×41	규장각 한국학연구원
6	정유년	흥안 송면 거랄리 이씨 과부의 언문단자	미확인	고 김일근 교수
7	기□년	월오동 산성리에 사는 김과녀가 성주에게 발급한 언문단자	51×34	규장각 한국학연구원

(등장)

No.	발급일	문서명	크기(cm)	소장처
1	기사년	화양동민 전팡원 외 14명 등 동민이 대감주에게 발급한 등장	114×46	규장각 한국학연구원
2	계묘(1903)년	일도면 여미리 문내에 사는 전군수 이현학 등 동문이 성주에게 발급한 등장	59×39	규장각 한국학연구원

(청원·진정·고소장)

No.	발급일	문서명	크기(cm)	소장처
1	1900 연대	상주 진주 정씨 우복 종택 이갑득이 발급한 청원서	11×24.2	우복 종손가
2	1900 연대	상주 진주 정씨 우복 종택 정선묵이	29.6×24.5	우복 종손가

		발급한 청원서		
3	1934년	상궁 천일청이 이왕직 두임 이응훈에게 발급한 진정서	32×23.5	장서각
4	연대 미상	최호상이 발급한 청원서	68.5×8	개인소장
5	1930년	최장희가 이왕직 총통 각하에게 발급한 청원서	310×309	개인소장
6	1930년	최장희가 이왕직 총통에게 발급한 청원서	60.5×25.5	개인소장
7	1934년	상궁 천일청이 이왕직 과장 리승묵씨와 주임 리응훈에게 발급한 청원서	32×23.5	개인소장
8	1909년	동도면 서외리 김소사가 성주에게 발급한 청원서	55×53	국민대학교
9	1942년	나인 일동이 산림과장 굴일운에게 발급한 진정서	83×25.5	개인소장
10	계유년	최장호가 이주사에게 낸 진정서	14.5×22	개인소장
11	미상	제천 한수 연안 이씨 댁 이철승이 연풍군 헌병 분소에 발급한 고소장	31×23	개인소장

2) 한글 사인문서

① 약속·계약문서

□ 분재기

No.	발급일	문서명	크기(cm)	소장처
1	병자(1636)년	경주 최씨 댁 최진립의 한글 편지에 실린 분재기	미확인	한국학중앙연구원
2	갑진(1644)년	경주 최씨 백불암 종택의 적모 이씨가 서자와 노비에게 발급한 작개 분전기	43×76.5	안동대학교
3	갑진(1664)년	해남 윤씨 댁 유정린이 누나인 전주 류씨에게 보낸 분재 편지	53×21	해남 윤씨 종택
4	갑진(1664)년	해남 윤씨 댁 유정린이 누나인 전주	48×27	해남 윤씨 종택

		류씨에게 보낸 분재 편지		
5	신해(1671)년	우암 송시열이 맏손부에게 발급한 별급 분재기	33×102	국립청주박물관
6	미상	최영천의 처 숙인 안동 권씨의 분재기	133×34	남권희 교수
7	미상	나주 회진 나주 임씨 창계 후손가 별득 회진 댁 별급	15×40.5	창계 후손 종택
8	상지 23(1817)년	재주모 조씨가 발급한 전답·노비 별급 분재기	미확인	개인소장
9	갑인년	구례 문화 류씨 댁 재주가 술이 모에게 발급한 분재명문	56×50	구례 문화 류씨 종택

□ 명문

(노비 명문)

No.	발급일	문서명	크기(cm)	소장처
1	미상	풍산 하회 류씨 한글 노비 명문	31×17	한국학중앙연구원
2	미상	풍산 하회 류씨 한글 노비 명문	22×23	한국학중앙연구원
3	임진년	풍산 유씨가의 한글 노비 명문	30×16	한국학중앙연구원
4	을사(1665)년	창원 황씨 댁 노비호적	100.5×28.2	창원 황씨 종택

(전답·가사·산지 매매명문)

No.	발급일	문서명	크기(cm)	소장처
1	건륭 30(1765)년	김명선이 조원처에게 발급한 전답가사 매매명문	34.5×44.2	영남대학교 중앙도서관
2	건륭 32(1767)년	광주 경주 손씨 댁 구백화가 발급한 전답 매매명문	45×40	한국학중앙연구원
3	건륭 32(1767)년	광주 경주 손씨 댁 양후성이 구잉애에게 발급한 전답 매매명문	43×40	한국학중앙연구원
4	건륭 49(1784)년	안동 주촌 진성 이씨 댁 삼바회가 재원에게 발급한 전답 매매명문	34×44	서울역사박물관
5	건륭 59(1794)년	김중근이 김춘복에게 발급한 전답 매매명문	60×40	개인 소장

6	가경 16(1811)년	정복수가 노비 상춘에게 발급한 가옥 매매명문	37.9×47	국립민속박물관
7	가경 1(1796)년	노비 원재가 삼례에게 발급한 전답 매 매명문	25×37.5	개인 소장
8	가경 3(1798)년	문수만이 이생원 댁 노비 삼례에게 발 급한 전답 매매명문	27.2×23	개인 소장
9	가경 9(1804)년	노비 모인이 발급한 상전 댁 전답 매 매명문	30×36	개인 소장
10	가경 12(1815)년	수득이 기동에게 발급한 전답 매매명문	34×24.5	개인 소장
11	가경 20(1815)년	강조시가 김복쇠에게 발급한 가사 전 당명문	65×43	개인 소장
12	가경 21(1816)년	안동 주촌 진성 이씨 댁 김복래가 남 명태에게 발급한 전답 매매명문	21×64	서울역사박물관
13	가경 26(1826)년	종상이 교상에게 발급한 전답 매매명문	31.7×36	개인 소장
14	갑술(1814)년	참봉 댁 상전이 노비 덕수에게 발급한 전답 매매명문	26×38.5	개인 소장
15	병자(1816)년	광주 경주 손씨 댁 김복체가 발급한 전답 매매명문	39×29	한국학중앙연구원
16	도광 10(1830)년	예호림이 이씨 댁 노비 사돌이게 전답 매매명문	26.8×47.5	개인 소장
17	도광 1(1821)년	설형이 양동리에 이존상게게 발급한 전답 매매명문	30.5×45.6	개인 소장
18	도광 3(1823)년	두동이 귀손에게 발급한 전답 매매명문	26.3×27.5	개인 소장
19	함풍 10(1860)년	안판놈이 변춘대에게 발급한 전답 매 매명문	45×38	개인 소장
20	도광 27(1847)년	김계동이 권귀학에게 발급한 전답 매 매명문	38.5×42	한국학중앙연구원
21	도광 29(1849)년	최치서가 김여첨에게 발급한 수기	미확인	개인 소장
22	도광 40(1834)년	원홍손이 이삼에게 발급한 전답 매매 명문	32.6×27	영남대학교

23	광서 3(1877)년	노비 술이가 발급한 전답 매매명문	24.8×38	개인 소장
24	광서 4(1878)년	서씨 댁 노비가 이씨 댁 노비 사동에게 발급한 전답 매매명문	26.5×25.6	개인 소장
25	동치 13(1874)년	노비 안억이 상전에게 발급한 계중답 매매명문	27×36.5	개인 소장
26	동치 14(1875)년	귀득이 발급한 전답 매매명문	30.5×34.5	개인 소장
27	동치 14(1876)년	오일술이 발급한 전답 매매명문	28.5×24.5	개인 소장
28	을사(1845)년	부안 김씨 댁, 도쇠가 밤쇠에게 발급한 전답 매매명문	51×49	한국학중앙연구원
29	함풍 1(1851)년	정치준이 한철주에게 발급한 전답 매매명문	58.5×51.5	남권희 교수
30	함풍 10(1861)년	임덕남이 진학열에게 발급한 전답 매매명문	38.9×48.6	개인 소장
31	함풍 8(1856)년	유학 전화석이 발급한 전답 매매명문	43×39	전북대학교
32	동치 1(1862)년	최종이 최용문에게 발급한 가사 전답 매매명문	36.5×31.5	개인 소장
33	동치 8(1869)년	조철록이 김학손에게 발급한 전답 매매명문	57×30.8	이정옥 교수
34	동치 8(1869)년	김종석/김경오가 김여호에게 발급한 전답 매매명문	32×35.8	개인 소장
35	동치 11(1871)년	박장손이 발급한 전답 매매명문	미상	개인소장
36	동치 9(1879)년	김씨 댁 노비 대복이 복녹에게 발급한 전답가사 매매명문	30.2×33.5	영남대학교
37	동치 14(1884)년	김인단이 김치문에게 발급한 전답 매매명문	34.5×41.4	개인 소장
38	광서 2(1876)년	공주 정안면 신씨 부인인 이 선달 댁 노비 서산이에게 발급한 가사·전답 매매명문	42.8×49	개인 소장
39	광서	김부근이 오덕에게 발급한 전답 매매	28.5×32.5	개인 소장

	2(1876)년	명문		
40	광서 3(1877)년	오덕이 이학이에게 발급한 전답 매매 명문	35.5×31.5	개인 소장
41	광서 3(1877)년	안동 주촌 진성 이씨 댁 김연삼이 발급한 전답 매매명문	31×51	서울역사박물관
42	광서 7(1881)년	김재걸이 안동 주촌 진성 이씨 댁에 발급한 전답 매매명문	35×42	서울역사박물관
43	광서 22(1896)년	김용이 안동 주촌 진성 이씨 댁에 발급한 전답 매매명문	32×29	서울역사박물관
44	상지 35(1898)년	남귀요가 안동 주촌 진성 이씨 댁 노비 종덕에게 발급한 전답 매매명문	35×21	서울역사박물관
45	상지 35(1898)년	안동 주촌 진성 이씨 댁 남기요가 종덕에게 발급한 전답 매매명문	31×51	서울역사박물관
46	광무 6(1901)년	안동 주촌 진성 이씨 댁 황일선이 발급한 전답 매매명문	46×41	서울역사박물관
47	광무 11(1908)년	마학삼이 발급한 전답 매매명문	38×31	전북대학교
48	경묘년	상전 윤씨가 노비 명남에게 발급한 전답 매매명문	35.5×46.7	개인 소장
49	경인년	미망인 송씨의 산지 매매명문	45×31	전북대학교
50	병오(1906)년	전라도 동복군 내남면 박연옥이 발급한 전답 매매명문	44×35	전남대학교
51	신축년	안동 주촌 진성 이씨 댁 풀귀가 상전 댁에 발급한 전답 매매명문	40×22	서울역사박물관
52	연대 미상	성주 벽진 이씨 완석정 종택 이수산이가 조끝남에게 발급한 전답 매매명문	35.7×39	한국학중앙연구원
53	연대 미상	의성 김씨 댁 김성후가 발급한 전답 매매명문	32×56	한국학중앙연구원
54	을유년	김운득이 조 생원 댁에 발급한 전답 매매명문	105×100	향토자료실이충희
55	연대 미상	안산 진주 류씨 댁 상전 김이 노비 사인에게 발급한 전답 매매명문	61×29	한국학중앙연구원
56	연대 미상	노비 원재가 노비 기동에게 발급한 전답 매매명문	24.5×28.5	개인 소장

(이양·전당명문)

No.	발급일	문서명	크기(cm)	소장처
1	가경 20(1815)년	강여인이 김복쇠에게 발급한 가사 전당명문	65×43	개인 소장
2	광서 8(1882)년	와란 댁에서 홍원 댁 노비 이석인에게 발급한 산지 전당 명문	53.5×48	개인 소장
3	광서 8(1882)년	홍원 댁 노비 석인에게 발급한 산지 전당 명문	53.5×48	개인 소장
4	경자(1900)년	분례가 상전 댁 작은 아씨에게 발급한 전답 이양명문	38×23	고 김일근 교수
5	무인년	서산 대교 경주 김씨 댁 화동 김가가 발급한 전당 매매명문	20×23.3	한국학중앙연구원
6	연대 미상	의성 김씨 댁 천상각파 김성준의 전답 상환 명문	32×56	한국학중앙연구원

(가축 매매명문)

No.	발급일	문서명	크기(cm)	소장처
1	계해(1803)년	하회 북촌 댁 억술이가 발급한 가축 매매문기	23.4×18	한국국학진흥원

(자매·양자명문)

No.	발급일	문서명	크기(cm)	소장처
1	가경 5(1880)년	이일제의 양자 분재명문	38.5×38	홍윤표 교수
2	대정 14(1925)년	고복용의 아들 정준을 임시호에게 수양자로 이양한 명문	미상	개인 소장

□수표·다짐·차용증서

(수표)

No.	발급일	문서명	크기(cm)	소장처
1	임오(1702)년	부여 은산 함양 박씨 댁 상전 정씨가 노비 말남에게 발급한 전답 매매수표	47×27	한국학중앙연구원
2	건융 21(1756)년	신명휴의 처 여씨가 신경행에게 발급한 수표	미상	고 김일근 교수22)
3	함풍 10(1819)년	유과부가 진학열에게 발급한 한글 수표	38.9×48.6	개인 소장
4	기축 (1829 혹은 1889)년	망인의 모와 처의 이굴 다짐	26×34	전북대학교
5	병신(1836)년	들목 조씨 댁 하인 김귀불이 발급한 송추매매 수기	30.2×24.4	들목 조씨 소장 고문서
6	병자(1846)년	노비 일용이 진주 강씨 기헌 고택에 발급한 전당 수표	32.5×59	진주 강씨 기헌 고택, 국학진흥원
7	정미 (1847 혹은 1907)년	김상길의 수표	21×24	국민대학교
8	을묘(1855)년	김춘흥이 손 생원 댁에 발급한 이굴 다짐 수기	32×22	전북대학교
9	가경 24(1861)년	임덕남이 진학열에게 발급한 전답 매매수표	38.9×48.6	개인 소장
10	을축(1865)년	고산군 운북면 권택용의 수표	39.5×22.8	경북대학교
11	임오(1882)년	이첨지가 래도에게 발급한 수표	23×13	국립민속박물관
12	무자(1886)년	양기연의 전답 전당 수표	34×17	전북대학교
13	정유(1897)년	장씨 여인이 부여 은산 함양 박 승지 댁에 재발급한 수표	39×31	한국학중앙연구원
14	정축(1877)년	진주 강씨 댁 하인 만이가 발급한 수표	23×13	진주 강씨 기헌 고택, 국학진흥원
15	경인(1890)년	함술길이 발급한 수표	22.9×22.1	개인 소장
16	을미(1895)년	해평 댁 전씨의 수표	미상	규장각 한국학연구원
17	대한 광무	박주사 춘동부인 평택 임씨 수표	42×58	고 김일근 교수

	10(1906)년			
18	명치 43(1910)년	문소사가 송복현에게 발급한 수표	32.7×40	개인 소장
19	경술(1910)년	문소사가 송주사에게 발급한 수표	23.9×22.8	개인 소장
20	경술(1910)년	여산 송씨 댁 이단양이 발급한 수기	19×24	국민대학교
21	갑인년	장순노가 전서방에게 발급한 수표	12.4×23.4	홍윤표 교수
22	경오년	오성신이 수기	19.4×16.3	한국학중앙연구원
23	계사년	아산 선교 장흥 임 생원 댁에 발급한 수표	14.8×21.6	한국학중앙연구원
24	계사년	최성열이 이 생원 댁에 발급한 수표	22.5×20.3	개인 소장
25	기유년	조성찰이 발급한 수표	11.2×16.8	홍윤표 교수
26	기유년	지만택이 한 생원 댁 노비 석대에게 발급한 수표	19×34.6	개인 소장
27	기축년	독기가 상전에게 발급한 수표	22.6×38.8	개인 소장
28	무신년	이병관의 미수 수기	22.5×31	한국학중앙연구원
29	무인년	김영오가 발급한 수표	20.6×21.7	개인 소장

(자매·선척 수표)

No.	발급일	문서명	크기(cm)	소장처
1	경자(1840)년	박사화가 모인 댁에 발급한 딸을 구활 노비로 매매한 수표	24×42.8	개인 소장
2	임인년	김예경이 발급한 선척 방매 수표	26×77.3	개인 소장

(자문尺文·전문·계약서)

No.	발급일	문서명	크기(cm)	소장처
1	갑자(1864)년	회덕 은진 송씨 동춘당 후손가 자문	87.2×26	한국학중앙연구원
2	1873년	계유년 옥구 김내윤에게 발급한 자문	15.6×18	이정옥 교수
3	갑신년	자문	17×6.5	개인 소장
4	갑오년	안동 전주 류씨 수곡종택 자문(1)	미확인	한국학중앙연구원
5	갑오년	안동 전주 류씨 수곡종택 자문(2)	미확인	한국학중앙연구원

---

22) 김일근, 최고의 순한글 토지매도장 발견, 조선일보 1980년 10월 8일.

6	갑오년	안동 전주 류씨 수곡종택 자문(3)	미확인	한국학중앙연구원
7	갑인년	장순노가 발급한 영수증	12.4×23.4	홍윤표 교수
8	경오년	전환분에게 발급한 태화전 자문(2)~(6)	12.9×8	이정옥 교수
9	경오년	전환분에게 발급한 태화전 자문(1)	13×29	이정옥 교수
10	기축년	자문	19×5.9	홍윤표 교수
11	대정 7(1918)년	김성모가 발급한 화해계약	43.3×22.9	홍윤표 교수
12	대정년	차용증서	19.6×19.8	홍윤표 교수
13	무오 (1858 혹은 1910)년	엄영수가 발급한 계약서	23.4×31	개인 소장
14	무오년	엄영수가 발급한 계약서	33.3×40.5	개인 소장
15	연대 미상	석물 제조 계약서	65.4×18	홍윤표 교수
16	연대 미상	아산 선교 장흥 임씨 댁 자문(김영지선 추심이라)	4.6×11.3	한국학중앙연구원
17	연대 미상	여산 송씨 댁 영수증	12×15	국민대학교
18	연대 미상	향청 발급 공납 영수증	12.9×8	개인 소장

② 상하달문서

□ 배자

No.	발급일	문서명	크기(cm)	소장처
1	임윤(1652)년 전후	해남 윤씨 댁 윤인미가 노비 애순에게 발급한 배자	31×19.8	해남 윤씨 종택
2	병인(1686)년	해남 윤씨 댁 윤이구의 부인 연안 이씨가 노비 일삼에게 발급한 배자	28.5×26.5	해남 윤씨 종택
3	병인(1686)년	해남 윤씨 댁 상전 노비 애순에게 발급한 배자	31×19.8	한국학중앙연구원
4	을축(1685)년	상전 김성달이 노비 순이에게 발급한 배자	미확인	한국학중앙연구원
5	임신(1692)년	은진 송씨 댁 송규렴이 소작노 기축에게 발급한 배자	33×46	한국학중앙연구원
6	17세기 초	경상도 현풍 곽씨 곽주가 노비 곽상에게 발급한 배자	31×19.8	국립대구박물관

7	을유(1765)년	구례 문화 류씨 노비 치위에게 발급한 토지 방매 배자	49×33	한국학중앙연구원
8	정유(1777)년	상전 이씨 댁 노비 늦봉이에게 발급한 배자	45×29	국민대학교
9	병자(1816)년	남원 구례 삭령 최씨 댁 상전이 노비 흥복에게 발급한 배자	18×29	한국학중앙연구원
10	병자(1816)년	삭령 최씨 댁 상전이 노비 흥복에게 발급한 배자	18×29	한국학중앙연구원
11	병술(1826)년	의성 김씨 천전파 하인 황소가 상전에게 발급한 고목	50×25	한국학중앙연구원
12	갑인(1854)년 3월	조 병사 댁 상전이 노비 억쇠에게 발급한 배자	43×32	남권희 교수
13	갑인(1854)년 6월	조 병사 댁 상전이 노비 억쇠에게 발급한 배자	41.9×34	남권희 교수
14	을사 (1845 혹은 1905)년	상전 조씨가 노비 만길에게 발급한 배자	43×31.5	들목 조씨 소장 고문서
15	1850년대	해주 오씨 댁 오정수가 하인 억길에게 발급한 배자	18×18	한국학중앙연구원
16	경술(1850)년	의원이 의성 김씨 학봉파 종택 상전이 노비 순임에게 발급한 배자	43×25	한국학중앙연구원
17	을해(1875)년	노비 방매를 위해 상전이 남돌에게 발급한 배자	26×40.5	영남대학교
18	을유(1885)년	구례 문화 류씨 댁 상전이 노비 치위에게 발급한 전답 방매 배자	49×33	한국학중앙연구원
19	을축(1889)년	노비 복돌에게 발급한 배자	31.3×23.5	경북대학교
20	경인년	의성 김씨 댁 상전 김시인이 노비 간 걸에게 발급한 배자	22×23	한국학중앙연구원
21	경축년	의성 김씨 댁 천상낙파 상전이 노비에게 발급한 배자	22×23	한국학중앙연구원
22	병신년	부안 김씨 댁 상전이 개쇠에게 발급한 배자	22×21	한국학중앙연구원
23	병신년	상전 김씨가 노비 돌학에게 발급한 배자	22.4×22	개인 소장
23	가경 24(1819)년	김재오가 임청운에게 발급한 한문 명문	38.9×48.6	개인 소장

25	신해년	구례 문화 류씨 댁 상전이 노비 태재에게 발급한 배자	30×20	한국학중앙연구원
26	연대 미상	의성 김씨 천전파 종택 상전이 하인 김서방에게 발급한 배자	23×21	한국학중앙연구원
27	연대 미상	의성 김씨 천전파 종택 상전이 하인 김서방에게 발급한 배자	28×24	한국학중앙연구원
28	연대 미상	의성 김씨 댁 천상낙파 상전이 노비 돌이에게 발급한 배자	14×22	한국학중앙연구원
29	연대 미상	의성 김씨 댁 천상낙파 윤씨 댁 상전이 노비 근이에게 발급한 배자	26×24	한국학중앙연구원
30	연대 미상	초계 정씨 댁 상전에 하인에게 발급한 배자	13×23	한국학중앙연구원
31	연대 미상	안동 진성 이씨 번남가 댁 상전이 하인에게 발급한 배자	46.5×23.5	서울역사박물관
32	연대 미상	안동 진성 이씨 번남가 상전이 하인에게 발급한 배자	46.5×23.5	서울역사박물관

□ 고목

No.	발급일	문서명	크기(cm)	소장처
1	계축(1673)년	이사원 등이 해남 윤씨 댁에 발급한 고목	37×33	한국학중앙연구원
2	정묘(1687)년	노비 홍렬이 해남 윤씨 댁 상전에게 발급한 고목	23.2×26.7	한국학중앙연구원23)
3	1600년대	해남 윤씨 댁 상전에게 임춘희가 발급한 고목	35×44	한국학중앙연구원
4	신축(1841)년	하리 안영록이 의성 김씨 학봉파 원주 현감 김진화에게 발급한 고목	45×21	한국학중앙연구원
5	1882년 이전	광산 김씨 학봉 종택 하인이 관부에 발급한 고목	30×19	한국학중앙연구원
6	계미(1883)년	전주 유씨 안동수곡파 정재종택 고목	76×26	한국학중앙연구원
7	계미(1883)년	전주 유씨 정재 종택 하인 이재업이 발급한 고목	26×26	한국학중앙연구원
8	계유	하인 이취성이 광산 김씨 댁 상전에게	42×30	한국학중앙연구원

	(1873 혹은 1933)년	발급한 고목		
9	기묘(1879)년	의성 김씨 댁 산지기가 올린 고목	12×30	한국학중앙연구원
10	기축(1849)년	의성 김씨 학봉파 종택 하인 순임이 상전에게 발급한 고목	45×23	한국학중앙연구원
11	기축(1889)년	김관복이 의성 김씨 천전파 상전에게 올린 고목	26×24	한국학중앙연구원
12	기축(1889)년	의성 김씨 천전파 종택 하인 이춘용이 상전에게 발급한 고목	40×45	한국학중앙연구원
13	연대 미상	고담 노비 인봉이 해남 윤씨 댁 상전에게 발급한 고목	25.7×39.5	한국학중앙연구원
14	갑오(1894)년	하인 차복이 광산 김씨가 상전에게 발급한 고목	41×30	한국학중앙연구원
15	경신(1860)년	유완국이 상전에게 올린 고목	24.4×47	개인 소장
16	병오(1906)년	김성태가 진주 류씨 댁 모산 종택 상전에게 발급한 고목	35×23	한국학중앙연구원
17	병오(1906)년	안산 진주 류씨 댁의 김성태 고목	35×23	한국학중앙연구원
18	병오(1906)년	전주 류씨 정재종택 권인술의 고과	33×25	한국학중앙연구원
19	1906년	순검 신난수가 안산 진주 류씨 댁 류원성에게 발급한 고목	34×39	한국학중앙연구원
20	1906년	영교 길훈오가 안산 진주 류씨 댁 류원성에게 발급한 고목	37×59	한국학중앙연구원
21	1907년 이전	초계 정씨 댁 하인이 상전 정연갑에게 발급한 고목	29×22	한국학중앙연구원
22	계축년	전호 이사원 등이 해남 윤씨 댁 상전에게 발급한 고목	38.1×32.8	한국학중앙연구원
23	1921년	여관 주인 조복영이 사가의 호주에게 올린 고목	32×22	한국학중앙연구원
23	19세기 후반	하인이 전주 류씨 안동 수곡파 상전에게 발급한 고목	65×24	한국학중앙연구원
25	20세기 초	서경달이 전주 류씨 안동 수곡파 상전에게 발급한 고목	75×18	한국학중앙연구원
26	갑진(1904)년	하인 김희만이 전주 류씨 안동 수곡파 상전에게 발급한 상서	35×25	한국학중앙연구원
27	기유년	하회 유씨 예산 종택에 하인 이시오의	28×24	한국학중앙연구원

		고목		
28	갑진년	경주 김씨 댁에 발급한「황공백배 감달」고목	39×24	한국학중앙연구원
29	경신년	노비 경산이 해남 윤씨 댁 상전에게 발급한 고목	52.3×24.5	한국학중앙연구원
30	경신년	노비 철득이 해남 윤씨 댁 상전에게 발급한 고목	25.7×25.7	한국학중앙연구원
31	경신년	노비 휴덕이 해남 윤씨 댁 상전에게 발급한 고목	26×27	한국학중앙연구원
32	경신년	하인 강홍렬이 창원 황씨가 황지인(1816 혹은 1872)에게 발급한 고목	23.2×26.7	한국학중앙연구원
33	경신년	노비 휴득이가 해남 윤씨 댁 상전에게 발급한 고목	26×27	한국학중앙연구원
34	계묘년	하인 오이길이 광산 김씨가 상전에게 발급한 고목	42×26	한국학중앙연구원
35	계미년	하인 재엽이 전주 류씨 안동 수곡파 상전에게 발급한 고목	26×26	한국학중앙연구원
36	계사년	강형주가 상전에게 올린 고목	19×35	개인 소장
37	연대 미상	대동색 박용옥이 의성 김씨 댁 천상낙파 상전에게 발급한 밀고	20×17	한국학중앙연구원
38	연대 미상	대전 안동 권씨 유회당가 노비 박원이 처가 상전에게 발급한 고목	43×25	한국학중앙연구원
39	연대 미상	의성 김씨 천전파 종택 소닥인이 전주에게 발급한 고목	26×15	한국학중앙연구원
40	연대 미상	이맹삼이 상전에게 올린 고목	18.8×36	개인 소장
41	연대 미상	전주 유씨 안동 수곡파 정재 종택 녹상	19×22	한국학중앙연구원
42	연대 미상	하인 김생득이 광산 김씨 댁 상전에게 발급한 고목	25×37	한국학중앙연구원
43	연대 미상	해남의 윤고산 종택의 노비 애남이 상전에게 발급한 고목	15.4×21.4	한국학중앙연구원
44	연대 미상	해주 오씨 댁 하인이 상전에게 발급한 고목	30×19	한국학중앙연구원
45	무신(1848)년	하리 안영록이 의성 김씨 학봉파 종택 원주 현감 김진화에게 발급한 고목	183×18	한국학중앙연구원

46	무오년	전경철이 상전에게 올린 고목	20×34	개인 소장
47	무오년	정월 하인이 상전에게 올린 고목」	24.3×32	개인 소장
48	무인(1938)년	의성 김씨 상락파 종택 산지기 최돌이가 상전에게 발급한 고목	37×50	한국학중앙연구원
49	무인(1878)년	정학진이 진사님에게 올린 고목	23.8×27.8	개인 소장
50	병오년	이맹삼이 상전에게 올린 고목	17×30.5	개인 소장
51	병인년	제천 한수 연안 이씨 댁 하인 박인학이 올린 고목	45×28	한국학중앙연구원
52	병자년	서산 대교 경주 김씨 댁 하인 홍가가 상전에게 발급한 고목	45.9×25.5	한국학중앙연구원
53	병자년	유용복이 서산 대교 경주 김씨 댁 서방님께 발급한 고목	45.2×25.5	한국학중앙연구원
54	신묘 (1831 혹은 1891)년	강태준이 광산 김씨가 상전에게 발급한 고목	31×23	한국학중앙연구원
55	신묘년	유봉학이 상전에게 올린 고목	40.5×28.8	개인 소장
56	신축년	김의관이 제천 한수 연안 이씨 댁 상전에게 발급한 고목	21×42	한국학중앙연구원
57	신축년	박연학이 제천 한수 연안 이씨 댁 상전에게 발급한 고목	45×28	한국학중앙연구원
58	신해년	농주(農主) 선이 안동 진성 이씨 번남가 댁 상전에게 발급한 고목	38×23.8	서울역사박물관
59		용인 해주 오씨 댁 하인이 상전에게 발급한 고목	47.7×23.6	한국학중앙연구원
60	을묘년	강한경이 들목 조씨 댁 상전 마님에게 발급한 고목	25.2×36.2	들목 조씨 소장 고문서
61	을묘년	유완국이 진사주에게 바친 고목	33.9×33.2	개인 소장
62	을미년	영광 영월 신씨 댁 김말삼이 상전에게 발급한 고목	46×24	한국학중앙연구원
63	을사(1905)년	의성 김씨 천전파 종택 하인이 상전에게 발급한 고목	30×18	한국학중앙연구원
64	을사(1905)년	최치선이 안산 진주 류씨 댁 상전에게 발급한 고목	22×24.5	한국학중앙연구원
65	을해(1860)년	유완국이 상전에게 발급한 고목」	24.4×47	개인 소장
66	을해(1860)년	유완백이 순천 김씨 김성 댁에 올린	34.8×41.2	개인 소장

		고목		
67	임오(1882)년	전주 유씨 정재 종택 하인 김범용이 발급한 고목	44×26	한국학중앙연구원
68	임오(1882)년	하인 김범용이 전주 류씨 안동 수곡파 상전에게 발급한 고목	76×26	한국학중앙연구원
69	임오(1882)년	하인 김범용이 전주 류씨 안동 수곡파 상전에게 발급한 고목	96×26	한국학중앙연구원
70	임오년	유완국이 상전에게 발급한 고목	25×22.2	개인 소장
71	임인(1842)년	노비 구원이 의성 김씨 학봉파 종택 원주 현감 김진화에게 발급한 고목	45×21	한국학중앙연구원
72	임인(1842)년	전호 이한희 등이 해남 윤씨 댁에 발급한 고목	51×25	한국학중앙연구원
73	임인년	양오공이 상전에게 올린 고목	45×30.8	개인 소장
74	정미(1907)년	권인술이 전주 류씨 안동 수곡파 상전에게 발급한 고목	46×25	한국학중앙연구원
75	정사(1857)년	권명순이 안동 진성 이씨 번남가 상전에게 발급한 고목	47.7×23.6	서울역사박물관
76	정사(1857)년	안동 진성 이씨 번남가대 중방 소기택이 상전인 영천 현감에게 발급한 고목	47.7×23.6	서울역사박물관
77	정유(1897)년	김학신이 무안 은산 함양 박씨 댁에 발급한 고목	32×23	한국학중앙연구원
78	정유년	춘근이 연안 이씨 하인 춘근이 올린 고목	28×39	한국학중앙연구원
79	연대 미상	전호(佃戶) 인봉이 해남 윤씨 댁에 발급한 고목	40×25	한국학중앙연구원
80	연대 미상	황해도 장연의 첨사로 있는 상전에게 올린 고목	24.2×75.5	개인 소장
81	갑진년	하생 김희만이 전주 유씨 정재 종택에 올린 상서	35×25	한국학중앙연구원
82	신해년	안동 주촌 진성 이씨 댁 가도 김의 상서	미상	서울역사박물관
83	을사(1905)년	의원 배만준이 전주 유씨 정재종택 유연박에게 보낸 상서	24×25	한국학중앙연구원
84	정미 (1847 혹은1907)년	권인술이 전주 류씨 안동 수곡파 상전에게 발급한 상서	46×25	한국학중앙연구원

85	연대 미상	하인이 광산 김씨 댁 상전에게 올린 상서	23×26	한국학중앙연구원

(화제)

No.	발급일	문서명	크기(cm)	소장처
1	1848년	의원이 의성 김씨 천전파 종택 김진화에게 발급한 화제	75×24	한국학중앙연구원
2	1848년	의원이 의성 김씨 학봉파 종택 김진화에 발급한 화제	83×22	한국학중앙연구원
3	연대 미상	의원이 아산 선교 장흥 임씨 댁에 발급한 화제	32.8×30.1	한국학중앙연구원
4	연대 미상	의원이 아산 선교 장흥 임씨 댁에 발급한 화제	13.1×40	한국학중앙연구원
5	연대 미상	의원이 해남 윤씨 댁에 발급한 처방	14×25	한국학중앙연구원
6	연대 미상	의성 김씨 천전파 종택 상전이 의원에게 발급한 증록	21×23	한국학중앙연구원
7	연대 미상	의원이 의성 김씨 천전파 종택 상전에게 발급한 화제	23×15	한국학중앙연구원
8	연대 미상	의원이 의성 김씨 학봉파 종택에 발급한 화제	74×24	한국학중앙연구원
9	연대 미상	진안 정천 전주 이씨 댁 소장 병록	미상	한국학중앙연구원

(유언)

No.	발급일	문서명	크기(cm)	소장처
1	순치 8(1651)년	해월헌 황여일의 숙부인 완산 이씨 유언	50×52	한국국학진흥원
2	19~20세기	충북 옥천군 양저리 허영돈의 유언	49×12.6	홍윤표 교수24)
3	정해(1767)년	의성 김씨 학봉파 김주국이 자부에게 쓴 유언	50×39	한국학중앙연구원

---

23) 1675(숙종 1년) 12월 26일 「해남 윤씨 윤정자 댁 노홍열이 강여남이 처치를 요청한 소지」(한국학중앙연구원 G002+AKS-BB55_B01700952E)의 자료에 따라 연대 추정이 가능하다.

③ 집단문서

□ 완의

No.	발급일	문서명	크기(cm)	소장처
1	정미(1907)년	나주 임씨 창계 후손가에서 상하 계원에게 발급한 완의	39.4×32.5	한국학중앙연구원

□ 동계(상하계)

No.	발급일	문서명	크기(cm)	소장처
1		구례 운조루 동약 언해	미상	구례 운조루

④ 공고문서

□ 통문·통고문

No.	발급일	문서명	크기(cm)	소장처
1	1893년	고부군 송기태 외 사발통문	미상	국립전주박물관
2	경신(1920)년	용인 해주 오씨 댁 재종계 통문	48×38	한국학중앙연구원
3	계유년	호상주계 설립 강신 통문	52×39.3	개인 소장
4	대정 9(1920)년	용인 해주 오씨 댁 리중 통문	46×57	한국학중앙연구원
5	무진(1926)년	금송계 수전기	97×50	이정옥 교수
6	병오년	반수 이두헌이 신 생원 댁에 보낸 사통	24×7.3	개인 소장
7	신묘(1891)년	용인 해주 오씨 댁 동학 사면계	14×22	한국학중앙연구원
8	정묘(1927)년	전라도 완도군 장좌리 공회 통문	97×50	이정옥 교수
9	연대 미상	활빈당의 통고문	25.9×29	고 김일근 교수25)

---

24) 홍윤표, 「한국 어문생활사」, 『세계 속의 한글』, 박이정, 2009. 이 글의 필사 시기를 1851년이나 1911년으로 추정하고 있다.

25) 백두현, 「활빈당의 통고문」, 『한글문헌학』(미간행), 경북대학교 국어국문학과, 2005.

참고문헌

강릉시립박물관, 『명안공주관련 유품 도록』, 1996.

강전섭, 『한국시가 문학연구』, 문왕사, 1986.

건들바우박물관, 『진주 하씨 묘 출토 문헌과 복식 조사 보고서』, 건들바
    우박물관, 1991.

경북대학교 영남문화연구원, 『고문서연구의 현황과 과제』, 경북대학교
    영남문화연구원, 2006.

고려대학교도서관, 『옥동니션싱힝록』, 고려대도서관.

국립고궁박물관, 『조선왕실의 인장』, 2006.

＿＿＿＿＿＿, 『조선왕조의 관인』, 2009.

국립국어원, 「디지털 한글박물관」, 국립국어원 홈페이지.

국립민속박물관, 『생활 문화와 옛문서』, 1991.

국립전주박물관, 『대한제국기 고문서』, 2003.

국립중앙박물관, 『조선도』, 2007.

국민대박물관, 『설촌가수집 고문서집』, 1996.

＿＿＿＿＿＿, 『설촌가수집 고문서집(탈초·정자편)』, 2000.

국사편찬위원회, 『고문서에게 물은 조선시대 사람들의 삶』, 두산동아, 2009.

국세청 조세박물관, 『소유 나눔』, 고문서로 본 조선시대 재산 상속과
    토지매매 특별기획전, 2009.

권영배, 「역사속의 영남사람들 11(박중양－그의 눈엔 日만 있었고 민
    족은 없었다)」, ≪영남일보≫, 2004년 3월 30일.

권태억·서영희, 『'관서문안' 활용을 위한 기초조사』, 서울대 규장각, 1996.

김 혁, 「증빙문서 연구의 현황과 과제」, 『고문서연구의 현황과 과제』, 경북대학교 영남문화연구원, 2006.

_____, 『특권문서로 본 조선 사회: 완문의 문서사회학적 탐색』, 지식산업사, 2007.

김건우, 『근대 공문서의 탄생』, 소와당, 2008.

김경숙, 「조선 후기 문중 통문의 유형과 성격」, 『고문서연구』 19, 2001.

_____, 「16세기 청원서의 처리 절차와 의송의 의미」, 『고문서연구』 24, 2004.

_____, 「고문서를 활용한 생활사 연구의 현황」, 『고문서연구의 현황과 과제』, 경북대학교 영남문화연구원, 2006.

김동욱, 「고문서의 양식적 연구」(1)~(2), 연세대학교 인문과학연구소, 1972.

김미경, 『대한민국 대표 브랜드 한글』, 자우출판사, 2006.

김석형, 『조선봉건시대 농민의 계급구성』, 과학원출판사, 1957

김세호, 『조선시대 한글서예』('조선중기'편), 미진사, 1994.

김소은, 「16세기 매매관행과 문서 양식」, 이수건 외, 『16세기 한국 고문서 연구』, 아카넷, 2004.

김용경, 「평해 황씨가 완산 이씨 유서 및 소지」, 『문헌과 해석』 14호, 2001.

김용만, 『조선시대 사노비 연구』, 집문당, 1997.

김일근, 「"孝宗大王 在瀋陽 諺簡"의 問題點」, 『문호』 5집, 건국대학교 국어국문학회, 1969.

_____, 「송시열의 한글 친필」, ≪중앙일보≫ 7636호.

_____, 「한글로된 "노상(路上) 발괄(白活)"」, ≪독서신문≫(제398호), 1978.10.15.

_____, 『三訂版 언간의 연구: 한글서간의 연구와 자료집성』, 건국대학교출판부, 1998.

김일근·이종덕, 「17세기 궁중언간: 淑徽宸翰帖 1~4」, 『문헌과 해석』

　　　　　　　　　　　11~14, 2000.

　　　　　　　　　　, 「숙명공주의 한글편지첩 1」, 『문헌과 해석』 15, 2001.

김일근·황문환, 「어머니 해평 윤씨(추사 조모)가 아들 김노경(추사 부
　　　　친)에게 보내는 편지」, 『문헌과 해석』 6, 1999.

　　　　　　　　　　, 「김상희(추사 계제)가 아내와 어머니에게 보내는 편지」,
　　　　『문헌과 해석』 7, 1999.

　　　　　　　　　　, 「서제 김관제가 적형 김한제(추사 손)에게 보내는 편지」,
　　　　『문헌과 해석』 9, 1999.

　　　　　　　　　　, 「아내 파계 유씨(추사 모)에게 보내는 편지」, 『문헌과
　　　　해석』 10, 2000.

김종택, 「선조대왕의 언교」, 『국어교육논지』 3집, 대구교육대학교, 1975.

김현영, 「관부문서 연구의 현황과 과제」, 『고문서연구의 현황과 과제』,
　　　　경북대학교 영남문화연구원, 2006.

김효경, 「조선시대 간찰, 서식 연구」, 한국학중앙연구원 박사논문, 2005.

대구화랑, 『嶺南先儒墨蹟』, 이화문화출판사, 1999.

데이빗 삭스, 이건수 옮김, 『알파벳』, 신아사, 2007.

롤랑 바르트, 김주환·한은경 옮김, 『기호의 제국』, 산책자, 2008.

문숙자, 『조선시대 재산상소와 가족』, 경인문화사, 2005.

민덕식, 「명성왕후의 묵적에 대한 기초연구」, 『년보』 12, 충북대학교박
　　　　물관, 2003.

박기주, 「19·20세기 초 재촌양반 지주경영의 동향」, 『맛질의 농민들』,
　　　　일조각, 2001.

박노욱, 『조선시대 기상전답의 소유주 연구』, 경인출판사, 2005.

박병천, 『한글 판본체 연구』, 일지사, 1998.

　　　　"세종어제훈민정음과 오대산상원사중창권선문의 서체비교고
　　　　찰", 「한글서예 문화의 형성과 응용에 대한 재조명」, 세종한글
　　　　서예큰뜻모임 학술회의 발표문, 2009.

박병호, 「거래 소송 문서 생활」, 『호남 지방 고문서의 기초 연구』, 한국 정신문화연구원, 1999.

_____, 「수결(화압)의 개념에 대한 연구」, 『고문서연구』 20, 2002.

_____, 「소선지색 착명·서압 양식 연구」, 『고문서연구』 24, 2004.

_____, 「고문서 연구의 현황과 과제」, 『고문서연구의 현황과 과제』, 경북대학교 영남문화연구원, 2006.

박성종, 『조선초기 고문서 이두문 역주』, 서울대학교출판부, 2006.

박재연·정재영, 『물목·보부상 물목』, 중한번역문헌연구소, 2007.

박준호, 「수장과 수촌」, 『문헌과 해석』 27호, 2004.

_____, 『예(禮)의 패턴: 조선시대 문서 행정의 역사』, 소와당, 2009.

백두현, 「현풍 곽씨 언간에 대하여」, 『어문론총』 31, 어문학연구회, 1997.

_____, 「보물 1220호로 지정된 '명안공주 친필 언간'의 언어 분석과 진위 고찰」, 『어문론총』 41호, 한국문학언어학회, 2004.

_____, 「조선시대 여성의 문자생활 연구」, 『어문론총』 42호, 한국문학 언어학회, 2005.

_____, 『고문서연구의 현황과 과제』(홍윤표 교수 발표문에 대한 토론 문), 경북대학교 영남문화연구원, 2006.

_____, 「안동 권씨가 남긴 한글 분재기」, 『문헌과 해석』 통권 36호, 문헌과해석사, 2006.

_____, 「17세기 한글 노비 호적 연구」, 『어문학』 100호, 한국어문학, 2008.

_____, 『한글문헌학』(미간행본), 경북대학교, 2009.

베르네 사세, 「유럽에서의 한글 연구에 관한 기록」, 『세계 속의 한글』, 박이정, 2008.

석금호, 「근대 한글 활자 디자인의 흐름」, 『세계 속의 한글』, 박이정, 2008.

설석규, 『조선중기 사림의 도학과 정치철학』, 경북대학교출판부, 2009.

송철의, 「반절표의 변천과 전통시대 한글교육」, 『세계속의 한글』, 박이정, 2009.

실사학사 고전문학연구소, 『완역 이옥전집』 2, 휴머니스트, 2009.

안귀남, 「고성 이씨 이응태묘 출토 언간」, 『문헌과 해석』 6, 태학사, 1999.

안병희, 『국어사 문헌 연구』, 태학사, 2009.

안승준, 「1689년 정씨 부인이 예조에 발급한 한글 소지」, 『문헌과 해석』
　　　　8호, 1999.

＿＿＿, 『조선전기 사노비의 사회 경제적 성격』, 경인문화사, 2007.

양진석 외, 『조선시대 고문서』 1~5, 도서출판 다운샘, 2007.

양평의병기념사업회, 『국맥지평의병』, 2007.

영남대학교 박물관, 『고문서』, 1993.

＿＿＿＿＿＿＿, 『고서 고문서 전시회 도록』, 1997.

영남대학교 중앙도서관, 『고서·고문서전시회』 개교 50주년기념도록,
　　　　영남대학교, 1997.

우메다 히로유키, 「일본에서의 「한글」 연구」, 홍종선 외, 『세계 속의
　　　　한글』, 박이정, 2008.

유홍준, 『김정희』, 학고재, 2009.

이기대, 『명성왕후 언간글』, 도서출판 다운샘, 2007.

이기문, 「훈민정음 창제에 대한 재조명」, 『한국어연구』 5, 한국어연구
　　　　회, 2008.

이남희, 「디지털 시대의 고문서 정리 표준화」, 『고문서연구』 22집, 한국
　　　　고문서학회, 2003.

이두희 외, 『옛 성현의 언간글』, 도서출판 다운샘, 2004.

이민홍, 『언어민족주의와 언어사대주의의 갈등』, 성균관대학교출판
　　　　부, 2002.

이민희, 『조선의 베스트셀러』, 프로네시스, 2007.

이병근, 「선조 국문 유서의 국어학적 의의」, 『관악어문연구』 21, 1996.

이병기, 『근조내간선』, 국제문화관, 1948.

이상규, 『방언의 미학』, 살림, 2007.

_____(Lee Sang Gyu), 「Hangeul, The Greatest Letters」, 『Koreana』 Vol. 21, No. 3, 2007.

_____, 「훈민정음 영인 이본의 권점 분석」, 『어문학』 100호, 2008.

_____, 『둥지 밖의 언어』, 생각의나무, 2008.

_____, 「17세기 황여일의 숙부인 완산 이씨 한글 유언」, 『동아인문학』 16호, 동아인문학회, 2009.

_____, 「디지털 시대의 한글의 미래」, 『우리말연구』 25호, 2009.

_____, 「순종 원년 함창 군수가 발급한 한글 고시」, 『어문론총』 51호, 2009.

_____, 『한글 고문서 연구』, 도서출판 경진, 2011.

이상현, 「손글씨가 만들어 가는 한글세상」, 윤디자인연구실, 온한글, 2009.

이수건, 『경북지방의고문서』, 영남대학교출판부, 1981.

이승복, 「유교: 원문 및 주석」, 『문헌과 해석』 5, 1998.

이재수, 『朝鮮中期 田畓賣買 硏究』, 집문당, 2003.

이정옥, 「完山李氏 遺言考」, 『문학과 언어』 제3집, 문학과언어연구회, 1982.

이해준, 「생활문화와 옛문서」, 『민박학술총서』 10, 국립민속박물관, 1991.

_____, 「지방 고문서의 조사·수집과 과제」, 『고문서연구』 11, 1997.

_____, 『조선후기 문중서원 연구』, 경인문화사, 2007.

이형상 지음, 이상규·오창명 옮김, 『남환박물』, 푸른역사, 2009.

이호권, 「한글 문헌 간행의 역사」, 『세계 속의 한글』, 박이정, 2008.

인터넷조선왕조실록, 『조선왕조실록』, 국사편찬위원회(http://sillok.history.go.kr/main/main.jsp).

임상혁, 『나는 노비로소이다』, 너머북스, 2010.

임치균, 「김되비 훈민전·김되비 민간견교」, 『문헌과 해석』 통권 14호, 문헌과해석사, 2001.

임형택, 「김씨 부인의 국문 상언」, 『민족 문학사연구』 25호, 민족문학사연구소, 2004.

장재수·정지은·이세나, 「'고유(告諭)' 35개조를 통해 본 1892년의 순창」, 『생활문물연구』 12호, 국립민속박물관, 2004.

전경목 외, 『유서필지』, 사계절, 2006.

전북대학교박물관, 『박물관도록: 고문서』, 전북대학교박물관, 1999.

전북대학교박물관 고문서연구팀, 『전북지방 고문서의 연구현황과 과제』, 신아출판사, 2006.

정구복, 『고문서와 양반사회』, 일조각, 2004.

정병규, 「훈민정음과 한글 타이포그래피의 원리」, 세종대왕 탄신 611돌 기념 심포지엄 발표문, 2008.

정병욱, 「충청도 암행어사 신귀조에게」, 『문학사상』 23, 1974.

정석진, 『문자보급운동교재』, LG상남언론재단, 1999.

정승혜, 「조선시대 토지매매에 사용된 한글 소지」, 『문헌과 해석』 8호, 1999.

_____, 「한글 토지 매매명문과 배지에 대한 일고찰」, 『국어사 자료 연구』 창간호, 2000.

정진영, 「고문서 정리카드와 서술규칙」, 『고문서연구』 22~23집, 한국고문서학회, 2003.

_____, 「촌락문서 연구 현황과 과제」, 『고문서연구의 현황과 과제』, 경북대학교 영남문화연구원. 2006.

조동일, 2003년 11월 4일에 강연 원고 「어문생활사로 나아가는 열린 시야」, 2003.

최승희, 『한국고문서연구』, 지식산업사, 2003.

하기와라 히코조, 「日本統治下の 朝鮮 における 朝鮮教育」, 『友邦시리즈』 3호, 재단법인 우방협회, 1966.

하영휘, 『양반의 사생활』, 푸른역사, 2009.

한국 고문서학회, 『조선시대생활사』, 역사비평사, 1983.

한국정신문화연구원, 『장서각한글자료해제』, 한국정신문화연구원, 2000.

한국학중앙연구원, 『광산 김씨 가문 한글 간찰』, 태학사, 2009.

_____, 『대전 안동 권씨 유회당가 한글 간찰 외』, 태학사, 2009.

_____, 『은진 송씨 송준길 가문 한글 간찰』, 태학사, 2009.

_____, 『은진 송씨 송규렴 가문 한글 간찰』, 태학사, 2009.

_____, 『의성 김씨 김성일파 종택 한글 편지』, 태학사, 2009.

_____, 『의성 김씨 천전파·초계 정씨 한글 편지』, 태학사, 2009.

_____, 『전주 이씨 덕천군파 종택 한글 언간』, 태학사, 2009.

한국한글서예연구회, 『한글궁체사』, 도서출판 다운샘, 2009.

漢字字体規範データベース編纂委員会(代表 石塚晴通), 『漢字字体規範
　　　データベース』.

한재준, 「곱고 바른 한글꼴 개발의 필요성 연구」, 국립국어원 연구과제
　　　2007-01-56, 2007.

허경진, 『소대헌 호연재 부부의 사민 한편생』, 푸른역사, 2009.

홍윤표, 「조선 후기 한글 고문서 석독」, 『고문서연구』 16~17집, 한국고
　　　문서학회, 2000.

_____, 「한글 고문서의 연구 현황과 과제」, 『고문서연구의 현황과 과
　　　제』, 경북대학교 영남문화연구원, 2006.

_____, 「어문생활사」, 『세계 속의 한글』, 박이정, 2008.

홍은진, 「구례 문화 류씨의 한글 서지에 대하여」, 『고문서연구』 13집,
　　　한국고문서학회, 1998.

_____, 「조선 후기 고문서 양식」, 『고문서연구』 16~17집, 한국고문서
　　　학회, 2000.

_____, 「구례 문화 류씨의 동약독법 언해」, 『문헌과 해석』 12, 2000.

_____, 「한글 패자와 명문」, 『문헌과 해석』 11호, 2000.

화성시, 『들목 조씨 소장 고문서』(화성시의 고문서 1), 화성시, 2006.

황문환, 「조선시대 언간 자료의 연구 현황과 전망」, 『어문연구』 122호, 2004.

_____, 「ㅎ니, 하리'류 종결형의 대우 성격에 대한 통시적 고찰」, 『국어학』
　　　32호, 1988.

_____, 「한중 간 대외 기밀 유지를 위한 언간 실용의 한 사례; 동지부사 이형원이 의주부사 심진현에게 부친 언간」, 역학서학회 제5회 국제학술회의 발표문, 역학서학회, 2013.

▬ 지은이 **이상규**

• 경북대학교 인문대학 국어국문학과 교수.
• 국립국어원장 역임.
• 중국 해양대학교 고문교수, 동경대학교 대학원 객원교수 역임.
• 「훈민정음에 나타나는 사성 권점 분석」 외 논문과 『방언의 미학』(2007, 살림), 『둥지 밖의 언어』(2008, 생각의나무), 『한글 고문서 연구』(2011, 도서출판 경진, 2012년 대한민국학술원 우수학술도서), 『한글 고목과 배자』(2013, 도서출판 경진), 『여진어와 문자』(2014, 도서출판 경진), 『명나라 시대 여진인』(2014, 도서출판 경진) 외 다수의 저자.
• sglee@knu.ac.kr

한글 고문서를 통해 본 조선 사람들의 삶

ⓒ 이상규, 2014

1판 1쇄 인쇄__2014년 09월 29일
1판 1쇄 발행__2014년 10월 09일

지은이__이상규
펴낸이__양정섭
펴낸곳__도서출판 경진
      등록__제2010-000004호
      블로그__http://kyungjinmunhwa.tistory.com
      이메일__mykorea01@naver.com

공급처__(주)글로벌콘텐츠출판그룹
      대표__홍정표
      편집__김현열 노경민 김다솜 **디자인**__김미미 **기획·마케팅**__이용기 **경영지원**__안선영
      주소__서울특별시 강동구 천중로 196 정일빌딩 401호
      전화__02) 488-3280 **팩스**__02) 488-3281
      홈페이지__http://www.gcbook.co.kr

값 22,000원
ISBN 978-89-5996-424-6 93710